김지하 마지막 대담

김지하 × 홍용희

작가

머리말

김지하 선생이 돌아가신 이후 선생의 목소리가 담긴 책을 출간한다. 대담 원고들을 읽으면서 지난 시간 속의 선생의 목소리와 표정이 너무도 생생하게 떠올라서 자주 가슴이 먹먹했다. 부재의 현존이라 했던가. 그러나 이때의 현존은 부재를 더욱 강렬하게 증명하는 계기로 작동한다는 것을 새삼 실감하게 된다.

나에게 선생은 위대한 대학이었다. 동양과 서양, 논리와 초논리, 직관과 영감, 과학과 종교, 경제학과 미학 등에 걸친 가없는 식견 속에서 굽이치는 선생의 목소리는 동굴속에서 나오는 울림처럼 깊고 유현했다. 선생은 대담장에서는 물론이고 자동차 안에서나 기차 안에서나 찻집에서나 새 시대 새 길을 열어나가는 '예감에 가득 찬 숲 그늘'이었고 대담한 개벽 사상가였다. 선생으로부터 시는 물론 인간, 문명, 세계, 우주의 지평을 아련히 듣고 배우고 꿈꿀 수 있었다.

그러나 선생은 소년이었다. 천진스런 웃음과 수줍음과 그리움이 많았다. 그림 그리길 좋아하는 목포 바닷가 가난한 소년의 심성이 늘 함께하고 있었다. 그는 오랜 민주화 투쟁과 모진 고난을 감당한 용기에 대해 이렇게 말한 적이 있었다. '두렵지만 조금씩 조금씩 결의를 다지면서 나아간 거지.' 그의 본명인 영일(英一)이 지하(芝河)가 되어간 과정으로 들렸다. 이것은 또한 그가 '타는 목마름으로' 민주주의를 넘어 생명 사상을 노래한 것이 지하에서 영일이라는 본명을 찾아 조금씩 조금씩 돌아온 과정으로도 해석된다. 한 떨기 꽃, 영일과 어두운 굴곡, 지하는 서로 다른 둘이 아니라 하나였던 것이다. 마치 깊은 그늘이 눈부신 빛을 불러오고 눈부신 빛이 깊은 그늘에서 피어오르는 반대일치, 그의 미학 사상의 대표적인 표상인 '흰 그늘'의 이치와 같은 것이리라.

나는 이 대담집에 대해 선생과 얘기를 나눈 적이 있었다. '젊은 대학생도 쉽게 접할 수 있는 선생님의 문학과 사상의 길잡이가 되도록 하겠습니다'. 그러나 막상 대담 원고를 되짚어 읽으면서 아쉽고 부족한 점이 적지 않게 다가온다. 대담집의 전반부는 문예지의 청탁을 받아 진행된 것이고 후반부는 대담집 간행을 목표로 기획된 것이다. 그러나 기획 대담이 완성형에 이르지는 못했다. 코로나가 유행하면서 선생과의 만남이 차단되었고, 어느 정도 팬데믹이 풀려갈 무렵 선생은 그만 운명하시고 말았다. 선생은 1980년대 초반부터 인간성 상실, 생명 파괴, 기후 위기, 팬데믹 창궐 등을 예언하며 생명 사상, 살림의 문화 운동을 강조했다. 그러나 포스트 코로나 시대 우주 생명을 위해 지구사회가 나아가야 할 방향에 대한 선생의 문명론을 직접 들을 수 없게 되었다. 앞이 보이지 않는 21세기 역사의 밤에 생명 가치의 등불을 깨울 수 있는 예지의 육성을 만날 수 없게 되었다.

　나는 참으로 미욱한 선생의 후배이고 학생이었다. 그래서 더욱 김지하의 문학과 사상에 대한 공부에 매진하지 않을 수 없다. 저항에서 생명으로 가없는 길을 열어간 선생의 문학과 사상의 참뜻을 제대로 이해하는 것이 이 대담집을 완성하는 길이라고 생각된다.

　마지막으로 김지하 선생을 기리는 간곡한 마음으로 이 책의 출간을 기쁘게 맡아 준 오랜 벗, 작가 출판사에 감사드린다.

2023년 2월
홍용희

차례

머리말 | 홍용희　　　　　　　　　　　　　　6

매화의 이념 혹은 문예부흥의 시학　　　　13
생명과 평화의 시정詩政을 위하여　　　　　46
포스트 한류의 미학적 원형에 대하여　　　67
네오르네상스와 역동적 중도를 위하여　　87
'못난 시'와 '산알 모란꽃'의 사상을 위하여　115
늙은 등걸, 하얀 꽃의 노래를 찾아서　　　129
촛불, 경건하고 고즈넉한 모심의 개벽　　146
우주생명학 혹은 수왕사의 길　　　　　　157

김지하 시와 사상 해설

'흰 그늘'의 미의식과 생명사상론　　　　　177
농경공동체의 생명의식과 화엄적 상상　　198

김지하
마지막
대 담

매화의 이념 혹은 문예부흥의 시학

일시 2003년 1월 20일 **장소** 일산 숲속의 섬

    홍용희 선생님, 안녕하십니까? 새해가 시작되었습니다. 지난해는 선생님께서 『중심의 괴로움』 이후 8년여 만에 『화개』를 간행하면서 한동안 우리 시단으로부터 비교적 먼 거리에서 적조하게 지내시다가 다시 독자들에게 가까이 다가오신 반가운 해였습니다. 또한 그동안의 사상의 행보를 집대성한 『김지하 사상전집』도 출간하셨지요. 올해에도 지난해의 여세를 몰아서 우리 시단과 독자들에게 밝은 예지의 울림을 지속적으로 들려 주셨으면 합니다.
    오늘 우리 『詩作』에서 선생님을 찾아 뵙기로 한 것은 그 어느 때보다 역동적이고 치열하게 굽이쳐 온 지난 한해를 성찰하면서 그 이면에서부터 생성되어 나오는 새로운 질서에 대한 미학적 의미와 가능성을 적극적으로 찾고 구현해보자는 의도에서입니다. 아울러 이러한 논의의 연장선에서 선생님의 시세계의 특징적인 미학적 원리에 대해서도 깊이 이해할 수 있는 자리가 되었으면 합니다.
    먼저, 지난해 우리 사회는 우리 스스로도 놀랄 정도의 거룩하고도 강렬한 자화상을 명징하게 발견한 한 해였습니다. 우리 국민은 전 세계에서 유례

가 없는 민족적 역량의 발현태라고 할 수 있을, 6월 붉은 악마의 외침, 추모와 변화의 간절한 요구를 머금고 있는 연말의 촛불 행진, 젊은 개혁을 요구하는 대통령 선거 등의 '문화적 사건'들을 자발적이고 주체적으로 치러냈습니다. 이제 이러한 민족적 역량의 발현태로서의 '문화적 사건'의 궁극적인 의미를 올바로 인식하고 이를 문학적 역량과 추동력으로 전환시키는 노력이 요구된다고 할 것입니다. 이러한 문제 의식 속에서 과연 앞으로 우리 문학과 문화의 가능성과 지향성은 어떻게 나타날 것이며 또한 나타나야 할 것인가 하는 점에 관해 말씀해주시면 고맙겠습니다.

김지하 참 좋은 질문입니다. 붉은 악마와 촛불, 노무현 씨를 대통령으로 만든 힘. 이런 에너지가 튀어나온 것에 전부들 놀라고 있다고. 이게 뭔가. 그럼 여기서 보자. 붉은 악마가 나타났다 이 말이야. 이미 예전부터 예고됐던 거고. 나는 벌써 십여 년 전부터 50퍼센트 상하를 돌고 있는 십대, 이십대와 삼십대 초반의 문제를 검토해야 된다고 했어. 이것은 결코 순수 좌익적인 것이 아닐 것이다. 좌익의 좋은 점은 받아들이지만 좋지 않은 점은 대번에 부정해버리는 거야. 그동안 나는 이들이 안고 있는 소위 인터넷, 복수적인 이항 대립항을 통해 축적된 저력의 실체에 대한 주목을 제기했왔지요.

내가 보기에 우리나라는 지도자보다 백성이 강한 나라야. 백성이 강하고 똑똑해. 임진왜란 때도 임금은 압록강으로 도망가 버렸는데 농투산이들은 창들고 나와서 막 설치거든. 일본놈 장군들이 그걸 이해를 못해. 영주가 손들었으면 저희들도 손들어야지 이것들이 뭘 안다고 깝치냐 이거야. 그런데 보통 깝치는 정도가 아니고, 지휘자 노릇을 막 했거든. 삼남 일대에서. 그럼 그 뒤에 뭐야, 동학 전쟁은 인구 천 만일 때 이삼백 만 명이 봉기해서 오십 만 가까이 죽었어. 갑신개혁은 러일 전쟁이 날 무렵인데 그때 백성이 움직인다는 것은 참으로 이상할 수밖에 없는 얘기야. 이때 삼십 만이 일어나 흰 옷을 검은 옷으로 전부 바꿔입고 머리도 전부 깎아버려. 개화하자, 이 얘기야. 이게 쉬운 일이 아니지.

그러면 이게 어디로 연결 돼? 3·1운동, 4·19 혁명, 6월 항쟁. 이게 그대로 내려온 거야. 내려와서 지난 6월의 붉은 악마까지. 그러니까 민중사에서 에너지 분출의 마디마디를 백성들이 차지한 거야. 터져 올라간 거지.

그런데 이제 문제는 이 붉은 악마들한테 내가 한 얘기가 그거야. 난 4·19 세대인데 4·19가 뭔지 몰랐었다. 그랬다가 5·16쿠데타가 나서 군인들이 설치기 시작하고 그러면서, 아니 그럼 그 이전에 4월에 있었던 건 뭐냐. 그것이 혁명이었구나. 그럼 혁명과 군인은 어떤 관계냐, 완전 반대다. 그럼 지금 우리가 어떻게 해야 하느냐, 그게 민주화 운동이야. 대내적으로는 일본 식민지주의자들에게 대항해야 하고. 그래서 6·3 사태 한일회담에 반대한 거야.

내가 붉은 악마한테 얘기하고 싶은 것은 지금 너희들이 한 것이 무엇이냐. 이제, 여러분들은 여기에 대해 스스로 공부해서 설명할 수 있어야 한다는 거야. 독일의 '루돌프 슈타이너'가 말했어. 문명의 대전환기에는 다가오는 새 문명 속에서 새 삶을 살아갈 패러다임, 아키타입을 제시하는 성배(聖杯)의 민족이 반드시 출현한다 이거야. 그런데 그 성배의 민족은 평소에 집단적으로나 개인적으로 굉장히 깊은 영성과 지혜를 갖고 있는데도 불구하고 끊임없는 외부의 침략과 끊임없는 내부의 폭정에 억압되어서 그 꿈을 한 번도 실현해보지 못한 채 자기 안에 내상(內傷)처럼 간직하고 전설이나 예술로만 표현하면서 살아온 민족이다, 이거야.

그런데 이것이 로마가 지배하던 지중해 시대에는 이스라엘 민족이었어, 성배의 민족이. 완전히 기독교 사회를 만들어버렸잖아. 그 한 남자가 죽은 얘기야. 바울이 전도한 건 아무것도 없어. 우릴 위해 죽었어, 대속사의 신앙이지. 그럼 지금은 그 민족이 어디에 있느냐. 극동에 있다 이거야. 어딘지는 나도 모른다. 그러니까 찾아서 경배하고 도우라. 극동은 특히 2년 전에 예언을 한 거야. '루돌프 슈타이너'의 일본인 제자인 '다까하시 이와오(高橋巖)'씨가 책을 보면서 맨날 같이 일본이라고 생각한 거야. 그런데 아무리 생각해 봐도 일본 민족은 너무 죄가 많아. 그리고 자기 말로는 일본 민족은 무능해서. 뭐가 무능하냐, 창조력이 없다 이거야. 일본의 가장 큰 변화의 전환점은 세 대목이야. 하나는 한반도에서 기마 민족이 들어온 것. 백제에서 들어온 거야. 두 번째는 천주학이 들어왔다 망했지. 다 죽었잖아. 세 번째는 공산주의. 결국은 그걸 다 잡아 먹어버린 거야. 그런데 자기가 동학도 하고 한국 근대사도 했단 말이야. 깜짝 놀랬지. 아, 이 민족이다. 그래서 한국에 들어와서 연세대 어학당을 다닐 때 날 만난 거야. 그때는 내가 콧방귀를 뀌었어. 그럼 그렇지. 우리가 능력이 있으면 되는 거지 뭐. 그런데 세월이 갈수록 그걸 자꾸 생각하게 되요. 이 얘긴 함부로 할 얘기는 아니야. 쇼비니즘이 있어가지고. 그러나 이런 것도 하나의 참고 사항은 되지요.

그러면 아까 얘기한 붉은 악마가 무슨 메시지를 가지고 나왔는지 자기가 한 말을 기억하고, 자기가 한 일을 공부해야 한다 이 얘기야. 그런데 내가 지금 보기에 지난 6월은 혁명이 아니고 개벽이야.

세 가지를 들 수 있어요. 우선 응원단을 얘기하자. 응원단이 제기한 것이 엇박, 삼박 플러스 이박. 대~한 민국. 딴딴딴 딴딴. 이게 오박자인데, 삼박하고 이박을 붙인 거거든. 이게 뭘 의미하느냐. 두 번째, 치우(蚩尤). 시뻘건 것. 악마. 이게 공산당 색깔이 아니야. 치우의 깃발이라는 게 있어요. 중국의 아주 신화적 공포의 대상이야. 그 치우가 누구냐. 치우는 고조선 직전의 배달국(倍達國)이라고 있어. 환웅 시대야. 여기 14대 추장이지. 이 사람이 중국의 황제와 74회 전쟁을 해요. 무시무시하게 많이도 싸웠어. 맨 나중에 결정적인 것이 탁록(琢鹿)대전이라고. 북경 근처에 있어. 장자(莊子) 뒷부분 보면 나와. 딱 두 줄 나오지. 탁록에서 혈류 백 리, 피가 백 리를 흘렀다. 이 치우가 동양에서는 전쟁과 싸움의 신이라고. 유럽에서는 마르스를 군신이라고 그러지. 로마 때부터 군신이 있었어. 이게 15세기까지야. 그런데 치우가 지금 그래. 동서양이 같아. 전쟁과 싸움의 신. 그래서 쟤들이 빨갛게 하고 나오는 거야. 공산당 색깔이 아니야. 레드 데블인데 기독교 사람들이 반대를 한 거야. 그래서 데블을 빼버리니까 레즈(Reds)가 된 거야. 세 번째, 태극기야. 내가 보는 건 이 세 개의 메시지다 이거야.

보세요, 엇박. 3박 플러스 2박이야. 문학에서도 2박자의 배수인 4음보가 안정, 균형, 평형, 고요함 그리고 교술(敎術), 가르치는 거지. 그러니까 내방가사 이천 몇 수가 거의 4음보지. 그러나 3음보는 역동, 변화, 움직임, 혼돈이지. 고려가요 같은 것은 굉장히 슬프고, 이동이 심해. 가시리 가시리잇고 3박자, 3음보. 이게 기본질서라니까. 또 사상적으로 보면 백두대간 동쪽은 삼수분화(三數分化)가 지배적이야. 삼수, 천지인. 일 삼 오 칠 구 이렇게 나가는 게 삼수분화론이야. 이 천지인 사상은 북방유목계, 환인족이지. 그럼 백두대간 서쪽은 뭐야, 이수분화(二數分化)가 기본이야. 3박자와 2박자 사이의 관계가 사실은 음과 양으로 결정되는 태극의 본령이지. 이게 우리 민족 문화의 핵심이며, 우주 문화의 구성 원리야. 그리고 이게 농경적인 사고고 유목적인 사고야. 이것의 반영이 박자로 나온 거야. 이게 카오스모스지. 혼돈의 질서.

다음으로, 치우(蚩尤)는 뭐야. 왜 74회를 싸웠는지를 봐야 돼. 4,500년 전, 중국 화하족(華夏族)의 황제와 배달국, 고조선의 14대 천황 치우 사이에 무엇을 위한 전쟁이었는가. 영토 전쟁이 아니야. 가치관 전쟁이고, 문명 전쟁이야. 무슨 문명이냐. 그 당시는 동이족 하면 한민족(韓民族) 하는데, 정신 차려야지 한 계열이야. 그러나 한민족이 고대 동이족의 전부라고 생각한다면 큰 착오라고. 거란, 여진, 돌궐, 흉노, 묘족 그리고 큐슈, 후쿠오까까지. 그런데 이 민족의 주업이 유목이야. 실크로드가 그때부터 발전한 거야. 그리고 그 당시 기온이 상승하면서 벼농사가 동남아시아에서 북상해요. 어떻게 북상하냐면, 조류를 따라서 발해만을 지나서 황해로 나와. 그러니까 유목을 중심으로 하되 농경을 같이 했다 이 말이야. 치우는 유목 문명과 새로운 농경 문명을 이중적으로 결합시키려고 했고, 황제는 과거의 유목 민족을 숙청하고 농경문명 일변도로 가고자 했던 거야. 어떻게 보면 황제가 더 혁명적이지. 치우는 보수적이고. 이 둘이 싸운 거야. 증거가 다 나와. 불방망이를 불렀다, 비구름을 불렀다. 이게 다 상징이거든.

자크 아딸리 알지? 그리고 들뢰즈, 이들은 유목 문명이 21세기 22세기 문명이라고 못박고 있어. 사실은 지금 유목 사회지. 핸드폰, 노트북, 사이버와 디지털 그리고 공항, 주유소, 호텔, 자동차, 항공기 이게 전부 유목의 재판이야. 잡 노마드(job nomad)라고 있지. 북경에서 3개월 일하고, 파리에서 2개월 일하고, 인도 갔다가, 일본 갔다가 아주 신나게 돌아다니지. 피곤한 거야. 그러면 이동성과 같이 정착성이 있어야 한다 이거야. 농경 사회지. 왜? 이제 반세계화주의자, 환경운동가, 제3세계, NGO의 여러 단체들은 농경 문화를 자꾸 내세운다고. 우리나라의 경우는 『녹색평론』의 김종철이 맨날 간다 아니면 농경 문화부활을 얘기하고. 또 유럽에서도 중세를 창조적으로 회복하자는 추세가 많아. 그러니까 유기농, 농업, 생태, 환경, 녹색, 이게 연결되는 논리야. 에콜로지. 그럼 이건 뭘까. 이건 완전히 사이버네틱이야. 이게 디지털 세계야. 이게 완전히 습합되어야 한다는 게 내 생각이야. 밖으로는 생명이고 안으로는 영적이어야 된다. 이걸 중심으로 해서 각 나라의 색다른 문명들이 연결돼야 한다 이 얘기야. 그러니까 우리 민족의 시원에 있는 이중적 문명 통합을 위한 투쟁의 원형을 붉은 악마들이 축구열의 '로고'로 밀어붙인 거지.

다음으로 태극이 뭐야, 이거야말로 철학 교과서야. 음(陰)과 양(陽). 우리가 지금 찾는 논리의 핵심이지. 네 괘(卦)는 뭐야. 첫 괘 건(乾)이 있고, 둘째 괘 곤(坤)이 있고, 또 하나는 수화기제괘와 화수미제괘가 있어. 63, 64괘가 있다고. 그런데 중요한 게, 예를 들면 들뢰즈를 봐. 중심이 없어지는 대신 무엇을 중요하게 여기냐 하면 대치, 계열화, 촉매 기능을 중시한다고. 주역에서는 대치라든가 계열화라든가 촉매 기능에 해당하는 것이 해석 각도야. 태극기에서 제일 중요한 것은 바탕이고 그 다음은 태극과 음양이야. 흰 바탕은 단일 민족, 순박하고 순결한 인간성, 그리고 평화와 광명을 상징하지. 그리고 태극과 음양인데, 여성과 남성, 하늘과 땅, 역동성과 안정성, 변화와 질서, 카오스와 코스모스, 이런 것 사이의 관계는 서로 대립 아니면 통일이지. 이 대립과 통일을 다 가지고 있는 것이 태극이고 음양이라는 거야. 변증법은 극과 극 사이의 투쟁만을 얘기하지. 음양과 태극은 서로 구별되면서 서로 일치하고 조화하는 상생의 철학을 핵심으로 한다는 거야. 그러니까 음양과 태극은 유럽적인 배제와 분단의 형식 논리나 전쟁과 투쟁의 철학인 변증법과 러셀적인 논리계형까지를 모두 극복할 수 있는

'모순과 통합' 평화의 논리로서의 새로운 세계 철학의 원형을 제시한 것이지. 그러면 붉은 악마들에게 이런 얘기들이 자기의 철학으로 정립되기 시작한다면 될 텐데, 이것을 철학으로 정립하기 이전에 탁 잡아 젖혀가지고 일종의 상징적으로라도 시(詩)로, 또는 시적 산문으로 터주는 것. 뭘 터주느냐. 문예부흥. 붉은 악마와 문예부흥을 연결시킨다고. 지식인 중에서도 실증이나 논증에 의한 과학적 접근이 아니라 직관과 상상력과 일종의 몸으로의 이해, 이런 것들이 발달해 있는 사람이 문학인 아니냐 이 말이야. 그 중에서 특히 시인. 이들이 직관이나 비전이나 바로 몸으로 잡아당겨야 한다고.

이 세 가지야. 그럼에도 불구하고 지난 6월에는 완전히 만족하지 못했어. 일종의 스포츠고, 일종의 축제란 말이야. 그럼 이것이 정치적으로는 어떻게 나타나며, 또는 문화적으로는 어떻게 나타나냐 이 말이야.

붉은 악마가 왕왕대는 태극이 양이고 혼돈이라면, 촛불은 음이야. 고요하고 경건한. 이 안에는 또 엄청난 정치적 상상력이 들어 있어. 사실은 소파(SOFA, 주한미군지위협정) 개정하라고 하는데 반미를 촉발시키는 것은 바로 정치적 상상력이야. 이 제사가 바로 이것을 일으킨 상상력이라고. 모심은 그 자체로서 문화적인데도 불구하고 반미라는 결정적인 행동을 유발한 거야. 그러니까 궁극적으로는 한미관계에 대한 정치적 상상력이지.

그렇다면 한미관계란 어떻게 되는 것이 옳을까? 김일부 선생의 정역(正易)의 핵심을 이루는 것으로 '간태합덕(艮兌合德)'이란 말이 나와. '간(艮)'은 산의 뜻인데 정동, 한반도를 말하고, '태(兌)'는 연못의 뜻인데 정서, 미국이야. 미국과 한국이 합작하는 것이 미래 문명이라는 거야. 나는 이런 생각을 해. 미국의 뇌세포를 바꾸자. 미국으로 하여금 전 세계를 우리 한 민족의 소망의 방향으로 바꾸자 이 말이야. 그러면 중국과 일본은 무엇이냐. 정역에 의하면, '간태합덕'과 함께 강조되는 것이 '진손보필(震巽輔弼)'인데, 정동-정서의 창조적 결합을 자기 나름의 길을 가면서 보필한다고 봐. 이것은 우리가 깊이 생각해야 할 대목이라고 봐요.

홍용희 지난해 6월의 붉은 악마와 12월 촛불시위의 숨어 있는 민족적 저력과 의미에 대해 자세하면서도 풍요롭게 설명해주셨습니다. 그리고 이러한 역사적 전환기의 전면에 등장하는 민중적 힘을 문학적 추동력으로 전환시켜야 한다는 당위성과 아울러 그 가능성과 방향성을 언급해주셨습니다. 여기에서 더 나아가 문예부흥이라는 명제에 초점을 두고 좀 더 구체적으로 오늘날의 문화 및 문학 현상을 점검하면서 그 의미와 가치를 찾아보았으면 합니다.

김지하 좋아요. 오늘날 심도 있는 추사(秋史) 연구가 있어야 될 것 같아. 완당(阮堂). 송석원(松石園)의 시사에 대해서 들어봤나? 인왕산 밑에 있어. 이게 여항(閭港) 시인이라고 하지? 평민, 민중 시인들의 시사, 서클을 조직한 거야. 이때부터야. 정조, 순조 연간. 이때가 암흑기라고도 하고 민중예술이 등장하는 시기 아냐. 그런데 이 송석원 시사라는 것은 완전히 민중적인 시야. 또 회화는 어때. 진경산수, 전부 이때야. 정선, 겸재, 신윤복, 단원. 근대로 오면 오원 등 많아. 이 힘이 일어난 때가 이때야. 그러면 이것과 추사의 문인화 바람, 이것을 대립적으로 본 게 이동주, 이효인 교수라고. 우리나라 옛 그림을 거기서 보면 추사의 문인화 바람이 일어나면서 송석원이라든가 이런 민중 예술이 일어나다가 꺾여버렸다, 이렇게 본다고, 나의 단견으로는. 일본이 들어오면서부터 깨져버린 거야.

그러면 추사가 과연 어떤 사람이냐. 사실은 자기는 양반이면서도 조수삼, 조면호, 조시종, 이를 삼조라고 해. 다 추사의 제자들이야. 조수삼 중인, 조면호 양반, 조시종 중인. 조수삼이 누구냐. 송석원 시사의 시인이야. 조면호는 상당한 양반이고, 조시종은 중인 화가야, 시인이고. 조수삼을 통해서 송석원과 늘 거래하고 있었어. 인왕산 저쪽 바위에 가면 추사가 송석원이라고 글씨를 썼어. 웬만큼 친하지 않으면 쓰기 힘들지. 우리는 추사를 맨날 중화주의자 골수 귀족주의자 뭐 이러지. 또 아주 우아한 귀족주의. 물론 초기에 그런 게 있지. 내가 꼼꼼히 봤는데 나중에 이게 변해. 예를 들어 시를 보면 칠십 세 전후에서 귀양 두 번 갔다 와서 쓴 「대팽두부(大烹豆腐…)」라는 시가 있어. 큰 두부를 넓적하게 해서 구워먹는다는. 이게 상놈들이 날을 잡아서 두부를 먹는 거야. 이게 나와. 요리하기가 무지 쉬워. 왜 그랬을까. 민중적으로 간 거야. 또 이 사람이 완전히 모화주의자냐. 이 사람의 제일 긴 시가 「석노시(石砮詩)」야. 「석노시」가 뭐냐. 이 사람이 북청 유배를 갔을 때 두 가지 아주 중요한 일이 있었어. 하나는 함경도 관찰사에 자기 친구가 와. 권돈인인데, 이 권돈인하고는 아주 친해. 뭘 부탁했느냐 하면은 북청에서 함흥으로, 황초령 진흥왕 순수비가 묻혀 있다. 전설이야. 그걸 찾아서 복원시켜라. 왜 그랬을까, 모화주의자가. 순수비가 뭔데. 영토의 표시야. 그 노력을 잊지 말아야지. 이게 사실은 민족의 북방 진출이거든. 그리고 또 하나는 북경 친구들이 돌화살촉 이걸 가져와. 이 돌화살촉이 어디 거냐. 청나라에서 고증학을 배웠잖아. 그러면 여기서 이렇게 봐야 돼. 우리가 유럽 가서 방법론, 과학을 공부해왔다고 해서 유럽주의자라고 볼 수는 없잖아. 이걸 이해해야 해. 그 당시에는 중국이 중심이야. 그럼 세계주의자라고 봐야 돼. 그러면서 동시에 민족주의자다. 왜? 숙신(肅愼)을 고증해내요. 아, 노력이 대단해. 각종 자료를 어떻게 해서든 구해서. 숙신(肅愼)이 조선이다. 그래서 고조선 화살촉이다, 이런 결론을 내려. 그런 걸 수없이 많이 갖고 있으면서 가까운 사람들에게 선물하면서 옛 조선을 잊지 말자 그랬던 거야. 아니 그럼 이 사람이 모화주의자인가?

        그리고 또 하나. 청대 고증학은 명대 이후의 한족에 대한 문화적인 우월감을 극복해야 한다는 난제에 부딪친 거야. 청나라 만주족이 들어와서 있는데 옛날 원나라, 금나라 때도 들어왔지만 결국 중국 문화에 동화되고 말아. 그러면 이들이 뭘 시도했냐면 고대 복귀야. 대문구 문화나 조선족, 만주족, 한족, 몽고족들이 다 가담했던 공동의 모태문화. 이걸 찾아서 회복함으로써 자존심을 살리려고 하는 거야. 만주족이 야만인이 아니라는 걸. 이를 위해 고대를 살려내려는 고증학이 필요했던 거지. 그 결과 만들어진 게 사고전서(四庫全書)고, 강희 연간에 대 문예부흥이 있었던 거지. 만일 그걸 배워 와서 우리나라 고조선의 역사를 살리려고 했다면, 또 신라의 북진정책을 구체적으로 찾아내려고 했다면, 그게 모화사상인가? 아니 세계에서 배워야 할 것은 배워야 된다고.

그 안에 또 뭐가 없을까. 민족적이면서 세계적인 것. 그러니까 그 문화가 어떻게 된 것이냐. 봐. 추사가 평생을 일관한 게 입고출신(入古出新)이야. 옛것으로 들어가서 창조적인 방향으로 나온다 이 말이야. 이게 오늘날 문화혁명이지. 입고(入古), 문예부흥이고. 출신은 이게 창신(創新)이라는 말도 되거든. 문화혁명은 새로운 것을 창조하는 데 방해가 되는 관료주의나 순수산업주의 자본이나 이론가들의 틀려먹은 이론이나 거기에 종사하는 썩어빠진 공무원이나 관행, 매너리즘 이걸 깨는 거거든.

그런데 마지막으로 새 문화 이론의 구상은 어떻게 해야 되는가. 추사체를 괴(怪)하다고 해. 아니면 기(奇)하다고 그러고. 괴(怪), 기(奇). 잘 생각해 봐. 즉 젊은 애들의 엽기, 이게 조짐이야. 뭐든지 조짐이 있어. 근데 그 조짐을 탁 잡아서 본격화시키는 게 예술가의 임무, 지식인의 임무라고. 이 괴, 기가 추사가 처음에는 난 괴가 아니라고 막 그랬어. 그러다가 나중에는 뭐라고 하느냐면, 괴 아니면 어떻게 그 숭고하고 심오한 지혜의 세계, 지극한 예술의 땅을 밟을 것인가, 한다고.

홍용희 추사체도 그 당시에는 엽기적인 것이었군요? (웃음)

김지하 그렇지. 그 당시에는 예를 든다면, 왕희지체 같은 용이 막 날아가는 것 같고, 궁중적이고 양반 귀족적이고, 우아한, 이런 게 막 판을 쳤거든. 그래서 추사는 글씨가 아니라고 본 거야. 그럼 이 괴, 기의 세계. 왜 괴, 기일까. 숭고(崇古)한 건 괴, 기야. 숭고. 지금까지 우리 세대는 우아한 미인을 좋아했어. 귀족적이고 몸매 단정하고, 말씨도 공손한 것. 요즘 애들은 톡톡 튀는 애들을 좋아한다고. 이게 뭐냐. 근본적으로 미학에서는 숭고미의 발견이야. 숭고가 뭐냐. 생태 미학의 기본 미적 범주라고. 또 하나 심오(深奧)미. 이것은 뭘까. 이건 깊은 것, 무의식 명상, 불교하고 관련이 있어. 앞의 것은 선도(仙道)하고 관계가 있어. 우리나라 선도의 가장 중요한 것은 무병장수야. 심오는 뭘까. 불교의 명상. 그러니까 생명과 영성의 문제가 나오지? 앞으로 우리 미학이나 문예학은 미적 범주로서 숭고미와 심오미를 제기해야 돼. 물론 딴 것도 많이 있어. 축제적인 것, 골계, 희극적인 것, 비장, 다 있지요. 그럼 그 중에서도 숭고, 심오가 중요하다고. 그러면 자연히 괴(怪)와 기(奇)야.

이걸 매화에 빗대어서 말하면, 매화의 이념이라고나 할까? 매화는 다섯 가지 요령이 있어. 매화는 첫째 몸뚱이가 아주 늙어빠진 것. 고색창연한 것. 고색창연이란 것은 동양에서 기굴창연(奇掘蒼然)이라고 해서 이상한 거 있지? 이상하게 비틀어지고 그런 것. 그 다음에 간(幹), 매화 나무 줄기는 괴상할 것. 지청(枝淸), 잔가지는 맑을 것. 소건(消建), 가지 끝은 연하면서도 깨끗할 것. 그런데 봐. 꽃, 꽃은 기이할 것. 앞엔 괴가 있고 뒤엔 기가 있어. 퇴계는 백 서른 두 가지를 했고, 남명도 많이 했고. 그런데 내가 꼭 지적하고 싶은 것은 양반 유생들의 매화 시는 상당수가 꽃에만 집착해. 그래서 그 꽃을 유생들의 고고한 절개, 이것을 표현하는 거로만 자꾸 해. 이건 하나의 일방이야. 그러나 우리에게 매화는 줄기와 몸체가 막 구부러져 있고, 벌레가 먹고, 힘이 넘치고, 바로 거기에 진짜가 있어. 매화에 이 두 개가 같이 있어. 그러니까 마치 매화와 뭐가 똑같으냐. 리비도와 아우라의 결혼이야. 리비도적인 신체적인 몸, 거기에 영성. 아주 심오한 얘기지.

그래서 추사가 소위 괴의 미학을 세웠는데, 이걸 다 후학들이 인정하게 된 거야. 오경석이나 이동주까지도. 이게 서구 미학에서는 어느 미학에 속하는 거냐. 추(醜)의 미학. 아, 이게 시(詩) 쪽으로 가는 거야. 추의 미학은 언제 나오냐. 전환기에 나와. 감수성과 주체의 태도, 세계관이 변할 때. 반드시 추의 미학이 나와. 추라는 것은 뭐, 못생긴 것만을 의미하는 것이 아니여. 미(美), 그 당시의 대표적인 미의 척도가 우아, 귀족성, 카리스마, 지배력, 지식 이런 것이 중심이 되었을 때 반역 측에 선다고. 지금 복고가 왜 나오느냐. 일상 현실이자 반역이야. 권태감이고. 방향 상실. 젊은이들이 그렇게 이해해야 돼. 이게 붉은 악마들이라고. 밑바닥에 그게 깔려 있는데 저희들 나름으로 스포츠를 통해서 또는 미선이 효순이 문제를 통해서 이걸 스스로 돌파하려고 하니까 거의 무의식 중에 튀어나온 거야. 지식인들의 밥 먹는 이유가 뭐냐면 이걸 문자화하고, 의식화하고 체계화하고 방향을 정립해야 하잖아. 이론화하고. 아니면 그 이전에 문학으로서는 작품화해야 하고. 상상력의 중요한 발원지. 이미지네이션의 근거로써 추, 괴, 기, 축제성, 골계, 비장을 주목해야 돼.

지금 우리가 생태 미학이라든가 영성 미학, 생명과 영성의 미학을 세우려면 숭고와 심오함을 기둥으로 해서 그 기타의 미적 영역들, 미의 범주들, 그리고 미적 존재론과 미적 인식론, 미적 관계론을 모심에 입각해서 세워야 한다 이거야. 모심이 숭고의 기본이야. 모시지 않으면 숭고미를 못 느껴. 또 모시는 사람은 또 어떻게 되는 거야. 안으로 가라앉아. 심오하게 돼. 만약 한국 문학이 이 방향으로 갈 수 있을까. 이 세 가지야. 문예부흥, 입고(入古), 문화혁명, 출신(出新), 문화 이론의 새로운 구성, 미학의 새로운 발견. 추와 괴의 미학, 즉 숭고의 미학. 생명과 영성의 미학.

홍용희 예, 이번에는 조금 다른 각도에서 문화에 대한 얘기를 해보기로 하지요. 1990년대이래 국가 경쟁력을 논의하는 자리마다 '문화'가 경제나 군사 분야보다 더욱 중요한 대상으로 떠올랐습니다. 문화가 사회의 중심적 역할을 담당하는 이른바 '문화의 시대'가 도래한 것이지요. 문화의 제국주의니 문화 주권이라는 말도 이러한 정황에서 나타난 것이지요. 그러나 오늘날의 후기 산업사회는 문학을 포함한 문화 일반을 문화의 상품화 내지 산업화의 대상으로 치환시키고 있습니다. 문화의 영역에 산업 기술과 시장 논리가 개입하면서 문화의 고유한 창조성과 감수성이 생산성과 사물화로 변질되는 양상을 보입니다. 이러한 문화 산업화에 대해 비판적인 입장을 내세우는 아도르노나 호르크 하이머는 '대중을 기만하는 계몽주의의 이데올로기'로 규정하기도 했습니다만, 다른 한켠에서는 문화의 민주화라는 측면에서 옹호하기도 합니다. 이러한 문맥에서 대중문화의 범람, 문화 산업의 증대에 대한 선생님의 견해를 들었으면 합니다. 아울러 우리 시대 주체적인 독자가 견지해야 할 자세나 심미적 가치의 지향성에 대해서도 얘기해 주시면 고맙겠습니다.

김지하 아주 중요하면서도 어려운 문제입니다. 새로운 문화이론의 구성. 미학을 중심으로 해서 예술, 역사, 철학. 문사철(文史哲)을 충전하는 새로운 문화이론이 구성되어야 합니다. 여기에는 어떤 이론이 필요하고 담론의 원형 제시가 필요합니다. 패러다임은 밑에 아키타입이 있어야 한다고. 그러니까 이 패러다임과 아키타입, 이것을 생각하면서 새로운 문화 이론을 구성해야 되지요. 문화 민주화와 문화 산업화가 우리에게 어떻게 파악되느냐. 그런데 들뢰즈의 얘기지만 모든 생성은 이중적이야. 듀얼리티, 더블, 양면성. 모든 생성이 이중적이라면 우리의 경우에서 문화가 민주주의적 방향으로 나아가는 길은 꼭 상승적인 것은 아니라 하더라도 거의 병행되는 것이 문화의 산업화다 할 수 있어. 왜냐하면 문화에는 고급이 있고 대중적 문화가 따로 있기 때문에 그렇단 말야. 고급문화와 대중문화라는 것이 병행하고 또 따로 나뉘어 있으면서 서로 영향을 미치고 그런 관계로 가야 하고, 갈 수밖에 없고. 예컨대 지금은 정치적으로 좌익과 우익, 보수와 진보, 말이 전부 틀렸어. 문제는 사회주의와 자본주의인데, 이것이 공존하는 방향으로 가고 있지만 사회주의의 복지 정책이라든가 이런 것이 문제가 많단 말이야. 이게 자연과의 생태적 관계와 인간의 영성, 마음과의 관계가 온전치 못하고 수월치 못하기 때문에 무너지는 거야. 그러니까 이것이 내용에 어떤 경쟁이 있어야 하고 그에 따라서 자본주의와도 경쟁해야 하는 거야. 어떻게 되냐면, 상호가 존중할 수 있는, 상호 교호적인 원리로서의 새로운 교환시장의 방식을 풀어야 해. 그것은 호혜, 일종의 생산계와 소비계, 공급계와 소비계 사이의 연대를 바탕으로 하는 세계적 계야. 계라는 게 뭔가. 공생과 연대지. 상부상조와 상호공조지. 인격조화고. 그것을 토대로 하는 호혜시장. 포트래치(potlatch)와 비슷한 것. 그러니까 생태계와의 관련성. 두 번째는 인간과 인간 사이의 인격적 관계, 즉 영적 관계. 이것을 포함한 것이 호혜시장이야. 이 호혜시장이 한 번도 전면에 나타난 적이 없어요. 칼 폴라니가 조금 건드렸는데 아프리카 서북단의 마호메이 왕국 그쪽으로부터 이집트를 건너뛰어 페르시아 연대, 거기로부터 중앙아시아 옛날 실크로드 영역으로 지금 동아시아로 번져 온 거라. 그러니까 우리나라 신시(神市)가 우리나라에만 있는 걸로 생각해선 안 돼. 솟대도 우리만 있는 거 아니야. 몽골도 있고 다 있어. 그러니까 그걸 아직 인류가 해 본 적이 없다고. 우리가 나서서 문예부흥을 통해서 그걸 탐색하지 않으면 안 돼. 거기에는 동아시아 사람들만이 아니라 유럽, 미국 지식인들, 이슬람 지식인들도 다 참여해야 돼. 바로 거기서 예를 들면 신시(神市)라든가, 일종의 전원일치의 정치인 민주주의로서의 화백이라든가, 이런 것들이 우리의 콘텐츠, 우리의 아젠다 안으로 들어와야 인류의 문화 산업화의 지향화, 문화 민주주의화의 지향화가 하나는 경제이고 하나는 정치로서 새로운 모양이 나타난다, 이 말이야. 그렇지 않겠나. 그런데 지금과 같은 형태의 미국식 민주주의, 지금과 같은 형태의 할리우드식 문화산업, 이건 문제가 많지.

도시 청년들과 농촌의 유기농 생산자들 환경주의자들 사이에 연대가 필요해요. 이런 것이 문화에서 가장 중요해요. 즉 생명과 영성. 영적 소통의 사이버네틱스하고 생명을 생태학적으로 구현하는 에코롤지와의 관계. 또 이것이 발전한 게 사이버스페이스하고 페이퍼, 종이문학과의 관계가 정립되어야 하지. 서로 영향을 주고받되 서로 공존하는. 비록 고급문학이나 종이문학이 소수고 제한된 차원에 있다 하더라도 오히려 더 본격적으로 내면 깊숙이 문학을 수용하고 오히려 이런 것을 모델로 해서 사이버문학이나 대중문화나 디지털 쪽에서 배우는.

그리고 작품을 대하는 독자들의 태도에 대해 나는 모심을 말하고 싶어요. 우리가 산다는 것은 살아 있다는 것은 뭐야. 존재는 뭐고, 삶은 뭐야. 내 식으로 해석하면 무언가를 모신 거라. 그 모심이 없어지면 뭘 모시지 않으면 죽은 거야. 뭘 모셔? 마음이라고 해도 좋고, 신(神)이라고 해도 좋고, 부처라고 해도 좋고, 허공이라고 해도 좋아. 난 허공 같아. 창조적 자유 말야. 그런데 만약에 미학이라고 말하면 뭘까. 미라는 것은 뭘까. 어떤 대상, 뭔가를 모셨을 때야. 이제 존재론이 나오는 거야. 인식론적으로 보면 어떤 미적 대상의 미를 자기가 인식한다는 것은 그것을 모시는 거야. 관계는 뭘까. 이것과 저것의 관계. 상호 쌍방향으로 모시는 거야. 안 모시면 안 돼요.

이게 동학에 있는 거야. 동학에서는 뭐라고 하냐 하면 "님으로 높여서 부모 모시듯 친구 삼는다." 이 말이 묘해. 높이긴 높이는데 친구고, 친군데 높인다 이 말이야. 그래서 님이라고 하는 거야. 미의식의 핵심 안에서 모심이라는 윤리적이면서 철학적인 태도가 있을 때에만 미적 창조라든가 향수와 삶의 유기적 지향이 가까운 일치점을 발견한다 이 얘기야. 창작 쪽에서도 마찬가지야. 예수를 모시듯이 삶을 모시고 사회 관계를 모셔야 미당(未堂)과 같은 태도가 안 나온다, 이 말이야. 또는 뭐 시는 좋은데 사람은 엉망이다. 근사하긴 한데 친일파다. 아픈 소리지만 미당 의식 가운데 뭐가 있냐. 마름 같은 데가 있단 말이야. 상전한테는 굽신굽신하고 농투성이한테는 폼 잡고 이러는 거.

그러니까 모심이라는 게 뭘까. 경(敬) 비슷하면서 경도 아니고, 경이라는 것은 성리학에서 성(誠)과 함께 제일 중요시하는 거. 그러나 경을 통해서 남명(南冥)이나 퇴계나 이쪽으로 연결된다고 모심이. 또 모심을 통해서 사랑으로 이제 가는 거지. 왜? 예수는 사랑도 섬김이라고 그랬잖아. 섬기는 사랑, 이게 바로 모심이라고. 여기 저기 통하는 거야. 그러니까 하나로 다 흡수해서 통일할 수 있는 가능성이 있어. 그렇다면 이 모심으로 돌아갈 때 시 한 편이 내용뿐만 아니라 그 메타포나 긴장이나 연의 구분이라든가 또는 연결이라든가 이런 것들을 통해서 전체적으로 오는 정조 자체가 뭔가 숭고한 듯한 얘길 하는 듯 하면서 조금 높이는 어떤 마음, 태도 이것이 수용 미학에 있어서도 앞으로 우리 차원에서는 고려해야 될 일이 아닌가. 이게 결정적으로 나타난 게 이재무의 「팽나무가 쓰러지셨다」야. 모시는 말을 썼어. 내게 이 비슷한 체험이 있어. 어렸을 때 6·25 전인데 해남에 갔었어. 내 자서전에 다 나와. 그런데 그때 사촌동생 계집애가 하루 종일 날 얼마나 괴롭히는지 몰라. 난 굉장히 코찔찔이고 순진했거든. 이모할머니가 같이 갔는데 이모할머니는 맨 그 아이 편만 드는 거야. 그러니까 해남 촌 그 집 뒤에 올라가면 큰 고목이 있어. 거기 앉아서 질질 우는 거야. 목포 쪽을 바라보면서. 근데 그때가 내 환청의 시작이었던 거 같아. 그때 분명히 들었어. "괜찮다." 그 자꾸 들리는 거야. "괜찮다." 근데 미당의 자서전에도 그 괜찮다가 나오더라고. 그게 뭘까. 나이 들면 자꾸 생각나는데 그게 자연의 울림이 아니냐. 내 안에서 물론 울렸겠지만은 그 나무의 혼이 있다면 그 혼과 연결된 게 아니냐 싶어.

홍용희 이번에는 좀 얘기를 바꿔보지요. 앞으로 도래할 동북아 중심시대에서 한반도의 역할이 중요한 논제로 떠오르고 있습니다. 그러나 동북아 중심시대를 말하는 자리에서 먼저 한·중·일 관계의 역사적 특성을 점검해 보아야 할 것 같습니다. 중국은 중화중심주의를 바탕으로 오랜 역사에 걸쳐 우리나라를 속국으로 지배해왔습니다. 또한 일본의 무의식에는 대륙 진출의 열망이 항상 내재되어 있는 것 같습니다. 그래서 서양에서 새로운 문명을 받아들이기만 하면 항상 한반도는 그 실험의 대상으로서 고통을 겪어야 했습니다. 포르투갈에서 소총을 받아들인 이후 일으킨 임진왜란이나 한 발 앞서 받아들인 근대화를 무기로 또 다시 침범해 온 개화기의 한일합방이 모두 그 실례들입니다. 따라서 우리에게는 당장에 이러한 한·중·일 관계의 역학구도를 초극할 수 있는 철학적 대안은 무엇일까 하는 절실한 문제에 부딪치게 됩니다.

김지하 일본의 노무라종합연구소라는 데가 있어. 이게 일본 산업과학의 첨단이야. 확실히 아주 선진적인 리포트만 나온다고. 근데 뭘 내놨냐면 17년 전에 「창조전략」이라는 걸 내놨어. 거기에 대해 간단히 얘기하면, 20세기가 가면서 정보화 중심국가는 다운된다 이 얘기야. 그리고 창조화 중심국가가 일어선다 이거지. 창조화는 뭐고 정보화는 뭐냐. 정보화는 지금의 전지구적인 하이웨이가 목표점이라고. 신경망화에 대한 거지. 그럼 창조화는 뭐냐. 그 정보화의 콘텐츠야. 내용이면서 그 정보화를 좌로도 우로도 움직이는 내용의 주도력이라고. 창의력. 그러니까 내용이 형식을 수정한다 이 얘기야. 그러니까 하드웨어 중심으로 가면 미국 정보화는 무너지는 게 아니라 별 볼일 없이 되고, 하부 인프라 같은 것으로 전락해간다는 거야. 그러니까 21세기는 경제 중심에서 문화 중심으로 중심 축이 이동하고. 비트 중심, 지금의 컴퓨터 중심의 디지털 스페이스는 전부 비트 중심이잖아. 거기에서 창조적 발상의 양적 질. 창조적 발상의 내용도 중요하지만 그 양이 중요한 거지. 그럼 이제 회사원을 뽑을 때도 비트, 박력이라든가 활동력이라든가 정보 취득력 이런 것이 아니라 가만히 앉아서 한 두 마디 딱 때려잡는 놈. 요 놈을 뽑는다, 이 말이야. 당연히 데이터 중심에서 아이디어 중심으로, 또 컴퓨터 중심에서 컴퓨터 전신 기기들을 다 거느리고, 코디네이터들을 다 거느릴 수 있는 컨셉터(concepter), 창조적 발상 지원 시스템으로 그렇게 시스템이 바뀐다 이 말이야. 중요한 것은 경제력 중심에서 문화력 중심으로 국가의 에너지 평가가 바뀐다 이거야. 그건 어떻게 봐야 할까. 창조와 그 어떤 정보화의 내용, 콘텐츠를 창조하는 쪽의 심리와 젊은이들의 문화 중심주의, 또 문화 안에는 새로운 정치와 경제의 새 싹을 추구하는 내용이 들어 있다는 거. 또 영적인 것과 신체적인 것, 일종의 아우라와 리비도라고 할까? 이런 문제에 대한 천착을 문화적으로 진행하는 것이 세계적인 유행이라고. 그러면 문화를 중심으로 해서 우리가 가능성을 본다고 할 때는 대륙과 해양, 역사적으로 볼 때는 북방 대륙 유목계와 남방 해양 농경계의 결합으로 우리 민족은 탄생했어. 환웅과 웅녀가 그 얘기 아닌가. 이런 이중성의 교호 결합관계가 문화의 핵심을 이루고 문명의 기초를 이룬다 이 얘기야. 그러면 이런 문화적 콘텐츠 안에 일본 같은 지향과 중국 같은 지향을 다 아우를 수 있어야 한다는 거야. 그러나 내가 보기에 중국과 함께, 그보다 막중하게, 그보다 더 상당 기간 동안 계속해서 중요성을 가진 것이 미국이야. 미국을 그렇게 쉽게 보고 그래서는 안 돼. 내가 생각하고 있는 게 옳은지 그른지 모르겠지만.

　　　　미국이 리버럴리즘을 수정한다고. 민주당은 수정주의지 근본주의가 아니야. 군수 재벌 중심의 경제정치나 외교를 수정한다고. 그러니까 미국이 오래간다 이거야. 내가 생각하기엔 예술을 바꿔야 한다고. 예술, 문화, 역사적인 관점, 역사학, 역사적 전망, 철학 이 세계를 바꿔야 돼. 그러면 그 용량 그 어마어마한 용량을 가지고 세계를 조금씩 바꿀 수가 있다 이거야. 지금 그 전환기 같애. 부시가 마지막 발악을 하는 거야. 군수 재벌하고 손잡은 거 아냐. 중남부 보수 세력들. 그러니까 이렇게 된다는 걸 전제한다면 우리가 문화를 통해서 자네가 제기한 위기를 탈출할 수 있는 가능성을 봐야 된다고. 문화야말로 앞으로의 허브라고.

홍용희 이제 조금 얘기의 각도를 바꾸어서 선생님 문학이 터잡고 있는 자리, 거기에 대해서 얘기를 듣고자 합니다. 선생님 문학 세계의 내용가치와 형식미학은 우리의 전통적인 민족·민중적 세계관과 미의식에 젖줄을 대고 있는 특징을 보여줍니다. 남도의 애잔한 민요 가락이 스며 있는 많은 서정시편들뿐만이 아니라 『오적』, 『대설』을 비롯한 창작 판소리, 그리고 일련의 산문들은 이러한 특성을 선명하게 보여줍니다. 저는 여기에 대해 선생님의 문학 세계의 원형성을 이루는 4·19혁명에 대한 인식론적 특성과 연관된다고 생각됩니다. 1960년대 이른바 4·19세대의 4월 혁명에 대한 인식론의 계보는 통상적으로 서구의 근대적 합리성과 제도성의 착지점으로 인식한 『문학과지성』(『산문시대』『68문학』) 계열, 우리의 전통적인 역사 속에서 시민의식의 내재적 가능성을 우리 안에서 모색하고자 시도한 『창작과비평』 계열로 나누어 볼 수 있을 것입니다. 한편, 선생님의 경우는 4·19혁명을 내재적 발전론의 시각에 입각하여 '아래로부터의' 반봉건민주화운동의 효시를 이루었던 동학농민혁명의 사상과 지향성의 명맥 속에서 인식하는 특성을 보입니다. 그래서 선생님의 문학이 4·19세대론의 울타리를 뛰어넘어 우리 전통문화 속의 민본주의적 유산과 전통 문예미학의 광맥을 자신의 문학세계의 터전으로 확보할 수 있었다고 생각됩니다. 이 점과 더불어 선생님 문학의 바탕을 이루는 민족·민중론의 앞으로의 지향성에 관해서도 얘기했으면 좋겠습니다.

김지하 4·19 그날, 나는 시위에는 참가하지 않았습니다만, 그 뒤로 계속된 4월 혁명의 발전과정에서도 조직에는 관여하지 않았지만 내 나름대로 연관을 가졌어요. 4·19나 그 이후의 우리 민족의 움직임 이런 것에 대해서『문학과지성』이 잘못 본 것은 틀림없다고 하겠지만,『창작과비평』도 사실은 그 쪽으로 가고는 있었지만 충실하지는 못했어요. 그 당시 창비는 김수영 씨를 그렇게 또 대단히 예언자적으로 보는데 난 그것은 이해가 안 간다고. 일정하게 인정하면 되는데 뭐 엄청나게 확대해가지고. 그런데 김수영씨는 과연 그때 어땠는가. 공업화의 비전과 시민 문학론이야. 그 방법론에서는 잘 모르겠어. 민요에 대해서는 상당히 경멸하는 쪽이었고. 그건 조동일과의 시청각 교실 논쟁을 난 직접 지켜봤으니까. 또 우리가 한일회담 반대하는 운동을 할 적에 돗자리에 누워서 본 신문 안에 김수영 씨가 공업화 비전과 시민 문학론, 그걸 쓰고 있었다고. 내가 또 충실했냐면, 내가 충실했다는 것은 아니야. 작품을 너무 많이 못 썼다고. 정치 투쟁에 너무 많은 시간을 뺏겨서. 그래도 몇몇 남아 있는 작품들을 긍정적으로 봐준다면, 내 자신도 긍정적으로는 볼 수 있다는 것이지. 문제는 여기서 민족·민중론을 한 거는 틀림없고, 사실은 내가 제안한 거고, 학생 시절에는 조동일과 나를 묶는 하나의 틀이었고.

그런데 나는 63년 한일회담 반대운동 때부터 전면에 나왔는데, 보통 사람들은 한일회담 반대운동이 일본에 대한 역사적 문제점들, 역사적 후유증을 청산 안 했다는 문제로 알지만, 그것은 표면적 주제에 지나지 않는다고. 그 이면적 주제에 있어서는 치열한 경제 논쟁이 있었어요. 이걸 모두들 잊어버리고 있다고. 치열한 경제 논쟁의 핵심이 뭐냐면 박정희 세력은 비록 차관이나 낡은 플랜트를 끌어들이고 노하우를 끌어들인다 하더라도 중공업 중심의 공업화, 공업화를 통한 근대화를 내세운 거지. 그에 따라서 인간의 모든 동양적 관념이라든가 그런 것들을 다 때려부수게 된 거야. 농업적인 인간관계나 사회관계를 전부 바꿔야 했던 거고, 그게 새마을운동이야. 중공업 중심으로.

그때, 우리가 주장하는 것은 이북하고 좀 비슷해요. 초법적 농업을 중심으로, 즉 농업의 초법화를 중심으로 하고, 자주적 경공업을 배양하고, 외래 자본에 의지하지 않는. 그것은 이미 영·정조 이후부터 계속 발전하고 있던 국내 경공업 기반을 인정, 발전시키자는 거예요. 안성 유기 뭐 많지요. 판소리에 많이 나오지. 한양 가위도 나오고 뭐. 그 자본주의의 맹아라고 불렀던 거. 그걸 되살리자 이거야. 그리고 활성화시키고. 이게 그런 문제입니다. 거기에 군수 분야를 비롯한 특수 분야에 관해서 선택적 중공업의 개발, 이렇게 되는 겁니다.

내가 얘기하고 싶은 것은 민족·민중론이라는 것도 민족의 근거, 경제적인 매커니즘으로 본다면 농업이에요. 농업을 중요시하지 않으면 민족이라는 개념이 형성이 안 돼. 그러면 농업을 우리가 어떻게 봐야 될 것이냐. 그때는 또 지금은. 이 문제가 밀접하게 관련되어 있다는 겁니다. 내가 너무 토대 분석적인 태도 같지만은 이거는 상식이라고. 민중은 그러면 뭐야. 민중은 농촌의, 아니면 공장으로 가기 위해서 그야말로 끊임없이 노동자가 되고 또는 이동, 진동, 흔들림이 심한 하층 월급생활을 하는. 이렇게 보면, 민중론이라는 것은 꼭 농업에 기초하지 않아도 성립되는 거예요. 그 안에 나는 산업 프롤레타리아를 포함하는 것이지. 산업 프롤레타리아 중심의 세계관은 글쎄 참고는 했지요. 그러니까 우선 내가 골수 마르크스-레닌주의자는 아니라는 것을 전제를 해야 내 시(詩)에 대한 오해를 지금부터 풀 수 있어요. 내가 감옥 들어가고 나니까 뭐 내가 빨갱이 왕초인 것처럼 막 떠들고 신화화시켜 가지고 젊은이들이 그냥 내 얘기만 하면 위대한 좌익이라고. 아니 나 좌익 반대한 적 없어. 충분히 좋은 거지. 받아들일 건 받아들이고, 해야 할 건 해야 하고. 그런데 그것만이 전부 다라고 하기에는 난 인정 못 할 것이 너무 많단 말이야. 그래서 예컨대 마르크스 자본론 읽으면서 예세닌이 쓴 글을 줄줄 외웠어. 예세닌은 레닌의 농촌 착취 정책에 반발했던 사회혁명당 당수였던 마플로의 친구잖아. 농촌사회주의자.

그런데 내가 나와서 생명 어쩌고 하니까, 막 뒤집어 엎어도 모자랄 판에, 왜 저러냐 이거야. 변절자, 배신자 뭐 많아. 전열 혼란자. 전열 이탈자. 기억도 안 없어지네. 그런 얘기들을 가만히 듣고 앉아서 그 원인이 어디 있는지를 생각해 보니까 바로 거기에 있어. 이걸 먼저 내가 주문하고 싶다는 거. 시 읽기라는 것은 자기 사상의 고백 과정이기도 하고, 상대방의 사상에 대한 관여라고. 현상학적으로 얘기하면 괄호에 대한 바로 앞뒤의 방정식을 연구하는 거란 말야. 그래서 괄호 안에 든 것에 대한 최종적인 감동에 도달하는 거지. 그렇다면 나를 보는 방법 자체가 지금 문제 아니냐 이거야. 한 번도 수정된 적이 없어. 언제부터 수정이 가능했느냐 하면 생태학 얘기가 들어오면서부터 그나마 조금 변경됐는데 그 뒤로는 또 달라졌어. 또 이건 내 잘못이 아니고 자기들 잘못인 것을 모르는 거야.

민족·민중론이라는 얘기도 그렇지만은, 이것을 밑에 깔고 새로운 어떤 주제를 찾으려고 할 때 이 점을 봐야 한다는 거야. 정치, 군사가 중요했던 시절이 지나가고 있잖아. 이 두 개의 중심이 점점 변해가면서, 두 가지의 이중성, 양면성이 뭘로 변하냐? 경제와 문화로 바뀐다고. 경제도 아주 순수 경제적인 추구라고. 정치가 경제에 대한 개입을 꺼리는, 신자유주의가 그 극단이지만. 그런 식으로 돼간다 이거야.

이제 결론은 경제가 그렇게 되니까 오히려 문화가 초점으로 등장하면서 문화가 경제에 개입하기 시작하는 것이 콘텐츠, 문화 콘텐츠고, 대표적인 게 벤처, 그리고 서비스야. 서비스는 고차원적으로 가면 갈수록 문화의 인격적 요인, 마음이 중요해. 창의력, 그리고 신선미. 인간미 여러 가지가 나와요. 서비스 산업을 제대로 한다는 것은 한 단위적으로 본다면, 한 인간이 인격 수양을 해야 한다는 거 아니야? 그리고 문화 콘텐츠 산업이 늘어나니까 지방자치단체들이 전부 문화 프로그램 만들지. 자본주의의 문화 자본. 문화 이론. 문화 공학이나 문화에 대한 새로운 이론들이 많이 나오고 있는데 아직도 과정이야. 미학의 변경이 없이는 경제 이론의 구속성 또는 사회학, 경제학적, 사학적인 관계를 인정한다 하더라도 그 관계의 중심에서 문화 또는 예술론이 훨씬 더 깊이 자리를 해야만이 인격이 단순히 노예적인 차원에서 벗어나 자기 자신이 인격 도야를 하면서, 이득을 얻으면서, 동시에 남에게 서비스를 할 수 있는 거야. 이런 균형을 확보하게 된다고. 여기 초점이 문화다. 그런데다가 요즘 신세대 봐요. 밥 한 그릇 먹듯이 CD 한 장 소비하고, 비디오 한 장 소비한다 이 말이야. 아니면 컴퓨터 앞에서 하루 열 시간 이상씩 게임을 한다고. 이게 다 문화거든.

그러면 문화 안에서 어떤 진리를 발견하는 것이 필요한 시대가 됐다 이거야. 내가 이 얘기를 하려고 지금까지 끌어온 거야. 민족·민중은 이제 상식적인 이야기고, 또 자유와 평등 문제도 이제는 상식이 되었어. 당연히 그렇게 돼야 해. 따라서 민족·민중론을 바닥에 깔아야 한다는 것 완전히 벗어나면 또 안 돼요. 바닥에 깔되 앞으로는 새로운 과제를 찾아야 된다. 아까 얘기한 것처럼 경제적인 변화, 변화에 대응해서. 이 변화는 뭘까요. 세계 물류의 중심지가 이제 동북아시아가 되어 간다는 얘기고, 특히 동북아시아 중에서도 한반도는 이제 러시아, 중국, 중앙아시아 같은 대륙계와 일본, 미국과 같은 해양계 사이의 랜드 브릿지다. 그러니까 땅 전체가 하나의 부두다 이 얘기예요. 대륙과 해양계를 연결시키는 일종의 콘테이너 축인 셈이지. 이렇게 파악하고 있어요. 이것은 우리나라 식자층도 그렇지만 특히 미국, 일본의 동북아시아 전문가들, 경제, 사회, 특히 정치, 과학 쪽, 소위 브레인 시스템 전문가들이. 앞으로 우리는 중국의 제조업을 당할 수가 없어요. 우리는 그럴수록 서비스, 문화 콘텐츠 강화로 가야 합니다.

홍용희 선생님 말씀은 문학하는 사람들에게 많은 창작적 영감과 더불어 앞으로 돌파해 나가야 할 길을 밝혀주고 있습니다. 선생님의 시세계를 매개로 해서 사상적 담론으로 확장해 나가는 길을 밟아가도록 했으면 합니다. 선생님의 시에도 역설적인 이중적 통합과 반대일치의 모순어법이 관통하고 있습니다.

김지하 내 작품 텍스트에서 우선 「줄탁(啐啄)」이라는 시를 보자고. 달걀 안의 병아리가 때가 되서 깨고 나오려고 하면 한 부분을 쫀다고. 그런데 그와

거의 동시에 그 어미 닭이 귀신같이 그 부분을 알고 같이 쪼아. 안팎이, 생명과 영성이, 인간의 사회적 변혁과 내적 명상이 하나로 합쳐지는 것, 이게 줄탁이야. 지금 몸을 통해서 디지털과 에코를 통합하자, 이게 이재복이 얘긴데. 아주 좋은 얘기야. 그리고 이제 생태주의적 언어에서 김양헌이가 소위 있음과 없음, 양쪽이 드나드는 살아있는 문체로 가자, 이게 또 좋은 얘기야. 그런데 이것의 근본은 지금까지 전부 적용한 논리가 바로 안팎의 동시성, 역설적인 것, 패러독스적이고, 모순어법이지. 또는 음양법, 불연기연(不然其然)법, 노 예스의 원리, 이걸 모방한 게 컴퓨터다. 엘리베이터고. 온(on)에서 오프(off)로, 오프(off)에서 온(on)으로. 그러니까 바닥을 친다는 말 있지 경제에서. 이제 올라가는 길 밖에 없다 이거야. 이게 바로 생태학적 경제학이야. 기본적으로. 거기서 나오는 거야. 엘리베이터도 꼭대기에 올라가면 내려갈 수밖에 없고, 맨 밑바닥에 내려가면 올라갈 수밖에 없잖아. 컴퓨터도 똑같이 이진법이야. 그게 뭐냐. 뇌 운동의 패턴이야. 그러니까 컴퓨터는 뇌 활동의 모사물이라고. 사이버네틱스란 그래서 뇌수학이야.

이 시 안에 "몸 속의 별이 뜬다"가 있지. 요 회음부, 똥구멍 하고 부랄 사이에 오촌, 다섯 치 정도 들어간 곳에 회음부가 있어. 회음혈. 이게 소위 리비도를 결정하는 거야. 즉, 성욕과 방욕. 배설과 생식을 결정하는 것이 회음혈이라고. 서구에서도 인정해. 그 다음에 뭐야, 배꼽 아래 세 치 하단전이라. 이걸 기해(氣海)라고 해. 기(氣)의 바다. 상단전은 어디냐, 인중의 안으로 두 치. 이건 수해(髓海)라고 해. 그리고 요 가운데 중단전은 양 폐와 심장 사이, 이게 단중이지. 여기에 별이 뜨는 거야. 차례로. 그럼 이게 참선인데, 참선도 선법이야. 신선도에서 하는 선법. 파란별이 반짝 뜨거나 빨간 꽃봉오리가 팍 터지는 거지. 그러면 몸 속에서 이 네 개의 별이 뜨면서 세 개의 단전이 울렸다. 이 얘기야. 줄탁이.

내가 정신분열이 있었잖아. 환상을 보고. 이때 튀어나온, 떠오르는 대로 구술한 시가 있어. 어느 날 갑자기 술술술 흘러나왔던 거야. 그게 「검은 산 하얀 방」이야 내 시를 보려면 이걸 봐야 돼. 왜냐면 분열이면서 민족적인 이항대립이야. 또 세계사적인 이항대립, 철학적인 이항대립이고. 검은 것과 흰 것 사이에.

그 4년 전인가 언제 낮에 잠에서 막 깼는데 내가 가끔 그런 것을 봐요. 병적일 경우도 있고, 건강할 경우도 있고. 요즘은 일부러 내가 환상 근처에 가려고 하지 않고, 보래도 안 봐 버리고 그래. 그런데 흰 그늘이라고 나와. 한글로. 한문으로는 백암(白闇), 흰 어둠이라는 뜻이야. 그리고 영어로도 나와. 화이트 섀도우(white shadow). 그리고 반짝 그림이 나오는데 돌 가운데서 틈이 나가지고 흰빛이 저쪽에서부터 들어오는 거야. 이게 뭐냐. 바로 이 시가 떠오르는 거야. 이 시 나오고 나서 내가 환상이 시작됐거든. 그래서 병원에도 들락날락하고, 주치의 만나러 다니고, 그래서 외로운 시절이었지. 십 몇 년이. 그러니까 흰 그늘, 이게 뭘까. 하나의 통합이야. 정신의 통합. 새로운 어떤 방향이야. 삼척 두타산하고, 해남 백방포라는 데, 하나는 원한이고, 하나는 정한이고, 하나는 정치적이고, 하나는 사적인 로맨스고. 백포는 자기 서방이 떠나갔을 때, 돌아올 때를 기다리는 아낙들이 있던 여각 객주야. 포구지.

자 봅시다. 내가 이전에는 나도 민중·민족 중심으로 생각해왔지만은 그 안에 놓칠 수 없는 중심이 들어 있는데 그것은 생명과 죽음의 문제야. 이건 어디서 왔는가. 질란 토마스의 영향이야. 영국 시인 있지? 켈트족의 환상을 초현실적으로 잡았다는 거 아니야. 그런데 생명력이 충만한 시도 있지. 여기에 영향을 받았고. 이 죽음이란 것은 아마 최초의 출사표라고 그러나? 「황톳길」에 강에서 뛰어오르는 숭어 하고, 시퍼런 탱자나무 하고 가마니에 덮여서 죽어가는 애비의 시체 하고 이 콘트라스트가 기본 아니야. 이때 벌써 나온 거야. 이 주제를 가지고 전부 봐. 무너져 가는 들녘(「들녘」)에 대한 시 있지? 삶과 죽음이 아니라도 그와 대비되는 이항대립 사항들이 아직 통합되지 않은 채로 대결 국면을 갖고 나와요.

나는 농사꾼 출신은 아니야. 내 고향은 전라도 연동이야. 반은 어민이고, 반은 농사꾼이고, 반은 또 노동자고 그런 동네야. 직업의 구분이 없어. 유목적이면서 농촌과 연결돼 있고, 또 바다고. 그런데 또 우리 외가 쪽은 양반 끄트머리고. 우리 큰집은 또 완전히 동학당이야. 쌍놈. 그러니까 나란 인간을 잘 모를 때가 있어. 남쪽 출신이면서 열세 살부터 원주에서, 서울에서 살았잖아. 그러니까 나야말로 분열이야. 지금은 많이 정신이 안정된 거지. 내 고등학교 때 대학 때, 사춘기가 아니라 삶 자체를 해명할 수가 없었어.

　　　　이런 것들이 내 시에서 비극성 이런 것으로 나타나고. 물론 비극성이나 이런 것은 또 다르게 봐야 하지만. 그러나 우선 줄거리를 잡으라면은 이런 식으로 잡을 수밖에 없고, 그러면 이 방향이 어디로 가겠느냐. 내가 매화의 이념이라고 쓴 거는 내가 제일 가까운 사람들한테 가까운 얘기를 하는 건데. 내 얘기는 이 얘기 근처로 갈 것 같다, 이 소리야.

　　　　막 늙어빠지고, 고색창연하고, 入古지. 매화를 뭐라고 그래. 예언자라고 그래. 봄을 예언하잖아, 눈 속에서. 그래서 매화의 이름이 이백 개가 넘어. 그런데 대개 보면 예언자라는 뜻이야. 그러면 내가 너무 범박하게 해석하는지는 모르지만, 미래로 나가는 꽃하고 과거하고 연결돼 있는 증거라고. 시커먼 증거. 이런 얘기들이 내 얘기야.

　　　　그런데 내 시에는 그렇지 않은 시들도 있겠지. 대체로 그런 것 중심으로 본다면 과거에도 있고 앞으로도 내가 사상적으로 선도와 불교의 통합에 관심이 많거든. 그런데 거기에 역(易), 유학의 역까지 들어가고 그것을 나는 동학과 김일부, 또는 강증산이라는 동학계를 바탕으로 해서 추구하는 것이야. 앞으로 삼 년 정도 안에 내 마지막 책을 내려고 해. 마지막 산문집을. 그건 아마 제목이 '모심'일 거야. 모심 가지고 정리하려고 하는데 지금도 맨날 메모해. 맨날 메모하거나 먹장난하거나 그러지 시는 잘 안 나와. (웃음)

　　홍용희 선생님, 최근에 나온 시집 『화개』의 4부에 보면 「伽倻의 산들」 「夷史」 등의 시편들이 있지 않습니까. 거기 보니까 선생님 시세계의 내적 시간의식은 민족적 층위의 기원의 신화, 태초의 시간과 상호 공명하는 면모를 보여줍니다. 특히 동이족에 관한 민족적 층위의 심층 기억이 소생하고 있습니다. 시인은 "너른 들에 우뚝 선/검은 봉우리"의 떨림에서 "동이의 아득아득한" 역사를 직시하고 있습니다.

그렇다면, 때로는 강렬하게 때로는 미미하게, 우리와 함께 살고 있는 우리의 기원, 동이족의 상상력을 적극적으로 노래하게 된 배경과 의미, 이런 걸 어떻게 이해하고 해석하면 좋을까요?

김지하 이건 박현수의 명명인데 '동이적 상상력'. 그 친구는 나보다도 『산해경』의 환상적 표현을 끌고 들어온 젊은 친구들이 여럿이 있더구만. 그 친구들을 향해서 동이적 상상력이라는 용어를 썼는데 나한테까지 적용이 됐어. 이런 얘기지. 내가 동학과 생명에 천착할 때는 모두들 박수했는데, 동이와 마고, 율려로 가면서 사람들이 아무 소리도 안 한다 이거야. 그건 사실일 거야. 왜냐하면 동이, 마고, 율려 이게 다 어렵단 말야. 그런데 동이는 역사적으로 어렵다는 얘기고, 율려는 미학이나 철학적으로 어렵다는 얘기고, 마고는 신화 아냐. 그런데 내가 얘기하고 싶은 건, 이것이 제대로 실질을 가지고 해명되려면 광범위하고 장기적인 문예부흥 운동이 있어야 된다는 거야. 아까 얘기한 신시, 화백도 그렇지만은 그 외에도 이 마고라는 게 1만 4,000년 전에 파미르고원에 있었다는 성인데, 마고성이 있었다는 거지. 아주 중요한 대목이 있어. 박지상이 썼다는 『부도지(符都誌)』에서 나온 건데 여기서 하나 놀라운 건 율려가 천지를 창조했다는 거야. 율려(律呂)가, 뭘 뜻하나? 말씀이 천지를 창조했다는 것과 대비 돼. 말씀은 로고스고, 성리학식으로 하면 理이고 수야. 율려는 그 자체로서 음이야. 물론 여기 질서가 있겠지만. 그러니까 수보다 음이 먼저 천지를 창조했다는 건 우리나라 하고 우파니샤드 쪽, 브라만 쪽이거든. 중국도 수를 먼저 얘기해. 이게 놀라운 얘기 아니야? 로고스가 창조한 게 아니라 율려라면, 로고스도 있지만은 카오스적이고 파토스도 있고. 음악이니까.

더 놀라운 것은 팔려사율(八呂四律)이야. 율려는 율려인데 팔려사율. 려는 음이고 여성성이고 어둠이고, 사이음이고 땅이고 이래. 율은 양이고, 남성이고, 천자고 하늘이고. 그리고 이게 사이음이 아니라 피아노의 흰 건반이야. 검은 건반은 사이에 끼어 있지. 그렇단 말이야. 그런데 대개 과거 가부장제, 봉건 시대에 중국 중심으로 발전한 율려에서는 율이 먼저 엄청 강하게 나오는 거야. 남자가 여자 앞에 서듯이. 여자는 항상 뒤로 가잖아. 왜? 억음존양(抑陰尊陽)이야. 음은 누르고 양은 올려라. 이게 율려의 기본이야. 그런데 이게 뒤집힌 거야. 1만 4,000년 전에 려가 8이고 율이 4야. 반이야. 그런 데다가 마고는 여자야. 마고는 어떤 남자하고도 성관계를 안 가졌어. 그리고 바로 궁희(穹姬)를 낳아. 그 궁희(穹姬)가 창희(蒼姬)를 낳아. 그 다음에 4대인지 5대에 가서야 남자가 나와. 이게 뭘까. 중국은 모계사회야. 그렇다면 진짜 페미니스트가 있다면 성경 가지고 씨름하지 않아. 성경은 아무래도 가부장적이야. 어거지 해석할 게 아니라 『부도지』를 탐구하라 이거야. 그렇다고 내가 이것이 신화가 아니라 역사라고 주장한 적은 없어. 신화에 대한 해석학이 문제지.

　　동이적 상상력이라고 하면 아까 얘기한 고대사, 이쪽으로 가야만 밝혀질 일이고, 이제 젊은 세대 중심으로 문예부흥이 일어나야 한다는 거야. 우리나라만이 아니고 중국 지식인, 일본 지식인, 특히 베트남. 그래서 내가 베트남에 제안을 했던 거야. 그 다음에는 이슬람, 미국, 유럽, 인도, 아프리카 사람들, 남미 사람들까지 다 참가해야 돼. 왜? 아시아는 인류 문명의 기원이고 유럽, 발칸이나 중앙아시아로부터 소아시아 반도, 밀레토스를 거쳐서 발칸으로 들어간 거야. 그렇다면 원류는 이 중앙아시아 파미르고원이고, 수메르도 여기서 나가고. 인도로 들어가서는 요가 철학이 되고, 중국으로 들어가. 만주로 들어가서는 소위 우리나라로 들어와 일본 도쿄 지방과 큐슈로 나가지.

　　다시 처음으로 돌아와서 가야에서 내가 느낀 것은 섬칫한 어떤 감각이었는데, 그 산하가 대구나 부산 쪽에 저쪽 동편하고 달라. 산천 생김새가. 느낌도 다르고. 그리고 내가 들은 바에 의하면 여러 가야들에 솟대가 있었어. 그 솟대가 여러 가지 작용을 했잖아. 해방구, 제단, 여인숙, 학교, 여러 가지 의미가 있어. 종합적인 문화 기숙사, 이런 역할을 했지. 그게 나중에는 절터가 된다니까. 불교가 대치한 거야. 이해가 가. 자연스러운 경향이지. 고구려 백제에서 다 그랬고. 그러면서도 선도라든가 그 이전의 풍류 전통이 안 없어지고, 남아 있는데, 지금도 절에 가면은 반드시 대웅전 뒤에 삼성각, 칠성각, 환웅전, 북극전 그런 게 있어요.

    홍용희 지금까지 영성, 문화, 모심 등의 얘기가 강조되었습니다. 이제 이런 문제의 기본 바탕이 되면서 선생님의 생명의 세계관과도 깊이 연관된다고 생각되는 인간과 자연 그리고 생명가치에 대한 얘기를 정리했으면 합니다. 우주 생명 내지 생태에 관한 생각을 하다보면, 인간과 자연과의 관계 속에서 인간의 위상은 무엇이며, 또한 인간과 자연의 관계성은 어떻게 설정하는 것이 가장 올바른 방법일까 하는 아주 간단한 것 같으면서도 간단치 않은 문제에 부딪치게 됩니다. 인간이 지닌 우주적 영성은 분명 다른 생명체와는 변별됩니다. 그러나 이때, 문화적 삶의 창조적 주체로서 인간의 선도적 능력을 강조하다 보면, 결국에는 인간 중심주의를 승인하는 결과를 낳게 됩니다. 그래서 이를테면, 생물 중심설을 내세운 심층생태학자들과 인간의 문화적 존재성에 주목한 사회생태학자들 견해 간의 절충지대가 필요한 것은 아닐까 생각됩니다.

    김지하 이 문제는 좀 세분화해서 들어가야 됩니다. 예를 들면, 문화하고 자연 사이의 인간의 관계를 공정하게 보는 것까지는 좋으나 문화를 조금 더 강조하는 듯 하면서 사실은 더 일방적으로 강조해버리는 그런 결과가 된 경우가 있다고. 바콘이나 머레이 북친 같은 생태 사회주의자들은 그런 경향이 있어. 내가 보기에 생태학자들 중에 제일 훌륭하다고 생각되는 사람은 루돌프 바로인데.

    그런데 중요한 것은 물질 안에도 마음이 있다는 거죠. 이젠 예를 들어서 생태학이 아니더라도 상대성 이론이나 양자 역학 중에도 물질을 마인드화해서 관계에서부터 파 들어가고 있거든. 특히나 관찰자 참여 우주론 같은 거는 인간의 내면적인 마음, 욕구의 개입에 의해서 물질입자의 향방이나 운동이나 변화 속도가 달라진다는 이야긴데, 그러니까 관찰자, 인간의 마음이 참여한 객관적 우주론이라는 거지. 자기 조직화의 진화론은 물질이나 생명 안에 마음이 구조적으로 움직이는 진화론이라고. 그렇다면 인간 마음의 주인공이 뭐냔 말이죠. 신(神)이에요. 신(神)이 물질 안에 있는 거야. 그래서 신이 거의 마지막에 가서 자기가 자기 현현하는 방향으로 자기가 몸 담고 있는 물질을 진화시키는 거지. 그것이 뭐 직선적인 상징주의는 아니지. 그게 인제 복잡한 조건이 붙긴 하지만 물질도 안에 마음이 있단 말이야. 핵, 원자핵 그게 마음이에요. 그래서 그게 변덕스러운 거라고. 잠시도 정지하지 않아. 왜 그럴까? 마음의 특징이야 그게. 신(神)의 특징이라고. 그런데 그것이 자기 스스로 명령하는 게 뭐냔 말이야. 그것이 생명이야. 생명을 유지하고 발전시키기 위해 자기 주변에 있는 물질이나 자기 외피를 조절한다고. 관계를 맺고. 그래서 하나의 라이프 폼(life-form), 생활 형식을 만들어 가. 이게 자기 조직화(self-organization)야. 그러니까 무엇이 그렇게 하냔 말이야. 마음이 그렇게 하는 거지. 마음의 주인은 누구냐. 신(神)이다. 그러므로 진화는 우주의 마음이다. 그렇게 얘기해요. 그러니까 이미 문화라는 것이 자연 속에 내재되어있는 것이지요.

홍용희 생명체의 자기조직화 운동과 마음이 곧 신(神)이라는 점을 강조하는 것은 주기론적(主氣論)인 세계관과 가까운 것 같군요.

김지하 맞아, 맞아. 그러니까 주기론(主氣論)이라는 게 천지의 주재는 기(氣)고, 기(氣)의 조리(條理)가 이(理), 이치(理致)다. 그러니까 이치라는 것은 안에 있든 밖에 있든지 간에 그 스스로 변하는 게 아니라 변하게 하는 것. 그것은 서화담도 동의할 수 있고, 그뿐 아니라 이기론(理氣論)자라면 거의 동의할 수 있는 거지. 그런 점에서는 율곡도 동의를 하잖아. 그러나 율곡은 그 용(用), 작용에서 얘기가 좀 달라지지. 내가 보기에는 최수운의 혼원지일기(混元之一氣)론이 가장 가까운 것 같아. 그 다음에, 혜강 최한기의 신기일원(神氣一元)론. 왜 그러냐, 지기(至

氣는 지기인데 간섭하지 않는 것이 없고, 명령하지 않는 것이 없고, 보이는 듯 하면서 안 보이고, 존재하는 듯 하지만 없는 것. 그런데 근원에 아주 얼크러져 있는 혼원지일기(混元之一氣). 일기란 말은 질서란 말이야, 태극은. 그런데 혼돈이라는 말은 태극을 말하는 것이 아니야. 완전 태극의 반대야. 아주 카오틱한 코스모스, 그러면 그 안에 이기(理氣)를 다 포함한 것이지.

똑같은 이것과 저것 사이에, 사물과 사물, 극단과 극단 사이의 균형이라는 것도 그때 그때에 따라서 중심이 한쪽으로 기우뚱하잖아. 그것을 공자는 시중(時中)이라고 했어. 때에 따라 균형이 잡히는 거. 그 이전에 서경(書經)의 경우, 옛날 성인들이 궐중(厥中)이라고 했어요. 유일집중(唯一集中)이지, 하나에 집중하는 것. 소위 이중성이 조금 들어갔지. 이게 정역(正易)에 오면 황중(皇中)이 돼. 황중은 뭘까? 음, 양, 천, 지를 다 아우르면서 거기에 제3의 요인, 주체로서의 인간의 문제, 그러니까 천지인을 사람 안에 하나로 통일하는 것, 이게 성인이고 황중이야. 이 경지를 가리켜 황극(皇極)이라고 하고.

내가 왜 이런 얘기를 하느냐. 아까 사회 생태학의 경우에 '문화와 자연 사이에서 인간은 자연의 산물이면서 동시에 문화의 창조자다'라고 보는 관점, 그렇기 때문에 문화와 자연을 아우를 수 있는 것, 마음과 몸, 또는 내면과 외면, 또는 수직적 구조의 논리로 파악하는 상부 구조와 하부 구조만이 아니라 내부와 외부 이런 것들을 다 따져보면 옛날의 천지인(天地人) 삼재론(三才論)이지. 우리나라 사상이 천지인(天地人)이니까. 이건데 인중천지인(人中天地人)이야. 사람이 사람 안에서 어떻게 천지, 음양, 물질, 또 자연과 문화를 탁월하게 통합하느냐. 얘기가 이렇게 나와야. 자꾸 자연은 자연인데 인간은 문화적 창조자이기 때문에 이제는 바로 문화가 제2의 자연이다. 그러면 인간 주체의 인센티브를 너무 강조하는 게 되지. 근본 생태주의자처럼 너무 자연 속으로 들어가는 것은 찬성하지 않아. 자연은 자연이지만 좀 더 자세히 봐야지. 자연과 문화를 인간 안에 창조적으로 통합하고 있다고 봐야지. 한국의 19세기 근대사상들은 이런 문제에 대해서 대답하고 있다고 봐요.

마무리를 하면서 이 얘길 하나 더 첨가하고 싶은데, 원시를 회복한다, 르네상스다, 뭐 이런 것이 인간이니까, 인간만이 할 수 있는 것이냐. 인간의 문화라든가, 유럽 문명의 우월성이라든가 이런 것들이 다 보통이 아니에요. 자연에 속하긴 속하지만 자연과는 전혀 다르다. 대단한 인간 중심의 생각이란 말이야. 그럼 그 중의 하나가 막히면 근본으로 돌아가는 능력. 그런데 머레이 북친, 그 사람은 또 종교에 대해서 상당히 비판적이야. 그리고 그 사람은 또 동양이라면 그렇게 또 욕을 해요.

그런데 과연 말이야, 자연, 생물이라는 것이 그렇게 미욱하고, 맹목적인 존재들인가. 원시반본(原始反本), 옛날로 돌아가는 능력, 뒤돌아보는 능력, 반성적 능력이 다 밑에까지 있는데. 그래서 아까 여러 가지 섞인 거 같다고 그랬잖아. 그 말인데 최근 『Nature』지에 're-evolution'이라는 말이 나왔어. 재진화. 그 전반적인 내용은 퇴화되었던 곤충 날개가 다시 돋기 시작한다는 거야. 지금까지 30여 종을 관찰한 결과가 나왔대. 그럼 곤충에게서 없어졌던 날개가 다시 돌아온다는 것은 뭘 의미하는 거지? 곤충 안을 통과하는 생명이 시간이라는 것, 시간 자체가 역류도 가능하다는 얘기야. 인간의 반성적 능력만 소위 문화 창조적이고 언어의 발생이고 노동의 조직화고 국가의 창설자고 법률의 창업자고 뭐 이런 것만이 아니다, 이 말이야. 근본적으로는 그런 반성론, 재진화하는 능력이 모든 생물 안에도 다 있다, 이 말이야. 그러니까 앞으로 진화론이 크게 바뀐대. 마이클 리친이라는 친구도 그러는데, 그러면 우리도 러시아 공생주의자, 무정부주의자인 크로포트킨이 북친 이후의 생태학이 세부적으로는 상당히 진화했다고 그러는데, 그런 식으로 문화를 중요하다고 보는 것은 좀 그래. 물론 나도 생태정치학, 생명정치학을 상당히 중요하게 여겼잖아. 그런데 그런 식으로 아나키스트만이 해결점이고 그렇게 보는 것은 인간의 가능성을, 능력을 너무 극대화한 것이야. 인간의 능력을 극대화하는 것을 반대는 안 해. 우주적 책임이 있고 그런 건 다 인정을 하는데 그 인정하는 것만큼 자연과 인간의 관계를 다시 또 파고 들어가야 한다는 거지. 그 증거가 벌써 진화론이야. 진화론이 전혀 다른 방향으로 갈 것이다. 이 근거가 뭘까. 난 자유라고 보거든. 자유란 말 자체가 가지는 유럽 사상이라는 한계 때문에 그걸 피하고 있을 뿐이지. 무(無)지 무(無). 활동하는 무(無), 신(神)마저도 신의 본질을 무궁이라고 생각해. 허공이다. 그런데 무(無)는 뭔데 활동하는 것인가. 이게 완전히 패러독스지. 그럴 때, 무(無)라고 불리는 신이 되돌아보는 능력이 있다고 할 때 과연 재생, 회상, 반성, 언어, 창조, 시간적으로는 재진화, 순환하면서 다시 진보하는 거지. 이게 시(詩)하고는 무슨 관계일까.

시의 근본적인 시학 자체가 생명의 진행, 시간의 움직임, 변화 이런 것과 직결된다고 할 수 있지. 그걸 떠나면 시(詩)가 아무 가치가 없어. 가만 생각해봐.

홍용희 시와 시간성에 관한 얘기인 것 같군요. 시의 예언성과 관련될 것 같은데요. 시에는 과거와 미래의 비현존적 현재성이 구현되기도 하지요. 이러한 요소가 시적 영성과 관련되지 않을까 생각됩니다.

김지하 내가 얘기한 것도 그런 얘기야. 드러난 것과 숨겨진 것. 숨겨진 것이 겉으로 드러나고 가시화되어 지각되는 것. 그게 진화고 생명이고 물질이지. 그럴 경우에 우리가 논리적 판단을 할 때 안 보이는 것은 '아니다'라고 하고 보이는 것은 '그렇다'라고 하고 그러는데 이게 차원이 바뀌면 '아니다' 했던 것이 '그렇다'가 되는 거야

하이데거가 말한 비현존과 현존 사이에 관계를 지어서 말할 때, 생명이 바로 그 점을 지녔는데 생명에는 안팎이 있어. 상부와 하부가 아니라 내면과 외면으로 봐야 한다고. 그 또한 아주 큰 각성의 차원에서 본다면 별 것 아닌데. 그러나 상부 하부로 나누기보다는 안과 밖으로 나누는 것이 훨씬 더 현실에 가깝다 이거지. 우리 안에 보이지 않는 뭔가가 있지. 그것이 마음이고, 영성이고. 또 보이기도 하고 안 보이기도 하지만 하여튼 물체가 되어가는 것, 보이기 시작

하는 것, 활동하는 것. 그게 우리가 알고 있는 생명이라는 것이야. 물질이라는 것도 이젠 생명으로 보니까. 어떤 단계에 있어서의 생명이지.

홍용희 마지막으로 독자들에게 한 말씀 해주시죠.

김지하 난 이 점을 중요하게 봐. 시 전문지는 안 팔리는데 시인 지망생은 늘어난다는 이 현상을 어떻게 볼 것이냐. 물론 여러 가지 요인이 있겠지만, 우선 내가 얘기하고 싶은 것은 문예지를 만드는 당사자하고 그것을 보는 독자들까지 합쳐서 신사고를 갖추어야 한다는 거야. 신사고는 지금 나타난 조짐들에 대한 철저한 미학 내지는 시학적인 해석이나 검토로부터 시작해야 하지. 가장 중요한 게 세 가지야. 하나는 뭐냐. 복고적인 환상성, 환타지, 신화 이런 것. 두 번째는 생태시, 환경시, 생명시의 등장하고 신비주의에 대한 집착, 세 번째가 뭐냐. 엽기, 그리고 카니발리즘, 그리고 개그에 대한 집착. 이게 전부 다 시의 미학이야. 그 세 가지를 늘 검토하고 논의하면서 조금도 게으르지 말고 나가야 붉은 악마와 촛불에 대해서 어떤 방향도 제시하고 말길이 트이고, 또 그들을 이상한 파시스트 세력으로 전락시키지 않고 제대로 가치 있는 창조적 세력으로 판단할 수 있어. 우리나라에서 이게 나와야 해. 그런데 여기서 꼭 부탁하고 싶은 것은 20·30하고 50·60이 같이 동거하고 공존할 수 있는 방향인 모순어법을 찾아야지, 세대론으로 떨어지지 말라 이거야. 진정한 사상은 세대론 같은 것을 거부해. 여기까지 합시다. (박수)

생명과 평화의 시정詩政을 위하여

일시 2005년 1월 30일 **장소** 일산 김지하 선생님 댁

홍용희 선생님 안녕하십니까? 을유년의 붉은 해가 힘차게 떠올랐습니다. 과연 우리에게 2005년은 어떤 한 해가 될까? 여러 가지로 기대도 되고 걱정도 됩니다. 국내외적으로 남북문제, 동북공정과 함께 새삼 부각된 동북아 질서의 향방, 세계 구석구석의 크고 작은 테러와 전쟁, 지구 생태계의 파괴 등등의 심각한 현상이 휴일도 없이 지속되고 있습니다. 그러나 이런 문제까지도 한편으로는 대단히 사소한 것으로 만드는 것이 근자에 있었던 지구 축의 이동 현상으로 진단되는 쓰나미 현상이 아닐까 합니다. 아무튼 오늘날은 이러한 복잡한 문제들이 다양한 층위에서 중층적으로 엇섞여 있는 시점입니다. 이처럼 안팎으로 어지러운 대혼돈의 시기에 마침 선생님께서는 산문집 『생명과 평화의 길』, 시집 『은둔과 유목』의 간행을 통해 신생의 문명에 관한 담론을 비롯하여 다양한 문화적, 미학적 인식을 풍요롭게 펼쳐 주시고 계셔서 깊은 관심을 환기시킵니다. 이번에 간행한 저서들을 중심으로 여러가지 말씀을 듣기 위해 이렇게 찾아뵈었습니다.

저는 근자에 선생님의 시집 『은둔과 유목』과 산문집 『생명과 평화의

길』이 각각 창비와 문학과지성사에서 간행된 것에 대해 단순치 않은 의미를 부여해 볼 수 있다고 생각합니다. 해방 이후 우리 현대문학은 분명 4·19세대에 의해서 새로운 지향점이 모색되고 개척되어 왔습니다. 1960년대 4·19 세대에 의해 재편된 문학적 지형의 중심지대를 차지한 문학과지성 계열의 자유주의 문학론과 창작과비평 계열의 현실주의문학론 모두 서구적 근대의식과 지성사를 한국적 근대성의 모델로 설정하고 추수하는 경향을 드러내었음은 주지의 사실입니다. 그러나 선생님의 경우에는 자생적 근대론의 시각에서 민요, 판소리, 세시풍속, 민중 종교 등의 민중문예 전통의 현재적 계승을 탐색하고 이를 통한 민족문학의 특수성과 세계문학의 보편성을 가로지르는 한국문학의 미적 가능성에 대해 천착하고 계셨습니다. 조동일 선생님과 더불어 집중적으로 추구되었던 민족민중문학의 계열을 제3의 계열이라고 한다면, 오늘날 이천년대에 와서는 나름대로 4·19세대의 문학적 지향성의 세 가지 스펙트럼이 제3의 계열로 모여지는, 다시 말해, 제3의 계열에서 활로를 찾는 경향으로 진단해 볼 수는 없을까 생각됩니다.

김지하 예, 조금 있으면 실천문학사에서 『흰 그늘의 미학』이라는 책이 나오는데, 그 책이 나올 때는 지금 말한 홍용희 씨의 제3의 계열 이야기가 더욱 빛을 발할 것 같습니다.

내가 시를 하나 쓴 게 있는데 "젊었을 적에 유럽에 간 아이들은 다시는 돌아올 줄 모른다"고 썼어요. 나는 유럽 대신 골목을 선택했지. 내가 골목에 나갔을 때마다 친구는 아무도 없었단 말이야. 오기도 있었지. 다 유럽에 갔잖아. 대학 시절에 애들이 잔디밭에서 술 마시면서 기타를 치고 부르는 노래 중에 이런 게 있었어요. "머나먼 아메리카로 떠나가고 싶네" 이런 노래. 내가 옆에서 듣다가 말이야 막 뭐라고 하지. 나는 양쪽에 다 불만이 있는 거야. 제3의 계열이라고 불렀던 조동일과 나는 학문적으로 마르크스를 많이 흡수했지. 많이 공부했지만 우리가 제일 중요시했던 것은 철학적으로는 최한기와 수운이야. 수운은 유불선, 기독교까지 통합했고 최한기는 철학적으로 유럽의 경험론을 다 흡수하고 있었잖아. 최한기 대단한 사람이야. 그때 영국 경험론 같은 것을 다 중국책을 통해서 봤어요. 집단적 서원이었다고. 이돈영, 조동일 등 여럿이 있었어.

      제3의 방향이라고 했던 조동일 김지하가 어느 쪽으로 집중을 했던가. 물론 예술에 있어서는 판소리, 탈춤, 민요, 무가, 정가, 가사류들, 풍물 그리고 가장 중요한 게 민화, 석화, 진경산수 이런 쪽이지. 그러나 학문적으로는 아까 이야기했지만 기철학과 역학, 최수운이라고. 조동일 말마따나 중요한 건 이거야. 마르크시즘에 대하여 우리가 어떻게 대응했던가 이제는 분명히 이야기해야 돼. 마르크스 이야기한다고 잡아가는 시대는 이제 아니란 말이야. 그러면 이제 이야기해야 한단 말이야. 마르크시즘은 아직도 장점이 있어. 장점이 있지만 그 장점을 본격적으로 들여다봐야 해. 두 가지가 있어. 그 중에 하나는 『경제학 철학 초고』. 이 책은 젊었을 때 쓴 것이지만 젊었을 때 쓴 것이기 때문에 총괄적인 자기 전망, 희망사항이 있다고. 그러나 구체적으로 정리된 것은 『자본론』이야. 이 두 개를 제대로 들여다보지 않고 계속해서 리뷰 정도의 책들, 즉 「코민에 대한 연구」들과 같은 코민테른들이 공부한 것을 주워들은 것 가지고 사회주의 혁명을 하겠다는 것, 그건 바보과에 속하는 거야. 또 하나 이야기할 게 있는데, 지금 와서 이상하다고 할지 모르겠어. 그러나 소위 프롤레타리아 이야기를 하면서도 조동일이하고 나하고는 농업사회주의 쪽이야. 농민사회주의 쪽이야. 잘 생각해야 돼. 이게 뒤바뀐 게 광주사태 이후 젊은 20대 초반 중반 애들이 옛날 스탈린, 레닌, 마르크스, 트로츠키, 부하린 이쪽 문학 공부를 하면서 소위 노동운동이 진행된 거야. 변한 거야. 그 이전까지 상당한 정도로 농업사회주의지. 우리가 시의 모델을 김수영보다는 신동엽, 임화보다는 오장환이나 이용악 이랬단 말이야. 왜 그랬을까. 농촌적이고 민족적인 우리나라식이라는 거지. 모택동 당시 이미 거친 이야기야. 농민을 토대로 한 것이었거든. 이런 것들이 그 당시 비슷한 것 같지만 다르단 말이야.

홍용희 선생님 시의 성향도 일종의 농민사회주의 쪽에 가깝지요. 프랑스혁명 때도 보면 하위 주체 중에 소위 농민 혁명군들이 있지 않습니까. 농민사회주의의 성향을 가지고 있다는 점에서 그쪽하고 선생님하고 가깝다고 생각했었습니다.

김지하 나는 예세닌에 가까웠어, 예세닌 시를 줄줄 외우고 다녔어. 예세닌은 사회혁명당이지. 사회혁명당은 마프노 라인이야. 공산당이 우당으로, 신구정당으로 10월 혁명에 가담했어. 정권을 장악한 뒤 레닌이 뭘 했어. 지방에 농촌의 촌락들, 소농, 부농, 대농들을 착취해서 도시노동자를 내세우는 거지. 중공업우선주의지. 이때 농민에 기반을 둔 사회혁명당이 쿠데타를 생각했어. 그러나 적발되었어. 깨져버리면서 마프노는 외국으로 망명해 버리고 예세닌은 낙동강 오리알이 된 거야. 그때 이사도라 던컨하고 유럽으로 피해 다니다가 돌아와서는 루나찰스키 같은 사람에게 조국을 배신한 놈이라고 비난을 받았어, 매일 싸우고 얻어터지고 그러다가 자살했어. 반소비에트의 첫 샘물이야. 생명존중론이 이미 러시아 안에 싹트고 있었어. 이제는 그것을 생각하고 좀 알자 이거야. 그런 관점에서 『경제학 철학 초고』를 보자는 말이야.

홍용희 25년 전 매우 낯설게 느껴질 만큼 선구적으로 시작된 선생님의 생명사상의 순례기가 오늘날 세계의 혼돈상과 대면하면서 한층 더 구체적이고 역동적으로 전개되고 있음을 확인할 수 있습니다. 또한 이것은 4·19 세대의 문학지형에서 주체적인 민족·민중적 세계관을 통해 세계사적 보편성과 가능성을 추구했던 김지하, 조동일 선생님이 중심이 된 제3의 계열이 오늘날 우리 지성사의 전면에서 보여주는 선도적인 지표이며 성과라고도 할 수 있을 것이라 생각됩니다.

김지하 창비가 민족문학론 이전에 시민문학론에서 근대화 비전을 서구에서 봤어요. 내가 그래서 김수영 시의 비판을 제기했던 것이고. 창비하고 가까울 것 같은데도 서먹서먹한 이유가 바로 거기에 있어. 단순한 감정으로 봐서는 안 돼. 왜냐, 한일회담 반대 운동이라는 것이 있었는데, 이것이 지속적인 식민지 체험으로만 일어난 게 아니야. 그런 것도 있었지만 그보다 뭐가 있었냐 하면 한일회담 진행과정 배후에 있는 논쟁이 있었다고. 조동일과 내가 제기한 게 하나는 협업적 농업을 중심으로 자생적 경공업을 배합하고 선택적으로 중공업을 필요로 하는 것이지. 생명성이 강한 공업, 안성 유기공업 같은 것이 대표적이지. 생명성이라는 것은 이쪽 동양에서는 음양론을 말해.

안성 유기 제작과정을 보고 음양론을 제기해. 징을 만드는데 말부터 가치관이 달라. 쇠를 울게 한다고 말하지 않는단 말이야. 장인들이나 사장이나 간에 뭐라고 하냐 하면 울음을 깨운다고 그래. 쇠 속에 울 줄 아는 능력이 이미 있다는 것이지. 맑은 소리가 나게 하기 위해서 맑은 시냇물 속에 일주일 정도 재료를 넣었다 꺼낸다는 거야. 놋사발 만들 때, 우리나라 인천 앞바다 뻘이 제일 좋다는 거야. 일주일 열흘 뻘 속에 담가 둬. 쇠 안에 울음이 있다는 것을 인정한단 말이야. 쇠 안에 마음이 있단 말이야. 농업은 지금으로서는 안 되니까 두레나 품앗이를 강화시키면 돼. 개인적 몫이되 공동노동이 협업하는 거야. 경공업우선주의라는 근대화 브레인들, 중공업우선주의로 중공업을 우선 생산해야 수출에 의해 들어온 달러로 경공업도 살리고 농민도 살린다 이거야. 결국은 농업을 파탄시키면서 농촌노동력을 엄청 대규모로 헐값에 공업노동력으로 도시공장에 있는 중공업생산 과정으로 거꾸로 집어넣는다는 이야기는 슬슬 피한 거야.

그런데 김수영 씨나 백낙청 씨가 중공업을 위한 근대화, 거기에 따른 새로 생성된 시민문학론, 민족문학론을 제기한 거야. 그런데 창비도 생명 지속성이라는 것을 제기했어. 이거 획기적이야. 지속 가능한 발전이 아니라 '생명 지속적 발전'이라는 것 말이야. 보통 이렇게 말하기 어려워요. 우리는 그냥 막연하게 생명, 생태라고 하지.

홍용희 선생님께서 지속적으로 추구하시는 생명사상의 가장 큰 특성은 목적론적 시간관과 변별되는 '지금, 여기'의 생명적 시간관에서 찾아볼 수 있을 것 같습니다.

김지하 마르크스의 『경제학 철학 초고』에는 "생산은 노동이 자연 속에 들어가 놂으로써 발생한다"고 하고 있어. 노동이 자연 대상 속에 들어가 논다는 말이 있어. 이건 바로 성교를 이야기한다 이거야. 여기서 뭐를 생각나게 하느냐 하면 바로 생명 생산 능력이라는 것이지. 생명의 특징은 뭘까. 생명의 특징은 무야. 즉 잉여라고. 그렇기 때문에 노동이 시간이 오래 되면 오래 될수록 더 큰 잉여가치, 자유노동으로 더 나아갈 수 있는 노동의 자유가 형성되는 거야. 여기에서 자유를 빼앗아 가는 게 자본이란 말이야. 그렇게 해서 만들어진 잉여성이 바로 자본이야. 그런데 여기에서 주의해야 할 게, 그러면 이 노동이 잉여가치를 생산하는 데 투입되는 시간의 길이야. 시간이 마르크스의 『자본론』에서는 직선적 시간, 목적론적 시간, 자유를 지향하는 선적 시간이라는 거야.

이제 최제우로 들어가는 건데, 지금은 무화시키는 거야. 의미없는 걸로. 마르크스의 『자본론』에 있는 투입된 시간이 잉여로 변할 때 굴절하지 않고 항상 직선적으로 미래를 향해서 약간 위를 향해서야. 이건, 떼야르, 샤르뎅이 보는 묵시론적 시간과 크게 다르지 않아. 그래서 『자본론』을 과학적 묵시록이라고 했지. 다 이유가 있어. 직선적 시간이야. 오늘은 지옥이고 내일은 천당이냐 말이야. 이 시간이 어디에서부터 왔을까. 기독교로부터 왔다고. 알파와 오메가. 창조된 시간과 묵시록의 종말의 시간 여기서 나온 거야. 왜 여기서 나왔을까. 시간은 또 어디에서 나왔느냐. 바빌론 포로 시절에 나온 거야. 이스라엘의 바빌론의 포로가 되었던 시절에 시간이 조작되었어. 이스라엘 시간이 몇 천 년 안 돼. 그리고 종말 언제인지 몰라. 시간이 알파요, 오메가요, 처음이 있고 끝이 있어. 시간이 그럴까? 무슨 시간이 그렇게 짧아.

그러면 현재에 있어서 유럽철학에서는 시간을 어떻게 보느냐. 미셸

셰르 같은 사람은 무시간론이라고 그랬어. 유럽철학에서도 시간에 대한 수정이 일어난다고. 이런 시기에 마르크스의 자본을 보면서 가장 중요한 가치를 생성시키는 주체로서의 시간, 노동의 시간을 선적으로 볼 수 있겠냐 말이야. 만약에 선적으로 보지 않는다면 자본이라는 것은 당연한 거란 말이야. 그런 시간이 노동의 시간이라면 자본가가 잉여가치를 빼앗아 가는 것은 당연하단 말이야. 목적을 향해서. 그런데 자신을 향해서 노동자 자신을 향해서 노동력 안에 있는 영적인 구상, 정신적인 구상이라는 말이 마르크스에서 나와. 자기 마음 안으로 돌아오는 시간이 돌아온다면 시간이 신성한 자유, 잉여가치, 여분의 가치, 이 가치가 자기한테로 돌아가야 마땅하지. 자기한테서 시작한 것이 자기에게로 돌아가는 것이. 차원 변화한다면, 그렇지. 노동이 자본으로. 이 이야기가 지금 이야기야. 그러나 우리가 사실은 학교 다닐 때부터 고민했던 것은 조동일이가 그때는 제일 천재지. 지금은 해결 못 한다고 했어. 좀 더 공부하자는 이야기지.

　　마르크스의 노동관은 그 당시 굴뚝 공장들, 제조업 공장, 대형 포드·테일러 시스템. 거기에서의 노동은 용접하고 자르고 붙이고 분업하고 하는 이런 노동이란 말이야. 농업노동은 전혀 안 나타나 있어. 농업노동은 뭘까. 자르고 붙이고 하는 것이 아니라 모심이야. 약간씩 사이사이 개입해서 잘못된 것은 솎아 주거나 나무의 열매를 따가지고 먼저 종자를 남겨 두고 그 다음 먹고, 남는 것이 있으면 장에 가서 파는 거지. 노동의 질이 다르지. 이제 노동의 형태가 엄청 나게 많아졌어. 서비스노동, 자유노동, 문화노동, 단말기노동 온갖 노동이 노동의 형태에, 노동의 질에, 노동의 성격에 토대를 두어야 할 사회적 액션이나 조직이나 모든 소통이나 예술창조 작업이 전부 19세기 유럽의 대규모 굴뚝공장 노동, 용접노동에 한정되어 있다 이거야. 그러니까 노조가 무슨 노조. 나중에 공무원 노조까지도 파고다공원에서 시작해서 광화문까지 모든 차를 스톱시키고 자기들만 잘났다고 가는 거야. 대기업 노조들이 하는 것은 그런가보다 하자. 무슨 전교조, 공무원 노조까지 나오고 그래. 이런 이야기까지 이제 하는 시대가 되었어. 그 첫 씨앗이 4·19 이후 우리는 4·19가 그렇게 대단한 것인지 몰랐어.

5·16 군발이들이 나와서 설치고 그 전면에 뭐가 있었느냐 하면 한미행정협정 체결 촉구 데모가 있었어. 문제가 될 만한 단초들은 그때 다 주어졌단 말이야. 그러니까 나는 오기가 많은 놈이니까 그것밖에 없어. 배고프고. 그래서 다 비판적으로 본 거야.

　　　　결론은 제3의 방향이라고 불렀던 조동일이나 나나 뭐 여럿이 있지만 다 흩어져 버렸어. 하고 싶었던 말도 못하고 이 눈치 저 눈치 보면서 그래도 자기 길을 가려고 하면서 말이야. 이것의 대체물은 아니라도 여기서 뭔가 시도하려고 했던 것쯤으로라도 그것에 대해서 새 방향을 찾는데 어떤 조짐으로써 악센트는 줘야 하지 않겠는가. 지금은 뭘까 전 세계적인 문화대혁명이 와야 한다고. 그걸 위해서 거대한 아시아 르네상스가 있어야 한다고. 이제 동아시아 쪽에서부터 샘물을 발견해야 돼. 이쪽에서 르네상스가 시작돼야 해. 구체적으로 신시(神市)라는 정치체제가 뭔가, 화백제도라는 직접민주주의가 뭔가, 그 다음 풍류라는 생명문화는 무엇인가. 전 세계적으로 문화대변혁이 와야 한다고. 고질적인 관료주의와의 평화적인 전쟁이 필요하다고. 그 과정에서 성숙한 생명문화가 나와야 해. 우리가 작은 나라이지만 어떤 대안을 내놓아야 돼.

　　홍용희 화제를 조금 바꾸어 보겠습니다. 한류열풍의 문화적 연원과 이것이 동북아의 문화적 연대에 기여할 수 있는 가능성, 세계문화사적 조짐과 바람직한 방향성은 어떤 것일까요? 아울러 한류열풍과 동방 르네상스의 가능성에 대한 선생님의 생각은 어떠신지요?

　　김지하 조선일보에 한류에 대해서 츠루미 슌스케 선생이 이야기했는데 일본의 해방은 여성과 비차별 소수민중이라는 거야. 아직도 백정 딱지가 붙어 있다는 거야. 일본은 우리보다 차별이 더 해. 비정규 노동자, 노숙자, 장애자, 여성. 지금도 남편이 직장에서 돌아오면 양말을 벗겨 주고 대야에 발 씻어주고, 새벽이면 머리맡에 앉아서 일어날 때까지 기다렸다가 밥상을 들여와. 요즘도 그래. 츠루미 선생 이야기가 2차에 걸친 계기가 있었다는 거야. 전후 기마민족의 도래, 교토 나라 같은 데 절이 있지. 가톨릭 신자들을 막 잡아 죽였어. 십자가를 밟고 지나가면 살려준다는 데 끝까지 안 밟고 처형을 선택한 것은 모두 여자들이야. 대표적인 여자가 오다 줄리아야. 또 한 번 기회가 있었어. 무정부주의, 사회주의, 공산주의가 일본에 들어왔어. 막 모두 때려잡잖아. 그런데 여자 공산주의자는 끝까지 전향을 안 하지. 비전향 한둘이 아니야. 옛날 적군파 여자들. 츠루미 선생이 6년 전에 나에게 그랬어. 한반도로부터 기마민족 도래의 흐름이 다시 한반도에서 올라온다는 거야. 6년 전 이야기야.

한류가 형태를 바꾸어서 다른 동기로 계속 나온단 말이지. 이미 6년 전에 츠루미 선생 이야기가 음식과 음악이라는 것이 인간 생활에 있어서 가장 기초적이라는 거야. 하나는 문화, 하나는 음식. 음식과 문화에서 한류가 시작된다는 거야. 김치 막 나올 때 있잖아. 발효식품들 있잖아. 된장, 식해, 젓갈 다 발효식품이야. 츠루미 선생 이야기는 발효식품 다음에는 발효의 철학이 들어온다는 거야. 발효의 철학이 무엇이냐. 삭힘, 견디는 것이지. 형태를 달리해서 주체를 달리해서 또 오고 또 온다 이거야. 그때는 내가 이해가 안 됐어요.

일본 쪽에서는 봉건적 차별이 아직 철폐되지 않았어. 근데 이상하게도 여성성이, 페미니즘이 이상한 줄기를 이루고 있단 말이야. 그럼 이 두 가지 문제를 놓고 마르크스가 혁명적 전환의 계기를 프롤레타리아에서 잡듯이 여성들의 두 가지 고리, 하나는 봉건적으로 차별당하고 있고, 하나는 세 번에 걸친 일본의 문화대개혁의 주체들이 여성이었다는 것, 끝까지 버텨낸 것이 여성이었다는 것, 그 두 가지를 놓고 일본을 본다 이거야. 그럼 내 입장에서는 어떻게 보느냐, 분명한 것은 일본을 거쳐서 이게 아메리카나 유럽으로 갈 것이라는 거야. 붉은 악마에 의해 새로운 패러다임이라든가 단초가. 왜냐하면 한류에서 영화에서 볼 때 중요한 것은 스토리나 연출의 기능이나 그런 것이 아니야. 물론 그것도 중요하지. 가장 중요한 건 사진술 내지 활동사진술에는 그 나름의 미학적 특장이 있는 거야. 그게 포토제닉이라고. 피사체를 통해서 보는 체험 가운데 어떤 감동의 요인이 있는 거라고. 그래서 배우는 아무나 하는 게 아니야.

　　　　　배용준이 왜 인기가 있을까. 이쁘지, 깨끗하지, 그런데 여자한테 잘한단 말이야. 화면이 아름답고. 그래서 여성들이 잃어버린 청춘을 찾는단 말이야. 지금은 그거지. 그 다음 다른 게 또 오지. 왜 이병헌이 올라온다지. 자꾸 그래. 그래서 형태가 달라져. 나중에는 철학이 올 것이라는 거야. 내 생각으로는 그것이 예술적 표현을 타고 전개될 거야. 앞으로는 중국과 역사전쟁이야. 고구려사 같은 문제는 간단하지 않아. 미국에 대해서 문화적 창조관계로 들어간다고. 그게 뭘까. 철학에 있어서 세계화야. 그것이 혼돈, 태극사상이고 세계화의 첫째 단계가 일본의 한류열풍이라고 보고 있어.

　　　　　홍용희　선생님 산문집의 중심지대를 관류하는 내용은 붉은 악마와 촛불세대의 문명적 전환의 주역으로서의 무한한 가능성에 대한 기대와 확신과 애정입니다. 선생님께서는 미래의 주역에 해당하는 붉은 악마에서 '생명과 평화의 길'의 나침반이 되는 아시아 고대 문화의 원형을 읽고 있습니다. 붉은 악마와 촛불세대가 밀고나온 세 가지 테마 문(문화), 사(역사적 원형), 철(새 시대의 철학)에 대응하는 엇박, 치우, 태극기에 초점을 두고 그 내용과 의미를 상세하게 설명해 주셨습니다. 그리고 여기에서 더 나아가 붉은 악마의 문화적 혹은 문명적 역동성이 담보할 새로운 내용으로서 태극궁궁의 원형적 문화운동을 언급하셨습니다. 동학의「포덕문」에 등장하는 태극궁궁의 원리와 이치에 대해 좀 상세하게 말씀 부탁드립니다.

　　　　　김지하　이번 산문집은 바로 대한민국에 대해서 공부하자는 거야. 답답한 게 쓰나미를 현실이 아닌 것으로, 현실이었다는 것을 잊어버리려고 하는 경향이 있는데, 자꾸 골치 아픈 것은 생각을 안 하려고 그래. 그런데 쓰나미에 대해서 빅카오스를 처방할 수 있는 과학을 위해서는 인문학 담론이, 담론을 위해서는 패러다임이, 패러다임을 위해서는 아키타입의 전제가 있어야 돼. 그 기반이 동학이라고. 이게 우리가 할 일인데 이걸 우리의 현실이 아닌 걸로 본단 말이야. 바로 이것에 대해서 공부하자는 거야. 그런데 붉은 악마에 대해서도 잊어버리려고 해. 촛불데모를 해서 탄핵 무효화시키고 노무현이 당선시킨 게 다 10대, 20대와 30대 초반의 50%야. 젊은 주부들. 이게 너무 드세지니까 반미주의하고 갈라지는 거야. 그런데도 아직까지도 붉은 악마에 대한 사회과학적인 논문이 하나도 안 나와. 공부를 안 하는 거야.

　　　　환원론적인 논법으로 볼 때는 쓰나미 촛불 절대 안 잡혀. 자기조직화의 원리, 공생론, 개체성을 잃지 않는 분권적인 융합, 그러니까 아이덴티티와 퓨전이 함께 있는 것. 젊은 아이들 말이 있잖아. 방콕의 네트워크. 방에 콕 박혀 있는 사람들끼리의 네트워크란 말이야. 개인주의자들끼리 뭉치는 거야. 여기에 대해서도 현실이 아닌 듯이 넘어가려고 그래. 욘사마에서도 또 넘어가려고 그래. 일회적이라고.

　　　　그러면 붉은 악마에 나온 것들이 다냐. 다는 아니란 말이야. 다는 아니지만 우리나라 고대문화에만 있고 유럽에는 없느냐. 이미 유럽에 그 징후가 노골적으로 드러나고 있어. 그게 빅카오스에 대한 얘기지.

　　　　프리고진이 노벨화학상 받은 게 뭐야. 물에 열을 가했을 때 나타나는 산일구조에 대한 연구야. 그때 일어나는 물질적인 커뮤니케이션의 화학적 대응이지. 그게 바로 혼돈질서야. 엇박이고. 다음에 농경과 유목의 관계나 에코와 디지털 사이의 관계, 이것을 치우에서부터 끌어온 거야. 엇박이나 들뢰즈나 21세기 사회의 사유의 결론은 도시유목 이동문명뿐이야. 그런데 바로 유럽에도 있고 제3세계에도 있고 또 민족주의자들도 반세계화주의자들도 전부 사실은 에코적인 데에 두고 있어. 세계화주의자들이 디지털적인 데에 배경을 두고 있어. 문화적으로. 그러면 세계화와 반세계화, 지역화와 세계화. 개인화와 보편화. 완전히 패러독스지. 역설적인 것이 이중적으로 자기 해체가 아니라 자기 자신을 다 채우면서 독립적인 아이덴티티를 존중하면서도 서로 연결되는 유목과 농경, 에코와 디지털이 같이 설 수 있는 문명에 대한 예언이 요구된다 이거야. 들을 결합시키는 것이 전 세계적인 관심사야. 우리 지금 싸우고 있어. 세계화와 반세계화 운동으로. 이것이 치우의 일종의 예언이 아닌가 말이야. 세 번째 태극기, 박일이가 이야기 했잖아. 내가 예전에는 이런 이야기 안 했는데 이제는 조금씩 하지. 우리가 평화를 이야기하면서도 평화와 반대되는 삶을 살고 있다는 것이 뭐냐 하면 두 개의 논리에서 벗어났다는 거야. 삶의 논리, 자본주의적인 논리, 이것은 저것이 아니고 저것은 이것이 아니다, 너는 내가 아니고 나는 네가 아니다, 제멋대로 노는 것이지. 그 다음에 너와 나는 항상적인 투쟁과정에 있고 감정적 화해 통일이 있을 수 있으나 그러나 투쟁이 함유되어 있고 내가 너한테 이겨야 너와 나의 통일도 그때서야 완성된다. 변증법이지. 둘 다 뭐야. 투쟁이지. 항상적으로. 존재론 상태에 있어. 논리 즉, 철학을 극복하지 않으면.

영구평화론이 엉터리라는 것이 바로 그거야. 그 밑에 있는 삶의 질서를 은닉해 버리고 국제적 관계라든가 유엔과 같은 지도적 기능, 집합적·통합적 기능에다가 모든 문제를 넘기는 사고에 있다고. 그러니까 매일매일의 일상적 삶의 아젠다로서 유엔이 와야 하고 세계통합이 와야 한다고. 그러면 어떻게 해야 돼. 나는 네가 아니고 너는 내가 아니지만 나는 너고 너는 나다 이거야. 변증법은 평면 위에서 정반합이 이루어진다고 본다고. 그러나 아까 이야기한 수운이나 색공론, 원효의 판비량론, 전부 합의 영역을 숨겨진 영역이 드러난 영역을 제치려고 하는 단계를 말해. 변증법적인 합명제하고 비슷하다고. 변증법은 평면적 동일한 역사 평면 위에서 통일이지. 지금 이야기는 이것과 저것, 저것과 이것에서 정·반의 관계에서 이것에 대하여 관여를 하던 숨은 차원이 드러난 차원의 해체기에 들어가면 다시 올라온다 이거야. 이때가 제일로 봐서는 각성, 깨달음이고 사회적으로는 혁명이나 전환, 문예부흥이 오는 것이지. 그 이야기가 이미 붉은 악마에, 이 세 가지 체험 안에, 오늘에 나온 거야. 역사의 중요한 고지에서는 계몽이나 과학에 의해서가 아니라 신화나, 상상력, 『정감록』 같은 이런 것에 의해서 솟아오르는 거라고.

홍용희 저는 중국의 동북공정에 대한 대응으로 역사학적 대응방식도 물론 중요하지만, 시인들의 시적 상상력을 통한 대처도 생각해 볼 수 있을 것 같습니다. 다시 말해, 시적 상상력에서 중국과 변별되는 우리의 전통적인 민족적 원형성의 담보를 운위해볼 수 없을까 하는 것입니다.

선생님 책을 보면 율려가 아니라 여율이라고 했는데, 여율의 리듬, 여율의 내용성, 미학적 가치, 이런 것이 시 쪽으로 끌어들어 오면서 아까 말씀하신 문화전쟁에서 우리의 정체성을 적극적으로 정립해볼 수는 없을까 하는 것입니다. 그리고 여기에서 더 나아가 동방 르네상스에 대응될 만한 그런 고대문화의 원형과 연관된 시적 사유와 노래를 탐색해볼 때가 아닌가 생각해보기도 합니다.

김지하 중국은 벌써 수사학 시대, 그러니까 공자 이후에 공자의 직계 제자라고 자처하는 자들이 신화나 전설들을 조율한다고. 조율의 역사, 수정의 역사, 공인하는 역사가 중국의 철학사라고. 중국을 다시 봐야 해. 관료지식인들, 선비들이 모두 관료들이니까. 통치철학의 주류사상에 의해서 유불선의 혼돈사상 계열들, 과정 계열들, 생명 계열들. 이런 것들이 전부 아주 교묘하게 단체로 드러나. 양명학 같은 것, 그런데 바로 그런 것에 대비할 때 한국의 시인들이 상상력의 영역에서 혼돈의 질서인데, 카오스가 이미 생태문학은 혼돈을 전제하는 거야. 혼돈이라는 것, 다른 게 아니고 이렇게 보면 아주 간단해. 서양에서도 비슷한 역사의 경우가 있었는데, 2,000년 전 제우스의 등장이라는 것은 로고스의 등장이고 율법, 종족, 토기, 부족국가의 등장인데 중요시된 게 서민이고 새로운 문화적 제왕이고, 대표하는 게 질서의 화신으로서의 제우스야. 그러면 제우스에서 살해당한 신성가족이 있어. 카오스와 에로스와 가이아라고. 카오스는 혼돈이고 에로스는 사랑이고 리비도야. 가이아는 촉각이고 대지의 모성이고. 한 가족이란 말이야. 살해당했거든. 이게 어디 19세기 말 20세기 초부터 과학의 형태로 부활한 게 카오스 이론이고 카오스 수학이고.

마르쿠제가 그렇게 밀고 나온 에로티시즘이 가이아고 생체학이고, 그

쪽을 이쪽에 대입시켜 보라고. 그쪽에 대입시켜 보면 여율이라고 했을 때 여성, 소위 관료지식의 눈, 중국의 눈으로 봤을 때 소인, 민중이란 말이야. 오랑캐들이고. 해외민족들. 한국 같은 흉노, 말갈, 거란 모두가 오랑캐야. 중국 내에도 소위 밑에 상놈들, 민중성, 여성성, 또 하나 있어. 영성. 이게 팔려사율(八呂四律)의 八인데 팔려사율 안에 내적 규정을 봐야 해. 5음7조라는 게 있어. 내가 강조를 못했는데, 팔려사율 틀 안에서 5음7조를 구체화하는 게 아오이 문화야. 이게 어려워지지만 바로 이것이 구체적으로 어떻게 나타나느냐 하면 붉은 악마, 엇박, 그리고 유목과 농경의 결합, 이게 문화적으로 에코와 디지털의 결합이라는 거야. 유목적인 도시이동 문명과 농경적인 정착, 에코적인 생체학적인 문명 사이의 이 결합을 토대로 해서 옛날 같으면 어로, 채취, 요즘 아주 복합적 노동들이 있다고. 이런 생산양식들이 전부 결합하는 전 지구적인 복합문명을 생각해야 될 때다 이거야. 그렇게 되면 어떻게 돼. 3음보 중심으로 2음보 내지 4음보로 봐야 된다 이거야. 3음보 중심으로 본다는 건 2와 둘 사이에 여러 가지 형태가 다 들어가지. 치우까지도 포함되어서 복합화시킨다 이거야. 운율 문제는 그렇단 말이야.

그 다음에 철학적인 어떤 접근이나 미학적인 접근으로 볼 때 '흰 그늘'이라는 게 내 개인적 이야기만이 아니라는 걸 두 가지 점에서 강조하고 싶어. 정역은 동서의 간태(艮兌)의 문제이고 주역은 남북의 이와감괘라고. 이와감괘의 하나는 흰 것이고 하나는 그늘이야. 그런데 주의해야 할 것은 '흰 그늘'이 뭐냐 하는 거야. 혼돈의 질서하고 같은 거야. 또 하나 고구려가 우리에게 왜 중요하냐 하면 두 가지가 중요해. 복합적인 다민족 문화라는 것도 중요하지. 그게 다 혼돈의 질서지. 첫째 다물(多勿)을 중시했다는 것. 좀 더 들어가면 고대 평화의 세월이야. 마고성 시대의 우주적인, 역사적인 인간 내면의 율려가 다 제대로 움직였다는 평화라고. 율려의 상태가 팔려사율이야. 거꾸로 해. 율려라고 했지만 사실은 여율이라 이거야. 율려의 형식 속에 여율의 내용이 다 있어. 그런데 다물의 가능성의 주체가 문화적으로 어떤 상징을 통해 나타나느냐, 삼국유사, 고구려조에 금와왕이 강가에서 유화라는 여자를 발견해. 이 유화가 이미 해모수하고 같이 정을 통하다가 버려졌는데 유화를 괴상하게 여겨서 방에 가두어요. 그때 햇빛이 들어와. 일광이야. 햇빛이 들어오니까 유화가 몸을 피해요. 그 다음에 해그늘이 들어가. 일영이야. 해그늘이 들어오니까 안아요. 이로 인해서 알 하나를 낳는단 말이야. 이게 주몽이란 말이야. 왜 일광이 아니고 일영이 되었을까. 한번 생각해 봐. 신화라는 것은 어마어마한 상징성을 가지고 있는 거야. 우주와 인간의 관계, 이런 것들이 고구려사에 애당초에 다물이라고 했는데, 자기들이 찾아야 할 전통을 제기하면서 고구려 소위 모태신화에 일영이 바로 애비로 등장하는 거야. 하느님으로. 이게 신화적으로 무슨 의미를 가지는가. 그런가 하면 그늘이 들어갔기 때문에 다민족적인 복합적 신화들이 등장한다고. 중국하고 대응하는 데 있어서 가장 중요한 게 중국신화에 흰 햇빛과 검은 그늘을 결합시킨 게 있느냐 이거야. 있을지도 모르지. 그러나 자기들이 세운 주역이라는 우주론의 전통 안에 남북이 하나는 흰 빛이고 하나는 그늘이야. 이게 기축이야. 기축이 고구려신화에서 태생신화란 말이야. 태생신화를 어떻게 볼까. 민족까지 이야기할 필요가 없고 반도의 시인들의 상상력의 첫 어머니라는 이야기야. 그러면 '흰 그늘' 이야기가 꼭 김지하 이야기만은 아니지.

홍용희 이제 이번에 나온 선생님 시집에 관한 이야기를 하기로 하지요. 이번에 선생님 시집은 어느 때보다 친숙하고 편안하게 읽힙니다. 선생님께서 제일 아끼는 시는 어떤 작품입니까? 여기서부터 말을 풀어나가지요.

김지하 그러면 내가 이번 시집에서 아낀다고 할까 하는 시 세 편을 가지고 이야기 해보자고. 「이화장 가는 길」이라는 시가 있어. 내가 4월 혁명가라고 했는데 말도 안 돼. 그러다가 내가 실컷 얻어맞았다고. 4·19날 사실 나는 흑석동에서 이사하느라 이불짐을 날랐어. 친구들이 데모하고 돌아와서 나보고 "너 왜 참가 안 했느냐, 우리보다 네가 참가해야 하는 게 아니냐." 그래서 나는 "이념도 없고 실천정책도 없는데 뭘 혁명이라고 볼 수 있느냐" 했어. 그때 조풍

삼이라고 있어. 그림 그리는 사람인데 그 사람이 "이념은 숨어 있고 이론이라는 것은 행동이다"라고 하는 거야.

그 이튿날 성북동에서 내려왔어요. 그랬더니 트럭에 데모하는 사람들이 난리가 났어. 학생이 아니야. 이건 모두 구두닦이 도시의 룸펜들 있잖아. 총을 또 어디서 구했는지 들고 나왔어. 시민 전체가, 민중이 참가했구나 그렇게 생각했어요. 하여튼 길고 긴 나의 투쟁은 사실은 얻어터진 그 뒤부터다 이거야. 지금도 그 길 갈 때는 앞으로 안 지나가. 유신 이후에도 시에 부끄러움이라는 단어가 많이 나와. 누구는 감옥에 끌려가고 나는 남아 있고 말이야. 내가 왜 이런 이야기를 하느냐 하면 자기 연민 같은 것은 아니고 내가 그런 처지였기 때문에 긴긴 세월을 굴복하지 않고 버텨온 것이라는 거야. 내가 피로감이 올 때 다시 일어서고 하는 것은 바로 그때문이야. 사람들은 막 데모하는데 나는 큰 이불짐 메고 말이야. 내 나름의 고집이지. 민주화운동이 다 끝났다고 해서 할 일이 없는 것이 아니고 오늘 속에서 생각되는 과거에 대한 반성 같은 것. 거기에 대한 참된 방향을 말할 수 있지 않을까.

다음에 「절두산 근처」라는 시가 있어. 절두산에 발전소, 빗물펌프장이 들어서면서 지금은 없어졌어. 없어졌기 때문에 "가을이 소슬하다"라고 했어. 소슬하다는 것이 뭘까. 단순히 기분 좋은 것은 아니지. 이제는 반체제 발언을 목숨을 걸면서까지 하는 그런 시대는 아니란 말이지. 그러면 그 나름으로 뭘 해야 하지 않을까.

그리고 또 하나 「일본에서」라는 시가 있어. 메이가 아이 이름인데, 이 메이가 목숨, 생명이라는 뜻이야. 엄마는 적군파고 아버지는 팔레스타인 게릴라야. 사살 당하는 아버지가 죽어가면서 체포되어 끌려가는 임신한 아내에게 아이 이름을 "라이프"라고 지어라 하는 거야. 얼마나 감동적이야. 그 이야기를 듣고도 그렇게 중요하게 생각하지 않았어요. 그런데 일본을 가는데 간사이공항에서 그 생각이 나더라고.

홍용희 선생님의 시 이야기를 조금 더 하지요. 선생님의 시가 이번에는 좀 길어졌습니다. 예를 들면 『화개』, 『중심의 괴로움』의 경우는 짧았지요. 선생님 시가 선시 같이 짧지 않을까, 그늘을 이야기하고 잡히지 않는 숨어 있는 차원을 객관적으로 환기시키는 이런 어떤 시가 아닐까 했는데, 그런데 이번 시집에는 일상적인 언어도 많이 등장하고 있습니다.

김지하 지적 잘 했어. 그게 중요한 문제야. 왜 그렇게 되었을까. 대답은 아주 간단해. 코미디 같은 대답이야. 난 『중심의 괴로움』, 『화개』 같은 이쪽으로 갈 뻔했어. 아주 짧잖아. 직공하는 거지. 그런데 조동일을 만났잖아. 그 작자가 나한테는 그야말로 사형이거든. 나더러 쉽고 허름하고 너덜너덜한 시를 쓰래. 그리고 "~인 척"하지 말라는 거야. 중 냄새 풍기지 말라는 거야. 그래서 내가 주눅이 들었어. 그리고 예를 든 게 인도의 카비드야. 타골이 자기가 세계문학사상 제일 존경하는 시인이 카비드라는 거야. 타골이 존경할 정도면 대단하지. 그런데 시는 내가 못 봤어. 조동일 이야기가 그 사람 시가 쉽대. 그 사람은 문맹이야. 자기가 말하면 옆에서 적어 쓴 게 수천 수 남아 있다는 거야. 소월의 100배쯤 되지 않을까 싶어. 그 시를 사람들이 좋아서 외운대요. 조동일 말에 의하면 다 좋지는 않고 가끔 사금파리 같은 것이 반짝 한다는 거야. 그 맛에 전부 외운다는 거야. 나도 그렇게 될 수 있을까 생각했지. 서울대학교를 나온 인텔리인데 문맹의 흉내를 낼 수는 없고 자꾸 그러다 보니까 메모하는 버릇이 생겼어.

홍용희 시가 길어지고 쉬워지면서 과거 시에 비해 생활로, 인생론으로 저공비행을 하는 모습을 보이시는데 그럼에도 불구하고 그 시 속에는 역시 선생님의 철학과 사고들이 마디마디 옹이처럼 배어들어 있습니다. 또한 이번 시집을 읽다가 보면 일반적인 산문시나 긴 시와는 달리 한 낱말이 한 행이 되지요. 한 행을 중간쯤에 그냥 끊어 놔도 나름의 독립성이 있어 보여요. 쉽고 일상적이면서도 독특한 율격과 리듬과 행갈이가 있는 것이 이번 시집의 또 하나의 특징인 것 같습니다. 끊어지고 단절되고 그러니까 행과 행이 마디절이에요. 또 하나 「김지하현주소」, 「김지하옛주소」라는 시가 있는데 이 시를 읽으면서 그 다음 주소는 뭘까 하는 생각이 들었습니다. 여기에 대해 선생님께서 한번 말씀해 주세요.

김지하 그러니까 변증법적으로 보는 관계는 그렇다 하더라도 숨은 차원이 올라오는 거 바로 여기에 생태문학에 대한 배경사상으로 불교를 끌어들이는 것까지 나는 인정한다 이거야. 그 관계가 드러난 차원 대 숨은 차원의 관계로, 생체학과 무의식 이론, 화엄이론이지. 내용과 함께 박자나 리듬이나 행갈이가 이루어져. 내가 뭐라 했어. 행갈이가 여백, 침묵, 무, 자유. 빈칸이 언어 질서 텍스트에 개입하는 형태라고 했잖아. 공이 무가 되고 개입해서 행갈이가 이루어지는 거야. 연과 연, 어휘와 어휘 사이, 말을 바꾸어보면 이때 숨어 있는 차원으로서의 인간 심층 무의식이 불교의 세계야. 공의 세계이고. 드러난 눈에 보이는 '이것이다 저것이다, 저것이다 이것이다'라는 소위 언어의 세계, 텍스트의 세계에 개입하는 형태로 행갈이를 다시 건설할 수 있을 때 한국문학이 점프한다고.

그리고 내가 추구하는 최고의 단계는 시정(詩政)이야. 정치라는 것이 최고의 이념과정인데, 나를 포함한 대중 전체가 피동 상태에 빠져 있을 때 그 피동을 능동으로, 적극성으로 바꾸려고 하는 안의 움직임이 있어야 돼. 시정이라는 거, 아지프로라는 것은 아주 얕은 단계의 기능이고, 정치시할 때는 반드시 피동에 빠진 현실과 대중을 능동과 적극, 비판적이고 창조적인 단계로 옮기고 싶은 마음에서부터 출발하라는 거야. 그렇게 본다면 앞으로 시정으로 가야 하는 것이 아닌가. 전추산이라고 있었어. 단소의 명인이라고. 그 사람 음을 숫계면이라고 그래요. 계면이라고 하면 슬픈 곡조인데 이게 여성적인 슬픔이 아니고 남성적인 슬픔의 곡조야. 선이 굵은 사나이의 슬픔이에요. 하나 놀란 것은 그 녹음에 무엇이 나오냐 하면 흐느끼는 것이 아니고 아주 슬프게 통곡하는 소리야.

그 소리가 아주 꼭대기에 올라가서 탁 끊어 버려. 그런 법이 없지. 이때 전추산이 어떻게 했냐 하면 눈물을 닦더라고 그래. 자기가 불고 자기가 감동하고 울고 그래. 나는 그것이 시의 정치라고 생각해. 어떻게 될지 모르지. 나는 그쪽으로 갈 것 같아.

쉽게 쓰는 것도 옛날 같으면 민중성이지. 내가 산에 다닐 때 백두대간을 안방 넘나들 듯 넘어 다니는 산 속에 사는 사람이 있었는데, 그 사람이 나한테 "향후 5년 동안 시정을 하시겠군요" 그러는 거야. 시정 그게 뭐냐고 물었더니 "정사 정입니다" 그러는 거야. 내가 앞으로 5년 동안 동화를 쓰려고 하는데 시정이라니. 많이 생각했어. 나에게 정치시는 전추산의 숫계면 같은 것이 아닐까. 서툴게 시도한 것이 이번 시집에 있는 「화씨/11, 그리고 샤갈」이야. 잘 안 되더라고.

홍용희 벌써 많은 시간이 흘렀군요. 이번에는 조금 얘기의 각도를 바꿔서 선생님께서 생각하시는 우리 시대의 몇몇 시인에 대한 생각을 들어보고 싶습니다. 호사가적인 차원의 질문입니다만 많은 독자들도 궁금해할 것 같습니다. 근자에 돌아가신 무의미 시를 이야기했던 김춘수 선생님이나 서정주 선생님부터 말씀해보시면 어떨까요.

김지하 내가 인기를 얻어서 선거에 당선되려면 칭찬을 해야겠지. 그런데 나는 그럴 필요가 없는 사람이니까. 우선 내가 김춘수 시인의 시 중에 본 첫 시가 「부다페스트에서의 소녀의 죽음」이야. 이거 릴케 아니야 하고 그냥 치워 버렸어. 내 눈이 정확한지를 따지기 이전에 내가 좀 괴팍한 사람이니까. 그냥 치워 버린 거야. 왜 그럴까. 정말 유럽적인 분위기라고. 나중에는 바뀌는 것 같은데, 그 무렵에는 그런 시였어. 「부다페스트에서의 소녀의 죽음」 자세히 보면 넌센스야. 부다페스트에서 사람이 죽어갈 때의 상황이라는 것은 굉장히 복잡해. 반공시 같으면서도 반공시가 아니야. 그러니까 시정(詩政)을 중요시하는 내 입장에서 보면 넌센스야. 서정주는 태생이 시인이야. 재주가 그 사람 따라갈 사람 없을 거야. 그러나 결정적 감동이 안 와. 내가 어디에 썼어, '그늘'까지는 가는데 '흰 그늘'이 아니야. 왜 '흰 그늘'이 아니냐. 텍스트가 자기 삶하고 일치하지 않아. 몇 마디만 읽어도 눈물나는 시가 있을 때가 있어. 그건 삶과 텍스트가 일치할 때야. 왜 우리가 이육사 시를 보면서 느끼는 정감이 있잖아. 그것은 누가 알아주지도 않는 독립운동을 죽어가면서까지 하면서, 그렇게 나왔어. 당연히 감동한다고. 윤동주의 「서시」 같은 경우도 다 감동한다고. 하여튼 서정주는 어쩔 수 없긴 하지만, 이중성에서는 인정하지만 바람직한 건 아니야. 왜냐하면 서로 반대되는 것 사이에 서로 상호보완적인 융합관계가 있어야 하는데 반대되는 서로 길항관계만 자꾸 눈에 드러나니까. 김수영 시는 내가 아까 비판 다 했으니까. 그러나 자기가 의용군까지 나갔잖아. 그 시대에 그 조건에서 그래도 그만큼 발언하는 건 쉽지 않아. 그리고 그 양반이 영문학을 했잖아. 그러니까 그 사람의 시가 모더니즘 시잖아. 그렇기 때문에 우리가 모택동이니 농민사회주의니 이래가지고 신동엽을 평가하고 오장환이나 이용악을 평가하고 이런 차원에서 보는 것은 지나치게 인색하지. 내 기억으로는 그렇단 말이야. 나는 「풀」이라는 시 좋아하지만 문학사적인 의의는 그렇게 크게 두지 않아. 그리고 내가 혼돈의 질서 이야기했지만 김수영한테 배워야 해. 시와 산문 사이에 긴장을 항상 놓치지 않았다고, 그건 배워야 해. 그런데 너무 산문으로 끌고가는 것 같아.

      김수영에 대해서는 내가 모질게 말 못하는 게 눈이 너무 커 뭐라고 이야기할 수가 없어. 울 것 같아. 마지막으로 우리 시대에 문학을 한다는 것은 지금 문학하는 사람들하고 달랐어. 굉장한 반역이랄까. 삶의 질서에 대한 반역. 두 번째는 폼이야. 폼생폼사지. 세 번째는 뭘까. 술 먹고 우는 버릇이지. 조국이 어떻고 하면서. 지금 문학하는 사람은 상당히 쿨한 것 같아. 나는 그런 것은 좋은 것 같아.

      홍용희 선생님, 정말 장시간 동안 고마웠습니다. 장시간 말씀하셨는데 건강은 괜찮으신지요? 오늘 말씀 잘 들었습니다. 마지막으로 독자들이나 후학들을 위해 한 말씀 해주신다면…….

김지하 최수운의 이런 시가 있어. "남쪽 별자리가 원만해야 북두칠성이 방향을 잡는구나." 민족통일의 기운이나 사상이나 문화가 남쪽에서부터 나온다는 이야기야.

포스트 한류의 미학적 원형에 대하여

일시 2006년 10월 16일 **장소** 일산 김지하 선생님 댁

홍용희 선생님 안녕하십니까? 근자에 시집 『새벽강』, 『비단길』 등이 연간된 것을 축하드립니다. 두 시집의 제목이 이채롭습니다. '비단길', 즉 '아시아의 오래된 문명의 길'에 다시 '새벽강'이 열린다는 의미로 읽어도 되지 않을까 생각해 보았습니다. 다시 말해, 아시아 르네상스에 대한 묵시론적 예언이 선생님의 근작 시세계의 밑그림을 이루고 있다고 생각됩니다. 이와 같이 '아시아 르네상스'를 예감하는 선생님의 시적 상상과 사상의 중심부에 '한류'가 구체적인 실체로 작동하고 있다고 말할 수는 없을까, 그런 생각을 해보았습니다.

이를 달리 사회일반론으로 말하면, 이념, 정치, 경제 등이 시대적 가치의 주요 핵심어로 존재했던 20세기와 달리 문화적 가치가 국가 경쟁력이며 인류 발전의 화두로 등장한 21세기, 즉 '문화의 세기'에 '한류' 트렌드가 대두하고 있는 것입니다. 한류의 어원은 1999년에 문화관광부가 한국 가요의 홍보용 음반을 CD로 제작하여 보급할 때 중국어 버전으로 '韓流-Song from Korea'라고 지칭하면서 시작된 것으로 알려져 있습니다. 한류는 실로 얼마 되지 않아서 돌발적인 사건처럼 열풍을 일으켰습니다. 그래서 한류의 실체에 대한 규명

도 한류가 사회적 의제로 크게 떠오른 이후에야 언급되기 시작하는 양상을 띠었습니다.

오늘 선생님을 이렇게 뵈러 온 것은 과연 한류의 발생 배경은 무엇이며, 앞으로 지속될 수 있는 방법은 무엇이고 또한 바람직한 발전 방향은 어떤 것일까, 하는 문제에 대한 예지의 말씀을 청해 듣기 위해서입니다.

김지하 내가 들은 바로는 한류란 〈사랑이 뭐길래〉라고 하는 김수현 드라마가 중국에서 인기를 끌면서 시작된 말이라고 해요. 그런데 〈사랑이 뭐길래〉, 그 '대발이' 드라마가 가부장적인 드라마예요. 중국 남자들은 사회적, 정치적으론 여성을 전부 소외시켜. 그러나 가정에서는 여자들을 굉장히 높인다고. 그러니까 남자들이 끽소리를 못한단 말이야. 그러다가 대발이 드라마를 보고 신이 났다 이거지. 거기서부터 시작된 것으로 들었어요.

그러나 나는 한류에 대해 실질적으로 사회사적인 폭발로는 2002년 월드컵 때부터라고 봐. '붉은 악마' 돌풍이 불면서 그때 일본 사람들이 깜짝 놀랬어. 그리고 입이 딱 벌어져서 그냥 구경만 했단 말이야. 그것을 시작으로 그 가을에 〈겨울연가〉가 일본에서 히트를 치기 시작하면서 시작됐다고. 이렇게 보면 굉장히 의미가 깊어요. 왜 '붉은 악마'와 일본의 '욘사마 열풍'이 연관을 갖느냐 이런 문제가 된단 말이야.

이것은 포스트 한류, 제2기 한류에서 중요하게 되는 콘텐츠 문제, 미학적인 어떤 방향성 문제, 이런 것과 관련이 될 수가 있지요. 그리고 이런 얘기 하면 국수주의다, 민족주의다 하면서 비판하는 사람들이 많은데 나는 민족주의를 비판해서는 안 된다고 봐. 그 대신 민족주의랑 거의 똑같이 세계성, 로컬과 글로벌이 같이 있어야 된다. 역설적 인식이 요구된다고 봐. 어떤 것 하나만 갖고 이 시대의 문화에 대응해 나가지 못한다고. 이렇게 본다면 이 민족이 문화적으로 어떤 미션이 있다는 생각을 하게 되는데, 미션은 제국주의와는 아무런 관계가 없는 거야.

예를 든다면, 예수라는 십자가에서 죽은 사람의 얘기가 로마 문명 말기에 로마에 전해지면서 새로운 시대가 시작되는 거 아닌가요, 그렇죠? 기독교가. 그러니까 로마는 게르만족에 의해서 뒤집어진 게 아니라 기독교에 의해서 체계가 바뀐 거야. 망했다기보다 변한 거지. 그렇게 본다면 이 민족이 어떤 문화적 미션을 가졌다고 나는 보는데, 옳고 그름을 떠나서 한류와 그 미션은 어떠한 관계가 있는가, 이것도 한번 생각을 해봐야 한다는 거야. 이렇게 말하면, 또 다들 냉소적으로 "우리 민족이 거기까지 가나?" 한다고. 그런데 한류도 그래요. 처음에 한류 떴을 때 "에이, 그거 뭐 이렇게 가다가 끝나겠지." 이런다고. 전부 그랬어. 또 붉은 악마도 처음 나왔을 때 집단 히스테리다. 파시즘의 시작이다. 막 떠들어댔어.

보세요. 올해 월드컵 때도 똑같잖아. 그거 안 죽어. 왜 이렇게 됐나 얘기해 봅시다. 역사적 인식으로 본다면 우리 한민족은 동맹, 영고, 무천 등의 고대 축제 때 사흘 밤 사흘 낮을 춤추고 노래 불렀다고 전해져. 그렇게 신이 많은 민족이야. 신명, 이게 중요해. 우리 민족은 역사적으로 천 몇백 회의 침략을 받아요. 외국의 침략을. 물론 약소 민족들이 침략을 많이 당했지만 우리나라처럼 천 회가 넘도록 침략을 당한 민족은 없어. 이러면서 뭐가 되느냐. 신바람, 신(神)이 억압돼서 한(恨)이 됐어. 그래서 한이 우리 문화의 가장 기본이 되었어요.

그런데 간단히 얘기하면 월드컵 때 붉은 악마가 칠백만 명이란 한의 일방적 지배를 뚫고, 춤과 신바람이 치고 올라온 거야. 그렇게 봐야 해요. 약간의 광기야. 이 광기는 집단적인 것과 관계가 없어. 우리말로는 신기(神氣)라고 봐야 해요. 그러면 샤머니즘과도 관련이 있고, 고대적인 체계관과 민족성과 관계가 있어요.

가령 예를 들어봅시다. 동대문 의류시장 한번 가봤어요? 밤과 새벽에, 거기는 십대 이십대들의 낮이야. 그리고 옷 주문하면, 하루만에 물건 완전히 끝나서 나와. 그리고 새벽이면 지방에서 온 도매꾼들, 버스로 몇 번씩 와. 무데기로 와서 옷 떼어가. 그리고 우리 IMF 때의 불황에도 끄떡없었어. 이게 뭐냐, 신기야.

　　　　이런 신기가 붉은 악마에서 되살아났다는 시각에서, 〈겨울연가〉의 출현까지도 대응시켜 생각해야 일본 여자들이 한국을 새롭게 보기 시작하는 거, 판단의 변화, 한국관의 변화, 이런 것을 이해하기에 용이하지, 그 드라마 하나만 가지고 따지려고 자꾸 그러는 건 해명이 안 나온다고.

　　　　그때 뭐라 했어요? 여기 한국을 지지하던 일본 관련 사람들, 외교관들 전부 거리에 나가서 '대한민국!' 했어요. 대한민국이란 말이 한국을 의미하는 말이지 일본을 의미하는 말은 아니잖아요. 왜 그러냐. 신바람이 무서운 것이야. 전염되는 것이고. 이것을 말하고 싶어. 그 이천여 년 동안 신바람이 완전히 죽은 게 아니라, 중간 중간 쉬었다고.

　　　　내가 어렸을 때만 해도 고향이 목포 주변인데, 잔치 집 같은 데서 누가 북을 때리면 전부 춤을 춰요. 이삼십 명이 춤을 추면 전부 춤이 달라요. 마치 붉은 악마의 패션이 다르듯이. 빨간 옷인데도 전부 다르잖아. 그러니까 이건 파시즘과 나치즘과는 관계 없어. 전부 개성을 중시하면서도 붉은 빛깔이라는. 해체적 융합이야. 2006년에 어느 신문에서 붉은 악마, 스물 몇 살짜리 불러서, 너희 세대를 뭐라고 불러줬으면 좋겠냐? 그랬더니 두 마디가 나와요. 하나는, 밀실의 네트워크라고 불러 달라. 방콕의 연합이라고 불러 달라. 방콕은 방에 콕 처박힌다, 상종을 안 하는 해체성이란 말이지요. 그런데 그들의 연합이다. 소위 이삼십 년 전부터 시작된 자기 조직화 진화론의 생물학적 원리가 이들의 윤리인 거야. 이런 시각으로 잘 살펴야 한류 문제에 대한 대답이 나온다고 생각돼요.

　　　　홍용희 한류의 본령을 2002년 붉은 악마들을 통해 분출된 우리 민족 특유의 신명과 연관시켜 해명해 주셨습니다. 그렇다면, '신명과 신명의 전염성이 드라마, 영화, 대중가요 등을 통해 표현되는 핵심적인 미학적 양식과 내용 가치는 무엇이었을까'라는 질문을 다시 해보게 됩니다. 이 점을 좀 더 구체적으로 논의한다면 한류 트렌드가 출현한 필연성을 좀 더 선명하게 찾아볼 수 있지 않을까 생각됩니다.

김지하 핵심은 여기 있어요. 나는 혼돈적 질서라고 요약하는데, 혼돈은 먼저 얘기했지만 가장 중요한 게 개체성을 전제해. 멸사봉공으론 혼돈이 안 돼요. 집단, 민족, 계급, 세계성을 너무 강조하면, 개체가 아니지요. 개체는 개체만의 특이한 다양성을 인정하기 때문에 혼돈은 개체성하고 연결됩니다.

예를 들어, 춤과 노래가 한류의 유인 자리야. 유도 자리. 예를 들어 1970년대에 뉴욕 슬럼가의 깡패들이나 하다가 소멸해 버린 비보이가 앞으로 크게 올라갈 조짐이 보인다고. 비보이의 브레이크댄스, 브레이크가 무슨 뜻이야? 그게 혼돈이야. 다 깨버리는 거. 그런데 우리나라에는 원래 그런 게 있는 거예요. 브레이크댄스, 비보이가 한국화되면서 미국과는 다른 차원에서 매력이 풍기는데, 예를 들어 가요와 연관되면 보아, 쥬얼리, 비 등으로 나타나고.

이게 우리나라에는 뭐가 있느냐, 허튼춤이라고 있어. 민속 춤 가운데 제일 부담 안 주고 신명나게 줄 수 있는 춤. 걸리는 게 없다니깐. 귀족 춤에 가까운 건 팔이 밑으로 안 내려온다고. 취발이춤 같은 상놈 춤은 팔을 굉장히 많이 움직여. 그러면 신명은 어디서 나오나. 지나친 제약을 벗어나는 거라고. 제한된 틀 같은 것이 부서지는 것. 또 영·정조 이후의 문예부흥 시대에 서민들이 나올 때 가장 발전한 음악 양식이 산조(散調)잖아. 그렇다면 이것은 무엇을 의미하나. 동학에서는 하늘님을 혼원지일기(混元之一氣), 즉, 혼돈이 근원적 질서라는 거야. 이것과 관련 있어요. 탈춤, 판소리, 풍물, 소위 상놈들에 의해 확대된, 여자들이 출현되고. 이런 것들과 관련있어요. 그러면 붉은 악마는 영·정조 시대부터 시작되었다고도 할 수 있지요. 미국의 브레이크댄스, 록, 랩 등 틀이 주어져 있지 않은 신명의 양식을 통해 민족적인 저변층에 있어왔던 것이 이제 솟기 시작한 거야.

홍용희 한류의 앞으로의 지향성은 무엇일까, 이에 대해서는 신자유주의적 관점에서는 문화 콘텐츠 수출론, 탈식민주의적 문화 공동체 형성론, 문화 정체성을 기반으로 한 한문화 지배론 등을 지적할 수 있을 것 같습니다. 탈식민주의적 문화 공동체 형성론의 경우 한류 열풍을 탈식민주의적 관점에서 아시아 지역 문화 교류의 계기로 보고, 이를 중심으로 문화공동체의 형성을 유도해야 한다고 주장합니다. '한류'가 강대한 미국이나 유럽 공동체에 대응하는 아시아적 문화 블록 형성을 위한 좋은 계기가 될 수 있다는 것이지요. 한문화 지배론은 문화 주변국, 문화 수입국의 위치에서 문화 중심국, 문화 수출국으로 진보했음을 전제로, 다른 국가, 다른 문화권에 대해 한국의 문화 정체성을 기반으로 문화적 영향력을 지속적으로 확대시켜야 한다는 것입니다.

그러나 한류에 대해 이러한 차원의 논의를 수용하기 위해서도 먼저 선행되어야 할 근본적인 대전제는, 지금 선생님 말씀처럼 오늘날 대혼돈의 시대에서 대혼돈 속의 질서를 창조적으로 읽어내는 저력이 우리 문화에 내재되어 있다는 것에 대한 자각적 발견과, 이것을 앞으로 한류 콘텐츠의 미학적 양식으로 체계화시켜 내는 것이 요구된다고 생각됩니다. 그렇다면, 탈춤, 민화, 도자기 등에서부터 드러나는 전통미학의 특성을 어떻게 한류 속에 수렴하여 구체화하고 대중화해 나갈 것인가 하는 문제가 면밀하게 모색되어야 할 것 같습니다.

김지하 네, 아까 얘기한 아시아 르네상스 문화의 가장 핵심적인 것은 기업적인 측면에서도 다 뒤져봐야지요. 그런데 일반적으로 제2기 한류, 포스트 한류에서 가장 중요한 것은 아까 얘기했던 대로 콘텐츠라고 하죠. 내가 보기에는 콘텐츠와 미학, 양쪽 다예요. 미학 그 자체는 철학적 주관을 가지면서 예술 구성에 들어가는 재료를 요구하는 것이고, 콘텐츠는 그야말로 신화라든가, 역사하고 관련된 어떤 사회적 삶, 현실 삶과 관련된 그야말로 내용이죠. 창조, 내용, 이것이 중심이 돼서, 그럼 여기서 무슨 얘기를 하나, 영적, 영성적 콘텐츠에 관심을 가져야 돼요.

왜 그런가? 정보화는 반드시 창조를 끌어오는 문화예요. 정보화는 그야말로 지금의 전 지구, 고속 하이웨이죠. 전 세계의 신경망, 이게 정보화예요. 이렇게 되면 유비쿼터스와 아날로그와의 관계라든가 에코와의 관계, 생태와 환경 문제와도 관련 있어요. 콘텐츠를 요구한다. 그것이 바로 창조예요. 내용의 창조 또는 창조적 내용, 이쪽으로 굴러들어 갑니다. 원래 진화라는 것은 문화예술까지도 점층적으로 바깥으로 확산을 하기 때문에 반드시 그 일정한 오메가 포인트, 크리티컬 포인트가 거꾸로 내려가는 거야. 내권운동이 시작되는 것이야. 전 세계의 고속 디지털 한류가 확산하면서 동시에 아날로그로 들어가요. 이래서 문화자본주의가 계속 신화, 귀신, 호러, 또는 반지의 제왕, 해리포터…… 이런 식으로 빤히 보이죠? 그런 신비주의에 대한 관심이, 이게 아날로그지. 그리고 우리 민족이 갖고 있는 내면성, 신화성, 주술, 또는 깊은 불교적인 명상, 이런 내용으로 가는 길이 당연한 얘기예요.

문화자본주의는 앞으로 틀림없이 상품화될 수 없는 인간의 무의식적 심층의 영성까지도 상품화하려고 들 것입니다. 인간의 내면에 대해 참선을 오래하면 각성하고 깨닫듯이, 안으로 들어가면 심층에서 거꾸로 역상하는 정신적 항체, 그것 때문에 깨닫게 됩니다. 자신의 일상적 생활을 청산하는 건데 그렇게 해서 상품화할 수 있는 마지막 것까지 무의식, 심층의식까지 상품화하려고 할 때 그로부터 거꾸로 올라오는, 역상하는 정신적 항체에 의해서 문화자본이 수정될 것이다, 이렇게 봐요. 그러니까 그런 단계가 온다면 월러스타인이 자본주의 종말이 40년이 남았다고 했는데, 꼭 40년이 아니어도 국가 권력의 약화, 환경뿐만이 아니라 반대로 자본주의는 앞으로 문화자본주의로 나가게 됩니다. 그리고 문화자본주의는 바로 정신적 항체 때문에 자기 수정 단계로 가게 됩니다.

아시아 블록, 탈식민지, 이런 것들이 문화적 자본주의를 전제로 하고 취해지는 기본적 대응이거든요. 그것과 대응해서 우리가 안으로 굴러들어가는 운동에 대해 생각해봐야 합니다. 그것이 전제가 된다면 아까 얘기했다시피 콘텐츠 문제에 대해서 어떻게 관심을 집중해야 되느냐가 가늠됩니다.

첫째, 역동성과 균형성, 3박자, 4박자 이것이 기본입니다. 왜냐하면 간단히 이야기해서 우리나라의 현대적인 국가 브랜드를 대개 다이아믹 코리아라고 그래요. 한류 이야기할 때 브랜드 이야기가 계속 나오죠? 브랜드가 제일 중요합니다. 문화자본주의라고 했죠? 그리고 중요한 것은 어텐션, 주목 경제, 사람의 눈을 끌어야 물건이 팔린다. 이게 결국은 아까 얘기했던 문화자본주의 기본 생태인데, 이렇게 될 경우에 콘텐츠에 있어서 역동성과 균형성이 중요해요. 다이나믹 코리아(Dynamic Korea)하고 랜드 오브 모닝 캄(Land of Morning Calm)하고 같이. 그런데 다행히 우리나라는 북방 유목계, 남방 해양계 민족의 혼합입니다. 외국에 이런 나라가 별로 없어요. 농경계 유목민, 이것이 다시 자각적으로 나와야 돼.

그 다음에 뭘까요? 이제 한과 흥의 결합, 한과 신명, 한과 신기라고 그래. 이것이 결합돼야 해. 영화 〈왕의 남자〉를 보면, 서로 떨거지들이 만나 하는 거야. 극과 극. 하나는 왕실의 걸레고 나머지 둘은 딴따라 광대. 광대 중에 살인을 하고 도망가는 놈은 아니야. 한이 깊을 대로 깊은 애야. 이들이 만나서 신나게 노는 거라. 〈주먹이 운다〉는 두 주인공이 다 걸레야. 밑바닥. 그런데 이놈들이 하나는 자기 할머니 미소를 보기 위해서, 하나는 자기 아들이 아버지 소리하는 것을 한번 듣기 위해서 목숨을 걸고 파이팅하는 것이야. 신인왕 권투선수 대회에서. 동작이 흥을 느낀단 말이야. 그런데 이게 자각적으로 나와야 돼.

그렇게 되면 여러 가지 문제가 나옵니다. 디지털하고 에코. 그러니까 농촌 정착적인 생태 문화하고 도시 이동적인 유목적인 디지털 문학, 이게 결합해야 합니다. 또 하나. 이어령 씨의 유명한 얘기 들었지. 디지로그. 디지털하고 아날로그. 이건 문학이 아날로그, 책의 예술 아니예요? 일정한 단계에 도달하면, 디지털 유비쿼터스 단계에 도달하면 내용에 있어서 실존적인 각성이라든가 깊은 체험을 요구한다고. 문학하고 꼭 어떻게든 손잡게 돼요 . 그런데 우리나라가 지금 문학 인구가 엄청나게 늘어나잖아요. 난 이게 다 좋은 징조라고 봐요.

그것만이 아니죠. 예를 들면 또 뭐가 있을까요? 여러 가지 모순어법 관계에 있는 어법. 예를 들어 가장 중요한 문제로 영화, 드라마, 그 모든 예술에 있어서 기본 문법을 이루고 있는 것은 변증법이야, 그렇죠? 이 영화예술의 기본 문법이 몽타주인데, 이 몽타주를 극복하지 않으면 안 돼요. 몽타주가 전면적으로 시련에 부딪히는 게 누벨바그 영화였어요. 그들이 지향하는 신영화, 신지식, 진실 영화나 시네마베리테의 기본 미학이 문법하고 충돌을 일으킨 거야. 짐작하시겠죠?

주역에 대한 해석이 어떻게 돼 있습니까? 닐스보어와 같은 사람이 태극기를 뭐라고 해석하냐면 모든 반대되는 것은 상호 보완적이라고 해요. 음양의 상징과 상극은 같은 거야. 그런데 모택동은 어떻게 봐요. 상생보다 상극이 항상 항구적이야. 상생이 있긴 있지만 통일성은 잠재적이야. 변증법은 그렇거든요. 그런데 우리나라 주역하는 사람들, 조동일도 마찬가지야. 상생과 상극은 같은 거다, 이렇게 보는 거야.

그런데 앞서 말했지만 현대문명의 가장 중요한 것은 루이스 멈포드 같은 사람은 현대문명에 가장 중요한 것은 다이나믹 밸런스다. 역동성과 균형성을 같이 결합해야 한다고 강조해. 음양론을 끌어들이면서 자기 문명론을 끌어들인 거야. 어느 쪽으로 기우는 것이 아니고. 이것을 생극론이라든가 루이스 멈포드를 끌어들이면서 어떻게 새로운 예술 문법, 미학적 원리를 찾느냐? 이거 별 거 아닌 것 같지만, 이게 핵심입니다.

그러면 이제 영화의 시간, 시간이 문제 되죠? 시간에서 크로노스적 시간, 서양의 선적 시간의 극복이 반드시 필요하지요. 원환적인 시간, 시작한 데로 다시 돌아가는 시간. 탈춤의 시간, 이런 것들이 전부 문제가 되는데 이런 것들과 함께 소위 그 시간에서 선적인 시간이 가지고 있는 기승전결의 방법, 아리스토텔레스적 시간, 이것의 극복이 가장 난문제입니다. 만약 이것이 해결되지 않으면 아까 얘기한 혼돈의 질서라든가, 브레이크댄스를 좀 더 상위 문화로 끌고 올라가는 것이 불가능합니다.

왜 이 얘길 하느냐. 우리나라 지금 한류 문제에서 가장 중요한 게 두 가지 문제인데, 하나는 전 한류 분야를 전 엔터테인먼트 분야로 확산하는 대중화, 복합화이고, 또 하나는 기초 예술 사상과의 관계에서의 고급화, 콘텐츠나 미학 문제가 되겠죠. 하여튼 이런 게 있기 때문에 생명론, 생태학, 동아시아의 기철학, 불교와의 관계, 이런 것들을 전부 검토돼야 됩니다.

내가 가장 경계하는 게 적당히 뭐, 류시원이나 이병헌을 앞세워 가지고 최지우하고 배용준의 후속 타자로 이렇게 하면 될 것이다 하면서 뭐, 적당적당히 넘어갈려고 그래. 홍콩에서 르누아르 전문가들이 뭐라고 했냐 하면, 2년 전에, "한류 너희들 아주 성실하게 여러 가지 노력을 투자하지 않으면 5년 안에 끝난다." 했거든. 걔들은 경험이 있어. 르누아르를 경험하고, 무협, 이런 것들 노력 안 해서 끝장났잖아. 일본 수입 업체들도 비꼬아. 괜히 얼렁뚱땅 먹으려고 든다 이거야. 그런데다 네오재패니즘, 신일본 양식이 나오기 시작했어요. 일류 중에 일류지. 자 그렇기 때문에 고급화 방향에서 대중화 방향에 대해 얘기하는 건데, 이런 문제들이 해결돼야 된다 이거지. 브랜드 문제와 함께 뭐라 할까 콘텐츠 문제를 다뤄야 된다는 거야.

그런데 내가 생각하기에 마지막으로 브랜드 문제인데 브랜드가 혼돈과 질서야. 이것을 대표하는 홍보용으로 집약을 했으면 좋겠어. 지금 한류의 중요한 전문가이고 UCLA의 엔터테인먼트 학과장인 제인 케인우드라는 유명한 사람이 있어요. 이 사람이 분석한 게 있어요. 할리우드는 백인들 소굴이다. 앞으로 전 세계 문화를 감당 못한다. 그래서 한류 월드로 나가야 되는데 그 사인 마크가 뭐냐면, 고구려 무사 수렵도에 동쪽으로 말 달리면서 서쪽으로 활 쏘는 거. 반궁수, 다이나믹, 반대일치지. 그걸 하자고 주장하고 나왔어. 이거 완전 코리아 마니아야.

그런데 이 사람 지금까지 분석한 것 가운데 몇 가지 들자면, 한글이라는 디지털 문화가 평정한 음성 문자를 가지고 있다는 것, 인터넷 다 뒤져보면 각 가구마다 인터넷이 접속돼 있는 거, 그리고 인터넷 카페, PC방, 이런 것. 그리고 끊임없이 이 사회는 다양하게 바깥으로 나가려는 시도를 하고 있다는 것. 이렇게 돼 있어요. 여러 가지 지적하는데 이러한 정서 요소가 밑바닥에 있는 것이

지향하는 것이 뭔지 그 사람들은 잘 몰라. 나보고 미션 스테이트먼트를 하라는 건데 내가 강조할 것은 혼돈적 질서야. 혼돈적 질서는 다이나믹과 균형, 밸런스의 관계야. 이미 니스만 포드라든가 이런 사람들이 서양 철학의 방향으로 다 끌고 들어갔어. 태극 모양, 그럼 이런 쪽에서 좀 더 깊은 사고를 하면서 이것과 소위 일종의 기업적 행위로서의 한류와의 관계를 잘 봐야 되지 않느냐.

그래서 전문적인 얘기로 경제 미학이 있어. 유럽 미학. 경제 미학만 갖고는 안 돼. 문화자본 이야기했지. 규범 미학, 모순어법적인 미적 범주에 대한 모순어법적인 인식이야. 그러니까 가령 뭘 얘기 하나면 기독교 적대시 이교도적. 이 반대가 그것을 같이 움직이는 것을 미라고 보는 거야. 르네상스의 미라고. 그러면 한류의 위치는 어떻게 돼. 민족적이면서 글로벌하고 주역적인 질서를 가지면서 정감록과 같은 으스스한 혼돈이 들어가 있고, 여성성 중심이면서 남성의 새로운 역할이 요구되고, 이러한 여러 가지 모순어법적인 분배 관계, 배합 관계 같은 것의 충실한 파악이 있어야 해요.

홍용희 한류는 한류를 넘어서야 한다는 명제가 있습니다. 이것은 다시 말하면 한류는 한국에서 만드는 세계 문명의 원형이어야 한다는 것입니다. 한국에서 만드는 세계 문명의 원형이 뭘까, 이게 지금 선생님께서 말씀하시는 소위 카오스모스, 혼돈적 질서가 아닌가 생각됩니다. 이 혼돈적 질서를 문학적 담론으로 적용시켜 논의하면 그 구체적인 실체가 좀 더 감각적으로 실감 있게 이해될 수 있을 것 같습니다.

김지하 기본적으로는 문학이 일종의 감성적 예술이기 때문에, 가장 중요한 게 한과 신명 사이의 관계라고 봐요. 민중 문학의 형식 문제에 대해서 전에 이야기할 때도 '신명의 예술론'을 제기했어요. 그런데 한을 밑에 깔지 않으면 그 신명은 공중으로 떠버려. 흥. 북한 문학이 거의 흥취로 일관돼 있는데, 맨날 만나면 "반갑습네다." 뭐 이러고는 전부 뜨는데, 밑에 삶의 슬픔이라든가 고통적인 것은 하나도 없어. 그러면 예술이 고급화되지도 않고 더욱 본격적으로 되지도 않아. 바로 그 점을 우리도 유의해야 돼요. 브레이크댄스도 신나긴 하는데 이것을 자꾸 하면서 한이라는 깊은 슬픔, 그 깊은 슬픔에서 신명이라는 이중성을 가지고 있어야 해. 한이 많은 사람은 찢어진 사람이야. 원래 삶은, 산다는 것은 그렇게 슬픔만 갖고는 못 살아. 그러니까 희망하는 것과 당위 사이에 분열이 심할 때 한이 깊은 사람이야.

그것과 함께 신명이라는 것을 나는 '흰 그늘'이라고 했는데, '흰'에 해당하는 것은 일종의 영성이야. 이 영성은 아우라인데, 우리 문학에서 이 아우라와 중력, 초월과 중력의 문제가 굉장히 중요시돼야 해요. 중력은 리얼리즘의 핵심적인 것이고, 초월은 어떤 이념이라고 보기엔 힘들지만, 추상성, 신비성, 포괄적 인식, 여러 가지가 있겠죠. 삶에 대한 포괄적 인식, 중력이라는 이름의 구체적이고 현실에 붙어있는 삶의 인식, 다시 정리하면 초월성과 중력, 중력과 초월 사이의 관계를 잘 봐야 해요.

그러면 양식적으로 봐서 리얼리즘과 모더니즘의 결합, 동서양 문학 흐름의 결합이라고 할까. 또는 이제부터 우리는 역사 예술사에서 귀족적인 예술의 흐름과 민중적 예술의 흐름을 상호 보완적 관계로 봐야 돼. 대립적 반대 투쟁의 관계로만 봐서는 안 잡힙니다. 가장 중요한 것이 영·정조 전후해서 예를 들면, 송석원시사 같은 민중시의 전개하고 추사와 같은 귀족 예술가들의 문인화의 전통하고 어떤 상호 관계가 있는 걸 봐야지, 죽은 이용희 씨 주장대로 추사의 문인화풍 때문에 영·정조 시기 겸재 등의 진경산수라든가 신윤복, 단원의 사실주의가 해체되어 버렸다고 보면 안 된다. 그것은 잘못된 것이야.

추사의 경우 그 당시 구양순체나 왕희지체 그걸 따라가는데, 안 따라가면 괴라고 불렀거든. 괴(怪), 추사체가 괴하다. 이때 이 사람 말이 있어. '괴를 안 하면 어떻게 지(至)에, 지극한 예술에 이를 수 있으리오.' 괴는 뭐냐? 감수성이 변동할 때 나오는 거지. 추야 추. 그럼 계급 변동, 당시 민중예술의 등장, 그리고 온갖 한시적인 탈춤. 뭐, 여성 사당패까지 등장하잖아. 이런 큰 문화 변동기에 감수성이 안 들어간 게 어디 있어?

　　　　나는 이것을 현대 상황과 연계시키고 싶어. 역시 추야. 소위 죽음의 시? 미래파. 이거를 보면 쓰레기 같은 시들인데 그게 나오는 이유가 뭐냐? 소설이 괴상망측한 데로 자꾸 가잖아. 이것을 한번 양식사적으로 스타일 문제상으로 봐야 된다고. 한류와 이것과 연결돼 있어요. 그럼 어떻게 해야 될까? 괴를 잘 봐야 해. 괴. 미가 우아만 해가지고 정말 감동을 주지 못할 때 미의 반대편에 있는 추가 감수성에 의해 올라오면서 그로테스크, 엽기, 숭고 이런 것이 나타나는 거야. 숭고가 나타날 조짐이야. 생태시 등장도 그렇고.

　　　　그리고 또 하나, 한글을 주의해서 볼 것. 한글에 엄청난 철학이 들어있어요. 정인지 서문에서도 나오는데 이정우 씨가 『훈민정음의 구조 원리』라는데서 자세히 드러내고 있어요. 주역적 사상만 있는 게 아니라 정역까지 플러스돼 있어. 아주 중요한 한글 창제의 원리예요. 세종이라는 인간하고 집현전 학사들이 보통내기들이 아니야. 중국 거 받아들이면서 중국에 없는 것을 플러스시킨 거야. 아니 그게 한글이라는 것을 만들어 내는 것부터 그렇잖아. 그럼 이때 세종 때 문화 개혁하고 영·정조 때의 문화 부흥, 민중예술의 등장, 이 두 시기에 대한 연구를 깊게, 현대의 관점에서 전 세계의 움직임과 함께 파들어가지 않으면 한류의 기본적 자산이, 무궁무진한 자산이 안 나와.

　　홍용희 선생님 말씀을 들으면서, 앞으로 한류가 대중문화의 차원을 넘어 고급 예술의 차원에 이르면서 좀 더 적극적으로 동아시아는 물론 서양의 문명까지도 추동시키는 계기로 작용해야 한다는 생각을 갖게 됩니다. 그리하여 한류가 네오르네상스의 동력으로서 작용할 때 한류의 완성형이 이루어진다고 할 수 있을 것 같습니다.

　　김지하 그렇지. 내가 미국 가서 하버드, 유니온신학대, 컬럼비아, UCLA 등 다섯 군데에서 강연을 했는데, 그때 내가 얘기한 것이 한류는 바울이다, 이거예요. 그러니까 문화의 바울이다. 종교가 아니라 종교는 이미 불교가 뭐한 이백 몇만 명 가까이 있어요. 새벽에 일어나서 참선하는 사람이 수백만 명이야. 아메리카인들이, 리베랄드인들 속에. 그것 말고 그와 함께 문화가 온다 그랬어. 새로운 근대문화가 오는데, 그게 바로 아메리카 로마에 대한 현대의 바울이다. 그렇다면 우리가 미국으로 상징되는 현대 서양 문명, 전 지구 문명에 대해서 바꾸어야 된다는 소리가 많이 나오는데 어느 방향으로 어떤 내용을 가지고 어떤 기본적인 철학과 미학을 가지고 바꿀 것인가? 이 이야기만 하나 합시다. 프랑스 혁명은 실패작이라고 합니다. 자연과 도덕, 정치와 경제 문제만 갖고 갔다 이거야. 그래 가지고 수백만 명의 반동 청산, 끊임없는 피투성이, 왕당파의 반동, 이렇게 완전 혼란을 만들어서 그 비슷한 시월혁명을 그대로 진행한 거지. 그렇게 갔기 때문에 완전히 실패작이라는 거야. 지구를 전부 그냥 오염 범벅으로 만든 거지. 지금에 와서 그걸 평가한다 얘기야.

   도덕과 자연이라는 경제·정치 중심의 사고만 말고 인간에게는 또 하나의 중요한 얘기가 있다. 그게 뭐냐 하면, 제의 제사, 유희 예술, 미에 대한 감수성, 이걸 통해서 교양을 갖추는 것, 아름다움을 생각하는 사람들에 의해서 세계가 다시 변혁되어야 한다. 그래서 문화라는 것을 자꾸 앞에 세우자는 거죠, 정치·경제보다. 그럼 이런 방향에서 유희 인간이라는 개념도 나오고, 호모노마드라는 개념이 나오는 거죠. 그러면 이런 식에 있어서 우리가 생각하기에 한류가 그런 교역 역할을 할 수 있는 것인가, 문화로서 세계를 바꿀 수 있을 것인가? 문화가 어떻게 바뀌겠어요? 지금 정치·경제 가지고 제국주의 패권주의는 이제 안 돼. 지금 당장은 되는 것 같지만 점점 쇠퇴해. 신자유주의 저거 가지고 아시아 경제는 안 된다는 소리가 전문가들 사이에 막 나와. 그럼 앞으로 어떻게 할 것인가. 미국이 변화해야 한다. 미국에 대해서 우리가 콘텐츠를 제공하면서 미국이 가진 과학, 기술, 자본, 전 세계 동원력과 연결시키면서 동아시아 태평양 문명이 과학이 돼야 된다고 보는데, 그 안에는 전 세계적인 혼돈 문제라든가 콘텐츠에 대한 대안이 있기 때문에, 이 대의명분을 향해서 중국과 일본, 러시아 등은 협조 보필해라 이 말이지요. 그렇게 되려면 중국과의 관계, 일본과의 관계뿐만 아니라, 미국과의 관계, 러시아의 관계가 일단 한국 전략의 형태로, 문화전략의 형태로 착상이 된다고. 요 착상에 의해서 남북 관계도 생각해야 돼, 이게 객관적 판단이야. 안 그러면 지금 남북 관계 내가 보기에 참 우스워. 이런 센티멘탈리즘도 없어, 이런 엉터리 휴머니즘이 없어. 북한 대주다가 남한 국민들이 불안 속에 살게 생겼어. 그러니 이제 어떡하나? 그러니까 다른 얘기 할 필요 없고, 이제 문화 문제부터 들어가야 하는데, 한류의 기본 전략을 그렇게 크게 내세우면서 우리가 그 안에 미학적 내용이라든가 예술적 내용을 많이 끌어안으면서, 예술도 강화시켜야 돼요.

홍용희 그런데 아직 패권주의적 행태를 보이는 미국이 그렇게 호응을 해 주느냐도 문제가 아닐까요.

김지하 호응해 준다, 안 해 준다는 것이 중요한 것이 아닙니다. 예컨대 내 이 얘기를 하고 싶은데, 소아시아에서 바울이라는 것은 사도행전에 쭉 나오는 건데 얼마나 장애가 많아. 로마에 가서 사형 받는 거 아니야? 수없는 피를 흘리고 죽었다고. 그러나 그것이 일종의 방향이기 때문에 그런 일이 진행되게 돼 있다 말이야. 그쪽을 자각적으로 생각해야지. 자꾸만 지난 시기의 어떤 정치 입장만 가지고 반미, 친중하는데, 그럼 중국을 봐. 미국하고 어떻게 진행되고 있는가? 그렇기 때문에 얘기하고 싶은 것은 그런 문화 전략 같은 것, 이 과정이 아시아 르네상스하고 연결돼야 돼. 아시아 민족들의 여러 가지 예술적인 가치들을 우리가 연결하면서 합작도 좋고, 현지화도 좋고. 이렇게 하면서 우리가 아시아를 압축해야 돼. 예술적으로 문화적으로.

내가 중앙아시아, 동북아시아 캄차카까지 다 돌면서 뭘 느꼈냐 하면 신시, 풍류, 화해, 생명, 평화, 이런 사상 이게 그대로 있어. 모권제가 거기서는 상식이야. 그래서 여성 문제를 그쪽에서는 샤머니즘에 기초해서 현대 사상으로 제출하면 페미니즘이라는 것은 상식선이야. 이런 문제가 새롭잖아.

홍용희 아시아 르네상스로서 한류를 말할 때, 중국과 일본에서의 한류 현상의 전개 방향은 어떻게 예상할 수 있을까요.

김지하 한류에서 아주 중요한 나라가 난 일본보다 중국이라고 봐요. 일본도 중요하지. 당장 시장은. 해월 최시형 선생이 이런 말을 해요. "언제 후천개벽이 되는가?" 하니까 "만국의 병마가 다 들어왔다 다 나갈 때."라고 했어. 이게 의미심장한 말이야. 아직 미국 안 나갔지. 그리고 미국 나갈 때가 후천개벽이 되는 때야.

또 하나, "장바닥에 비단이 깔릴 때." 자 이것은 신시죠. 이것은 시장이 성스럽게 된다는 얘기죠. 시장이 성스럽게 된다면 교환 이외에 호혜가 플러스 돼야 해요. 그리고 그 결과는 획기적 재분배로 연결돼야 한다.

그런데 또 한 마디 하는 게 있어요. 해월이 말하는 "궁궁 태극 부적이 중원에 상륙할 때."라고 했어. 이게 어떤 의미가 있겠어요? 한류 브랜드가 중국 가서 돌아다녀야 한다. 그러면 일본 관계는 뭐냐? 『일본제국주의 정신사』를 쓴 일본의 츠루미 슌스케 선생은 나 만날 때마다 강조하는 것이 있어. 10년 전부터 "일본의 미래의 왕은 여성들과 소수 피차별 민중이다. 소수 피차별 민중이라는 것이 뭐냐. 비조직, 비정규, 노숙자, 장애자 뭐 이런 사람들이야. 이 사람들은 여성이 아니야. 이 두 가지야. 지난 세 번에 걸친 문화혁명과 해방의 주도권을 여성들이 취했는데도 오늘날 일본 여성들은 아직도 봉건적 처신으로부터 벗어나지 못하고 있어.

일본 여자들 저녁에 남편 들어오면 대야에다 물 떠놓고 양말 벗기고 발 다 씻어줘. 그리고 새벽에 밥해 놓고 남편 깰 때까지 머리맡에서 무릎 꿇고 앉아 있어요. 그러니까 반역하는 여자들이 많이 생기지? 이 사람들이 전부 '욘사마'에 열광하는 거야. 남자들이 부들부들하고. 뭐, 휴머니스트거든? 그런데 이 사람들이 어떻게 해서 이제 문화혁명과 해방을 하게 되느냐. 한반도에서 들려오는 새로운 문화의 소리에 귀 기울이면서 그 문화를 자기 것으로 체화한다는 거야. 처음에는 소리만 듣고 열광하지만, 나중에는 콘텐츠까지 공부하려고 든다. 지금 봐요. 젊은 여자들 많이 건너와. 수많은 양의 문화가 젊은 여성들로부터 올 것이다. 지난 세 번이라는 것은 뭐냐. 소위 기마민족의 도예, 백제계가 일본에 건너갔을 때 일본의 신사라든가, 교토, 나라, 아스카 문화를 일으킨 것은 백제계 황후더라고요. 이게 BC 15세기 카톨릭 상륙 때, 도쿠가와 이에야스가 십자가를 밟고 간 사람들은 다 살려준다 했을 때, 이때 남자들은 다 밟고 갔어. 그런데 여자들이 안 밟고 처형당한 사람이 부지기수야. 그 대표적인 사람이 오다 쥬리아라고, 그게 한국 출신이야.

세 번째가 19세기에서 20세기 사이에 무정부주의, 사회주의, 공산주의야. 막판에 말이야, 공산당 당수도 법정에서 천황 폐하 만세를 불렀어. 간부들 다 전향했어. 여자 간부들만 수십 명이 끝끝내 전향 안 하고 종신형 산 사람들이 부지기수야.

이 전통이 다시 여성들에 의한 일본 해방 운동으로 나온다는 거야. 그 방향성을 주는 것은 한반도에서 들려오는 새로운 문화의 소리다. 지금 한류 시장 조사하는 전문가들이 뭐라고 하냐면 일본 여성들하고, 저소득, 저학력 민중들만 한류를 좋아하지, 고소득, 고학력, 남성 전문가, 청년들은 폄하한다고 해. 저소득, 저학력이 뭐냐 소수, 비차별 민중들이지. 지금은 한류 수입이 줄어들어요. 그런데도 시골 구석구석 여자들에게까지 욘사마가 그대로 확대되고 있어. 안 줄어들었어. 어떻게 된 거야?

그럼, 가장 중요한 중국 시장은 태극 궁궁이 가서 활개칠 때 달라진다. 왜 그러느냐? 중국 문화의 현재적 핵심이 주역이야, 태극이야. 여기에서는 궁궁이 플러스 되거든. 그리고 일본 시장, 미국하고는 뭐냐? 일종의 바울의 문명 촉발력이 우리의 미션이라는 것을 다시 강조하게 되지요.

홍용희 오늘 많은 얘기를 해주셨습니다. 그 중에서도 특히 한류의 인식론으로 아시아를 압축해야 한다는 말씀이 퍽 인상적입니다. 아시아를 압축하는 주체가 중국의 조화 중심주의나 일본의 화(和)보다 우리의 혼돈적 질서가 온당하며, 또한 가능하다는 것을 좀 더 자세히 말씀해 주시지요.

김지하 중국의 조화론이라는 것은, 먼저 개별성이라든가, 민족적 주체성이라든가, 이런 독립성을 인정하지 않고, 55개 소수 민족들에 대해서 억압을 계속하면서 어떻게 조화가 가능하냐. 내 질문은 그거야. 중국의 조화론은 개별성, 주체성, 독립을 인정하지 않는 낡은 조화론이야. 일본의 화, 화란 평화인데, 아주 오래 전부터 온 건데, 이게 지금의 극우의 추구, 여성 억압이라든가, 해양 패권주의를 계속 주장하면서 어떻게 화를 주장할 수 있느냐?

그런데 비해서 현대적인 혼돈이라든가, 개별성이라든가, 신세대의 다양성이라든가, 브레이크댄스 등을 다 끌어안으면서 이런 것들을 조화시키는 것이 원효의 화쟁이야. 화 뒤에 싸울 쟁이야. 싸움을 조화시키는 것인데, 이것은 원효의 경우 무애행으로 존재하는 거야. 무애행이라면 그야말로 혼돈이야. 이건 『천부경』의 '무궤화삼'에서 나오는 건데, 원칙에 의해서 좁혀지는 것을 궤라고 그래요. 그 제한을 풀면, 원칙이라든가 원리, 이런 것을 풀지 않으면 화삼, 천지인, 삼궤가 그대로 굴러간다. 여기서 무애행이 나와요. 모두가 뛰라 이거라. 각기 뛰면서 좋아한다. 우리나라의 조화 사상이라는 것은 화쟁이야. 혼돈의 질서와 만나는 것이야. 특히 신세대나 여성 문제를 생각한다면 중국식 조화론, 일본식 화론은 현대성이 없어. 낡았어. 화쟁은 쟁을 없애버린다는 것이 아냐. 쟁을 두고 간다는 거야. 그것이 한류지.

홍용희 원효의 화쟁에도 혼돈이라는 말을 포괄하고 있군요. 이제 마지막으로 아시아 르네상스 운동으로서의 한류의 가능성과 문화 정책의 방향 등에 대한 의견을 개진해 주시면 고맙겠습니다.

김지하 생명, 평화, 여성성, 혼돈의 질서, 이런 것들. 키르키스 같은 경우에 생명사상은 어떻게 나오느냐 하면, 주문이 있어. 60세 이상은 다 입에 붙이고 살아. "자연에서 필수불가결한 것 이외에는 절대로 가져가지 마시오." 이거야. 이걸 수세기 전부터 입에 달고 살아. 현대 생태학의 제일조야. 필요한 거 외에 자연에서 탈취하지 마라. 그리고 평화는 자기 목에 칼이 들어와도, 실행하기 전에는 아무것도 하지 마라.

혼돈은 그야말로 그대로 한이라는 알타이어로 후에무에탱그리야. 바이칼에서는 가이이아가한쯔. 천체 통과라는 우주의 혼돈을 다 포괄하는 함신이야. 범신론이 아니에요. 내가 놀란 거야. 그런 것과 모권제, 마고 *꼬꼬꾸*는 뭐냐? 어두운 마음이야. 이렇게 이슬람 도그마가 개입한 것을 보면서 한류를 통해 아시아의 전통을 새롭게 해석하면서 미국, 유럽과 이슬람 세계하고도 재창조 과정에서 만날 수 있다. 우리는 해야 하고 할 수 있어야 해요.

마지막으로 정부가 문화 정책 좀 제대로 세워야 해. 엄청난 예산을 영화에다가 투자한다고 해. 그러나 영화만이 문화가 아냐. 엔터테인먼트라든가, 문학이라든가, 기본 동력으로서 기초 예술에다 정부가 많은 예산 세워야 해. 어디에서 아이디어가 나오겠냐고. 문화예술이라는 것은 기초가 문학이야. 사상과 감수성이 통합된 게 문학 아냐? 다른 예술하고 좀 다른 거지. 이쪽 번역료라든가, 원고료라든가 여러 가지를 줘야 해. 잡지를 키우는 거. 그게 한류의 기본 정책이 돼야 해. 키워줘야 한다고. 문화 산업의 작년 총 수출액이 약 63조 원이야. 그런데 정부의 문화 정책 예산은 점점 줄고 있어.

홍용희 네, 선생님, 오랜 시간 정말 감사합니다. 포스트 한류의 미학적 원형과 우리나라의 국가 브랜드에 대한 자각적 인식 등에 대한 원리와 이치를 구체적으로 실감 있게 인식하는 계기가 되었습니다. 또한 앞으로 한류가 아시아 각국의 문화는 물론 서양의 문화 부흥까지도 선도하고 추동하는 네오르네상스의 미학적 원형으로 작용해야 하며, 또한 작용할 수 있다는 생각을 정리하게 되는 뜻 깊은 자리였습니다. 거듭 감사합니다.

네오르네상스와 역동적 중도를 위하여

– 오늘의 한국문학은 무엇을 해야 하는가

일시 2007년 11월 17일 오후 1시 **장소** 카페 마고

  홍용희 선생님 안녕하십니까. 오랜만에 뵙습니다. 근자에 간행하신 기행 산문집 『김지하의 예감』을 흥미 있게 잘 읽었습니다. 최후의 국내파로 지칭되기도 했던 선생님께서 새로운 문명을 찾아 떠나는 세계문화 기행의 현장을 보여주고 있는 이 책은 네오르네상스의 문화적 원형, 방향, 성격, 가능성 등이 실감 있게 개진되고 있습니다. 선생님께서 그동안 주창해 오신 '생명과 평화'를 중심 기둥으로 한 동아시아 태평양 신문명을 이끌어낼 수 있는 방향이 동서 문명의 과거와 현재의 물결 속에서 다채롭게 제기되고 있어서 매우 설득력 있게 다가왔습니다. 이런 내용들은 차차 얘기하기로 하고요. 우선, 근자에 창간된 계간지 『문학의 문학』에 대한 선생님의 덕담과 함께 기대와 주문을 청해 듣는 것으로 대담의 시작을 열었으면 좋겠습니다.

지금은 창조적 세계인식이 꽃피울 때

김지하 『문학의 문학』이라는 타이틀이 아주 크고 좋아요. 전라도 말로 하면 "오메, 요것 봐라" 하고 다시 보게 만들어. 시 전문지만 해도 400여 종, 문학 전반을 따지면 몇 천 종의 출판물이 넘는데, 이것은 보통 이야기가 아니에요. 문학의 흥미가 없어지고 있다, 책이 안 팔린다. 그래서 문학의 시대가 갔다고 하는데, 이것은 정확한 판단이 아니라는 얘기에요. 우리 주변의 소수들은 죽어라 읽는 거야. 원래 15세기 이탈리아에서 르네상스가 올 때에도 소수예요. 앞서가는 사람들은.

요즈음 드라마 작가들은 80퍼센트가 30대 초반의 젊은 여자들인데, 이들 드라마의 밑에 깔려 있는 기본바탕은 소설이야. 시는 조금 뒤처지고. 시나 소설이 가지고 있는 스토리텔링의 서사력, 상상력이나 비유를 통해 들어오는 상징력, 기호의 가능성 등 여러 가지가 있는데, 이런 것들을 놓고 볼 때『문학의 문학』이라는 잡지가 내가 생각하는 르네상스라든가, 아시아 중심의 시대인식이라든가, 동양이 서양의 진취적인 과학적 엄밀성을 받아들이면서도 창의력, 창조적인 세계인식이 다시 한 번 크게 꽃피는 그런 계기를 열어주었으면 좋겠어요.

지금 수많은 잡지가 나오는데도 다 그게 그것 같은 관습을 못 벗어나고 있는 실정이야. 현저한 창의력이 안 보인다고. 우리 시대는 현저한 창의력이 필요한데, 창의력을 앞세운 시인, 이론가, 작가, 예술가, 지식인들이 광범위한 차원에서 문화의 새로운 폭발을 시도해야 해요. 그걸로 인문학적 지도력을 획득해야 합니다.

요즘, 미국에서 김경준인가 누가 온다고 공항에 가서 난리를 하지만, 우리가 감옥에 갔다 왔다 하면서 소위 민주주의를 하자고 했던 것들이 그 정도뿐인가 이겁니다. 민주주의를 하려고 했던 그 사람들이 못난 사람들인 것이 아니라 그 사람들을 동원하는 사람들의 안목이라는 것이 형편없다는 것이죠. 그렇다면 문화라는 것, 창의적이라는 것에서부터 정치, 경제, 사회의 새로운 방향을 안고 나와야 한다는 겁니다. 그것을 『문학의 문학』이 중재해주었으면 좋겠다는 것이죠. 단순한 주례사가 아닙니다. 이 부탁부터 드리고 싶어요.

홍용희 헤겔은 자신의 『법철학』 서문에서 "미네르바의 부엉이는 황혼이 깃들 무렵에야 날기 시작한다."고 했습니다. 이것은 낮이 가고 밤이 도래하는 전환기, 즉 황혼 무렵에 세계정신이 비상한다는 것을 뜻하지요. 선생님의 산문집 『김지하의 예감』을 보면서 문명적 전환기의 세계정신을 읽어내고자 하는 의도를 볼 수 있었습니다. 기행을 통해서 체득한 세계정신을 주제로 한 이야기를 해주시면 흥미로울 것 같습니다.

김지하 네, 여러 가지 얘기들이 있겠습니다만, 마침 미네르바의 부엉이 얘기를 하니까 일본에 갔을 때 얘기가 생각납니다. 일본에 세 번째 갔을 때 초청했던 교포 한 사람이 예의 그 미네르바의 부엉이 얘기를 했던 기억이 나요.

이즈 반도에서 동북아시아 시민운동에 관한 세미나가 있었어요. 그때 꼭 내가 와야 한다고 해서 할 수 없이 갔었어요. 우리 교포가 하는, 교포 잡지에서. 그런데 이 잡지를 하는 교포가 나를 만나자마자 요구하는 게 이름은 잊어버렸지만 희랍에 아주 새로운 철학자가 나왔는데 마르크스는 비교도 안 된다 이겁니다. 새로운 철학의 기원을 만든 사람인데, 당신이 이 사람을 한 번 만나 보았으면 좋겠다 이거예요.

그러다가 또 나한테 묻기를, 『주역』에서 들어가는 쪽이 더 중요하냐? 나가는 쪽이 더 중요하냐? 하는 거예요. 그래서 내가 보기에는 들어가는 쪽이 더 중요하다라고 했더니, 왜냐고 묻기에 보통 지식인들의 역사에서는 나가는 쪽이 중요하지만, 그러나 이 지식인들 따라 하다가 인류 역사가 망했다. 들어가는 것부터 잘못된 경우가 많으니, 처음 들어가는 길부터 다시 찾아야 한다고 했어요.

그러니까 자기가 이야기를 시작해요. 왜 희랍에 갔으면 좋겠다고 생각하느냐 하면, 동북아시아에 새로운 질서가 나타나야 하고 인류 전체가 그것을 원하는 것 같은데, 여기에 대해서 우리가 대답해야 하지 않겠느냐 하는 거요. 그리고 또 하는 말이 일본이나 한국이나 자질구레한 이야기가 너무 많다는 거예요. 강아지의 맑은 눈동자를 지키는 시민들의 모임, 벚꽃이 지는 순간을 잊지 않으려는 시민들의 모임, 이 얼마나 지저분하냐 이거야. 이런 것들이 자꾸 남발되면 소위 역사나 지구 전체 사회에 대한 거대 담론을 창조할 수 있는 가능성에서 점점 멀어진다는 거예요. 인간들이 자질구레해지고 전반적으로 형편없다 이거야. 그런데 일본이 가장 대표적이라고 하는 거야. 그래서 내가 당신들 파시스트들이오? 했더니, 나는 아니요 할 줄 알았어. 그런데 파시스트도 여러 가지다, 재평가 할 때다, 동양이나 서양이나 똑같다 등 여러 말들을 해요.

그 이상 나는 말을 안 했어요. 그러다가 세미나에서 내 차례가 왔을 때, 그걸 짚었다고. 이런 경향이 있는데 이렇게 하면 당신들 큰일 난다. 한국민족은 역사에 크게 죄과를 짓지 않아서, 일종의 세계화를 한다 해도 역사적으로는 신출내기 같은 얘기다 하고 넘어가지만 일본이 그 얘기를 하면 아무도 그것을 접수하지 않는다. 또 이것들이 침략하려는 것이구나 할 수 있다. 그러니 나보다 당신들이 그런 점은 정말 피해야 한다고 했어요.

동북아시아 사상은 엄밀히 말해서 그 뿌리가 동북아시아에서 나올 수밖에 없는데 동북아시아의 사상 중 가장 중요한 원리 하나가 일종의 프렉탈 원리인데, 이것은 작은 것 안에 우주 삼라만상이 다 들어 있다는 얘기지요. 이게 뭐냐면 당신들 할머니의 눈동자 속에 들어있는 아름다움을 지키기 위한 시민의 모임, 이런 것이 사실은 당신들의 목숨이다. 이걸 당신들이 놓치면 더 갈 곳이 없다. 그걸 지켜라. 먼지 하나 안에 삼라만상이 다 들어 있다. 당신들이 동북아시아로부터 새로운 전 인류사의 방향을 제시하고자 발신을 하려면 그 첫 번째 발걸음을 일미시중함시방(一微塵中含十方), 하나의 먼지 안에 우주가 들어 있다에서부터 시작해야 한다. 이렇게 큰 담론이 아주 조그마한, 앞에서 말한 '할머니의 눈동자 속에 들어 있는 아름다움을 지키기 위한 시민의 모임' 안에 들어 있을 때 당신들은 아시아에 대해 의무를 지킬 수 있겠고, 일본의 민중으로부터도 박수를 받을 수 있을 것이다. 아니면 큰일 난다. 그러고 헤어졌는데 그 교포란 사람이 정거장까지 나왔어. 그 교포가 큰 사업가였는데 왜 사업이나 하지 않고 이런 것을 하느냐? 했더니, 자기가 철학을 공부하는 이유가 가장 중요한 땅으로 유럽 사람들이 계속 지적하고 있는 곳이 동북아시아인데, 한·중·일, 이쪽이 철학적으로 어둡다는 거야. 이 어둠 속에서 누군가 빛을 찾아야 하는 것 아니냐. 그래서 사업은 아우에게 맡기고 철학으로 나섰다고 해. 미네르바의 부엉이는 밤에 비상하는 것 아니냐 그래요. 아, 그러냐, 하면서 돌아오는데 계속 마음이 찌뿌둥한거야.

이것은 첫 번째 얘기한 『문학의 문학』이 무얼 해야 하느냐와 연관이 있어요. 지금 동북아시아가 상당히 크게 변하고 있어요. '어떤 방향으로 무엇이 변해야 하느냐?' 할 때 바로 그 얘기라고, 이게 연결이 되어야 해요. 아무거나 우리 옛날 것을 갖다가 보여주고는 르네상스라고 해서는 안 된다는 것이지요. 그것이 문학의 방향이 되어야 하고, 한류의 모델이 되어야 하고, 문학과 현실에 대한 비판적인 안목을 갖는 기초가 되어야 한다고 생각해요.

18세기 영·정조 시대 얼마나 많은 소설, 예를 들어서 『고금소총』이나 우스갯소리, 귀신 얘기, 섹스, 망신한 얘기, 꿈, 뭐 없는 게 없어요. 규장각에 다 있다고 하는데, 그것과는 비교도 안 되게 하버드 옌칭 도서관에 많이 있어요.

로마에 판테온이라는 게 있다고. 지중해 유역의 모든 민족들의 신학을 모두 갖다 놨어. 그 모든 게 로마 안에 들어 있는 거야. 정신과 문화와 역사가 다 들어 있는 거지요. 루브르 박물관, 대영 박물관 등 모두 다 똑같아. 일종의 문화적 제국주의. 전체 인류의 머릿속 풍경이야. 그래서 우리도 빨리 해야겠다, 뭘 빨리 하냐면, 하버드 옌칭 도서관에 공동 연구를 제안하든지, 그 카피를 좀 넘겨다오, 그래야지요. 왜냐하면 우리가 제국주의 하겠다는 얘기가 아니고 우리는 당장 한류 콘텐츠야. 그건 어디서부터냐, 18세기 문화예술부터지요 영·정조 시대 말이오.

홍용희 네, 『문학의 문학』을 향한 당부 말씀이 자연스럽게 네오르네상스의 당위성과 성격 그리고 가능성에 관한 논의로 이어졌습니다. 네오르네상스의 문화적, 미학적 원형을 어디에서 찾아서 어떻게 설정할 것인가 하는 문제를 좀 더 쉽고 친숙하게 개진해 주시면 좋겠습니다.

흰 그늘의 미학은 무엇인가

김지하 우선 머릿속에 들어오는 것이 문화예술입니다. 우리나라만 생각해보면, 전체 인구 중 78퍼센트가 10, 20, 30대 초중반의 젊은이들이라고. 이 사람들이 전 인구의 50퍼센트 가까운데, 이들은 아직 경제 결정력은 없지만 정치 결정력, 문화 결정력이 아주 강해요. 선거의 경우 지난번 정권을 결정한 주체이지요. 문화적인 결정력에서는, 소위 미학적 생산력이 보장되어야 해요. 보장이라는 말은 여러 가지 의미가 있는데, 권장되어야 하고, 장려되어야 하고, 지원도 받아야 하고 하겠지만, 그런데 그것보다 훨씬 더 중요한 것이 콘텐츠 창조 능력, 내용 창조 능력입니다. 이 내용 창조 능력이라는 것은 바로 콘텐츠데 미학적인 구성력까지 포함한 콘텐츠가 나오는 곳은 두 부분밖에는 없어요. 하나는 천재, 또 하나는 과거 문화유산에 대한 담대한 현대적 해석. 이 두 군데이거든요. 그럼, 이 두 군데에서 우리가 원하는 콘텐츠가 과연 아주 현실적으로 봐서 어떻게 나올 수 있겠는가. 이때는 여러 가지 이야기가 필요합니다. 그 이야기를 조금 늘어놓는 것이 오늘의 뼈대가 될 것 같습니다.

내가 이야기하고자 하는 것은 '흰 그늘'. 이것은 시어지요. 그러나 미학 방면에서는 시적 이미지가 담론이 될 수도 있어요. 어떤 평론가는 내가 시 이미지를 담론으로 쓰고 있다고 비난하는데, 그것은 그 사람이 잘 몰라서 그래요. 시적 이미지가 사회 과학적 담론이 되는 것은 어렵지만, 시적 이미지를 미학적 담론으로 활용하는 것은 얼마든지 가능할 뿐만 아니라 상식이죠. '흰 그늘'이라는 말을 나는 묵시를 통해서 접했는데, 그야말로 환상을 통해서. 이 이야기는 내가 젊었을 때부터 시적 방황이라고 할까, 그런 과정에서 여러 번 부딪쳤던 테마이고, 이미지고, 그런데 결정적으로는 율려 운동을 제기하고 연속된 워크숍을 하고 있을 때 그것이 튀어나왔어요.

　　　　　이것이 무슨 뜻일까? '그늘'부터 먼저 따져봐야 하는데, 판소리에서, 여러 가지 산조 예술들, 민중음악이지, 산조, 탈춤의 재담 등에까지도 그늘이 있지요. '그늘'이란 판소리 경우에 아무리 소리가 좋고, 제스처가 좋고, 외모가 좋아도, (이 모든 것은 판소리의 구비 조건입니다만) 이것보다 더 필요한 것은 지리산에 들어가서 피를 얼마나 쏟았느냐인데, 그것은 소리 훈련이지요. 소리가 청성, 맑은 소리, 천구성, 태어날 때부터 가지고 있는 배냇소리, 높고 크고 맑고, 이런 소리를 최상품으로 치는 건 우리나라가 아니에요. 유럽의 이른바 '벨칸토 창법'이지요. 반대로 우리나라에서는 수리성, 수리성을 으뜸으로 치지. '수리'라는 건 독수리의 수리, 까마귀의 까악까악하는 소리, 잠겨가지고 껄껄한, 이 소리가 최고예요. 그 소리를 얻으려고 그렇게 피를 쏟는 거라, 폭포 앞에서. 소리가 폭포를 뛰어 넘어야 해. 웅장한 그 높이를, 폭포를 뚫고 소리가 훨씬 더 크고 웅장하게 나가야 해. 힘들지요, 소리가 꽉 막히는 폭포 앞에서 자기 소리로 그것을 뛰어 넘는다는 것은, 소리 자체도, 음질, 음량도 그렇지만, 소리를 할 때의 자기 마음가짐이 저 높이를 장엄하게 뚫어야 돼요. 힘들지요. 그러면 왜 그래야 하느냐, 그런 꺽꺽 걸리는 소리여야, '그늘'을 표현할 수 있어요. '그늘'은 쉬운 얘기로 인생의 쓴맛, 단맛, 이게 다 그늘이야. 그리고 웃으면서 울고, 청승을 떨면서 익살스럽고. 예를 하나 들게요. 심청이 아버지가 심청이 떠나간 뒤에 헤매잖아? 그러다가 다리에서 떨어져요, 개골창으로 떨어져요. 장님이 말이야, 딸까지 잃어버리고, 굉장히 슬픈 거 아니예요? 그런데 이걸 굉장히 우습게 표현한다고. 이때 객석 반응을 봐야 해. 볼 줄 아는 사람들은 울면서 웃어. 나는 봤으니까, 우리는 이걸 모순어법이라고 흔히 말해버리지만 쉽게 말할 것이 아니에요. 이건 절대로 간단한 경지가 아니에요. 복잡해. 이걸 통틀어서 '그늘'이라고 해요. 이걸 가지려면 자기한테 온 고통이라든가 외로움이라든가, 배고픔, 억울한 마음 등의 한(恨)을 함부로 흩어버리면 안 돼. 이를 악물고 견디고 참아야 해. 그러면서 삭혀야 해. 삭히고, 발효. 김치나 식혜처럼. 절에서 참선하는 중처럼. 이렇게 해서 소리 자체가 다양하고 역동적이고, 이승이면서 저승 같고, 너이면서 나 같고, 남자이면서 여자 같고. 이런 복합적인 소리가 나지 않으면 소리로 쳐주지를 않는다는 거지요.

그리고 왜 '흰' 이야기가 나왔느냐? 우리들 용어법에서는 머리가 하얀 할아버지를 흰(신) 할아버지라 하잖아. '신하라비'요. '흰'빛이라는 것 자체가 불, 빛, 광명, 신명, 신바람으로써 아우라입니다. 그래서 그늘에 아우라가 플러스 된 거예요. 이게 '흰 그늘'이지요. 또한 새로운 시대의 건설일 뿐만 아니라 수천년 전의 마고성, 고대 중앙아시아에서 인간과 귀신과 모든 동식물과 하느님이 다 우주적으로 평화로웠던 이 시대, 이 시대를 회복하는 것을 '다물'이라고 하는데, 이 다물의 상징적 표현이 흰 그늘이기도 합니다. 그래서 신성한 근본을 회복하는 역사의 대전환을 신비적으로 보장하는 일종의 신화적 상징이라고도 할 수 있지요.

홍용희 '흰 그늘'의 미학에 대해 흥미롭게 설명해 주셨습니다. '흰 그늘'의 미학을 오늘날 우리의 구체적인 삶의 세계와 연관시켜서 이를테면, 심각한 생명 파괴의 전 지구적 위기 상황과 생태시의 상상력이라는 주제의식에 연관시켜서 논의해 본다면 좀 더 생활감각의 실감으로 다가올 수 있을 것 같은데요.

김지하 요즘 생태시를 쓰는 사람 수가 엄청나게 줄었지요? 이걸 패션이 갔다고들 말해. 하지만, 이걸 시의 패션이라고 보는 태도도 문제야. 이건 살고 죽는 문제야. 우리는 그냥 살고 간다 하면 되지만 다음에 오는 사람들은 어떻게 해? 제임스 러브룩은 시베리아 가면 산다고도 말하는데, 이봐요. 내가 재작년 시베리아 근처에 갔을 때 겨울 평균 온도가 영하 5도, 여름 평균 온도가 섭

씨 15도였어요. 그런데 매년 똑같은 것이 아니라 가끔 오르는데, 빈도가 자꾸 빨라져. 이래서 전체적으로 변하는 거야. 생명이 살아나려면 그쪽으로 가야 하는데, 그쪽도 따뜻해진다는 거지요. 그러면 이제 어디로 가느냐 하는 거야. 스티븐 호킹은 80년 내지 100년 안에 지구가 끝장이라고 그래. 그러면 지구를 탈출해야 한대요. 그런데 태양계 안에는 지구 생명체가 살 수 있는 행성이 하나도 없어.

또 한 가지 틀림없는 것은 8~10년 안에 이상기후, 기후 혼돈이 온다 이거야. 그건 2000년대 초부터 관찰되고 기록된 것이지요. 그러면 이것을 무슨 이론으로 따질 것이냐는 거야. 그렇기 때문에 이것에 대응해 나가는 것이 뭐냐 했을 때, 이산화탄소 줄이고, 가스 에너지 줄이고, 대체 에너지 사용하면 된다는데 이런 것은 상식이야. 그것 말고 지금 지구 자체가 이상하게 변하고 있어요. 지구 자전축이 이동하면서 대륙판과 해양판이 충돌하며 쓰나미가 왔잖아요. 26만 명이 한꺼번에 죽었잖아. 또 북극이 해체되고 있어요. 자기극(磁氣極)과 지리극(地理極)이 서로 이탈하고 있어요. 해체죠.

이러한 상황 속에서 다시 한 번 '흰 그늘'을 생각해봐요. 소리꾼 이동백이 귀신 소리를, 귀신 웃음과 귀신 울음을 표현할 수 있을 때에 영동천심월(影動天心月), 그늘이 우주를 움직인다는 19세기 기인 연담 이운규 선생 예언이 실현되는구나 하지요. 이것은 신화적 세계지요. 이게 신화이지만 현대적으로 인류가 요구하는 부분이지요. 인간이 지구와 우주를 조율해야 해요. 안 그러면 누가 해요. 이것을 19세기의 정역(正易)에서는 '역수성통(易數聖統)'이라 해서 인간이 우주를 바꾼다는 것이지요. 그렇다면 여기서 인간이 대응할 수 있는 개벽이 문화적으로 체현돼야 하는 것 아니냐 이거지. 이런 사상과 연관된 게 바로 '흰 그늘' 이라는 메타포입니다.

홍용희 '흰 그늘'의 미학을 통해 네오르네상스의 당위성을 비롯한 우리 민족 전통미학의 풍요로운 세계를 여행할 수 있었습니다. 이제 얘기를 조금

좁혀서 선생님의 문학과 사상 편력의 특성에 대해 집중해 보기로 하지요. 선생님은 이른바 4·19세대의 문인에 속합니다. 1960년대 본격적인 활동을 시작한 문인들이 형성 주체가 된 4·19세대 문학의 문학사적 인식은 대체로 과거와는 차별되는 새로운 출발의 의미를 강조하면서 시작됩니다. 이를테면, "4·19는 민족과 역사와 민중을 찾아내는 착지점이었"으며 "문학은 4·19의 착지점을 발견함으로써 이제부터 그 문학이 개간하여야 할 대지를 가지게 되었다"는 인식이 바탕을 이룹니다. 4·19세대 문인들은 "문학이 개간하여야 할 대지" 위에 문학의 미학성 탐구에 집중하거나 (『산문시대』, 『68문학』 계열), 문학의 현실적·역사적 맥락을 중시하고 민족문학론의 수립(『창작과비평』 계열)을 추구하는 길을 중심항으로 전개해 나갔습니다. 이들은 제각기 개인의식과 감수성, 한글세대의 언어의식, 자유와 평등, 사회의식과 역사의식 등으로 수렴되는 인식론을 토대로 앞 세대와의 차별적 준거를 마련하며 새로운 세대론을 창출해 나간 것이지요. 그러나 이러한 새로운 출발을 강조하는 세대론의 구축은 앞 세대 또는 우리의 전통적인 민족민중문화사에 대한 재발견과 연속성의 규명에는 매우 인색하고 소홀한 경향을 띱니다. 특히, 『문지』 계열은 그 전신인 『산문시대』, 『68문학』의 창간사에서부터 "우리는 태초와 같은 어둠 속에 서 있다"는 선언 아래 토속적이고 전통적인 문화에 대해 "샤머니즘의 미로", "관념적 유희" 등의 부정적 어사로 일거에 치지도외하는 면모를 보입니다. 따라서 이들이 세대론의 성채를 높이 쌓고 전통 문예미학의 가치를 검토하기 이전에 서구의 합리적 지성을 향해 치달아간 것은 자연스러운 행보로 보입니다. 한편 『창비』 계열의 경우에도 창간사에서는 전통 문학의 단절을 적시하고 있으나 3년여 후 『시민문학론』(1969)에 오면 이를 자설철회하고 한국 전통 속에서의 시민의식의 내재적 가능성을 모색하는 면모를 보입니다. 또한 이들은 여기에서 더 나아가 점차 4·19 혁명을 동학농민혁명에서 3·1운동으로 이어지는 민중 변혁 운동사의 연속성 속에서 파악하면서 1970년대 민족문학론의 좌표를 정립해 나갑니다.

   1960년대 말부터 본격적인 문학활동을 전개한 선생님의 경우는

4·19 혁명을 내재적 발전론의 시각에 입각하여 전통적인 민중 변혁운동의 역사와 세계관의 연속성 속에서 인식하고 이를 구체적인 문예 미학으로 형성화하고 있습니다. 선생님의 이러한 입장은 4·19혁명을 동학 농민혁명과의 연속성 속에서 인식함으로써 주체적인 반봉건 근대성에 대한 논의의 가능성을 열어 놓을 수 있었으며, 아울러 4·19 세대론의 울타리를 뛰어넘어 우리의 전통문화 속의 민본주의적 유산과 민중 문예 미학의 광맥을 자신의 문학과 사상의 젖줄로 삼을 수 있는 터전을 확보할 수 있었습니다. 선생님께서 전통적인 민족민중예술의 자산을 재창조하여 형상화한 민중극, 담시, 대설 등과 심원한 동양의 전통적 세계관에 바탕한 생명 사상의 제기는 그 구체적인 산물이라고 할 것입니다. 4·19 세대 문학과 제3의 길에 입각하여 선생님의 문학적 착지점의 배경과 성격을 말씀하시면 매우 흥미로울 것 같습니다.

4·19혁명, 김수영과 신동엽

김지하 그 답변을 시에서부터 하지요. 신동엽과 김수영 씨를 놓고 봅시다. 김수영 씨는 유럽적인 시민의식을 바탕으로 해서 현대문학, 모더니즘 문학이 꽃을 피워야 된다고 봤고, 신동엽 씨는 농업적이야. 농민적, 농촌적, 전통사상이 새로운 생명에 대한 요구와 연결되면서 큰 변화가 올 것이다, 이렇게 본 거죠. 그런데 『창비』 백낙청 씨 같은 경우는 초기 김수영 씨와 연계해서 시민문학론, 경제적으로는 중공업 건설에 의한 근대화를 주창했지요. 문제는 조동일 씨나 나는 4·19 이후 5·16이 난 뒤에 4월 혁명에 대해 본격적으로 보기 시작하자는 움직임이 시작되었고, 유럽문화를 맹목적으로 쫓아갈 수는 없다는 전제에서 '우리문화연구회'라는 그룹을 만들기도 했지요. 나는 그저 옆에서 거들었습니다만, 거기에서 탈춤, 판소리, 풍물, 농악, 정악, 진경산수화, 속화, 민화 등에 대한 재해석과 탐구가 있었지요. 그때 나는 조동일 씨와 같이 일을 했고, '민족문화 운동'이라는 것도 그 이후부터 시작되었지요. 탈춤을 마당극으로 현대화시킨다든가, 오윤 같은 경우에 속화 같은 것을 어떻게 판화 등 현대 한국화로 끝고 나오느냐 하는 문제에 치중했습니다.

　　　　그때 우리는 우리 문학사를 평가할 때 김수영하고 신동엽이 있으면 김수영보다는 신동엽 쪽, 월북한 시인들로는 이용악이나 오장환, 이런 쪽을 더 평가하고 임화는 많이 비판했지요. 경제 문제는 "협업적 농업을 중심으로, 자생적 경공업을 발전시키고 아주 불가피한 경공업, 중공업을 외국 차관으로 끌어와서 부분적으로 배합한다"는 입장이었어요. 이것이 박정희식 근대화나 김수영, 백낙청식 근대화와 정면으로 부딪힌 거지요. 박정희는 외국 자본을 끌어들여 와서라도 중공업을 진흥시킨다는 것이었어요. 일본을 생각한 거지, 일본이나 미국 중공업의 분업이나 순환구조에 값싼 노동력하고 원료를 팔아서 이익을 분배한다는 식이었지. 반대방향이지. 그리고 세 번째는 농촌은 적당히 식량이나 생산하고, 이쪽에서 생긴 이익을 분배시킨다는 입장이었지요.

　　　　그러니까 우리 쪽에서 볼 때는 거꾸로가 아닌가? 이러니 부딪힐 수밖에 없었어. 그러면서 이제 우리 쪽에서 민중주체의 민중문학이 나오기 시작하는 것입니다. 그리고 나중에 긴 감옥살이 가기 전에 백낙청 씨를 한번 만나서 민중민족문학에 대한 조정을 했어요. 시민문학론은 지금 이야기가 아니고 나중 이야기다, 그리고 노조나 농민 문제에서 큰 민중 세계 가운데 자각적 의식이 일어나야 시민 아니냐? 민중 가운데서 자각적으로 근대화하고 자기들이 자기 조직을 갖추고 했을 때 나타나는 것이 시민 아니냐 이거야? 그 당시로 봤을 때 수익이 좀 괜찮다든가 하는 소수의 중산층을 대상으로 시민문학을 제기한다는 것은 바람직하지 않다는 것이었지. 그리고 근대화 문제에 있어서도 일본 청구권 자금이라든가, 상업 차관에 의한 근대화, 일본의 종속적 근대화 위치로 들어가는 그런 모양은 우리한테 맞지 않다고 보았지요. 그래서 그때『창비』가 방향을 바꾸지요.『문지』와는 거리가 멀고. 사람은 가까웠지. 김현하고 친했으니까.

　　　　어떻게 보면 나나 조동일 같은 사람은 캠프가 없는 사람이지. 우리가 캠프가 있을 리 없지. 캠프를 구축하고 잡지를 낼 만한 돈이 있는 사람들도 아니었고, 가난하고 갈 데 없는 사람들이었으니까. 그렇게 된 거야. 『문지』는 경제는 상관 안 하고, 미학적 가치관만 보고 간다는 것이었는데. 그런데 『문지』도 그래요. 미학적 가치라는 게, 유럽 문학의 경우에도 우리가 받아들일 수 있는 것도 있고, 우리가 비판해야 하는 것도 있는데 『문지』가 좋아하는 방향은 우리가 좋아하는 것과는 같을 수도 있고 다를 수도 있고, 많은 차이가 있었다고. 가치관의 핵심에 유럽적 미학이 자리를 잡고 있었지요. 많이 다르죠. 하여튼 백낙청 씨와 독대가 끝난 후에 나는 감옥에 갔는데, 한 10개월쯤 후에 잡지가 들어와서 보니까 백낙청 씨와 유종호 씨가 대담을 하는데, 종개념으로서의 국민문학, 유개념으로의 민족문학으로 설정하는 것을 보았지요.

그리고, 그 뒤 내가 감옥에서 나와 『실천문학』에서 백낙청 씨와 대담하면서 지적했던 게 무엇이야 하면, 좌파, 소위 민족문학이 빠져 있는 문제 중에, 아주 깊이 성찰해야 할 중요한 문제점이 있다는 것이었어요. 예컨대, 문학적 판단이 지나치게 정치·전술적이다. 또 지난 시절의 민족문학에 대한 검토가 전혀 없다. 또, 사회주의라 하더라도 넓은 인류애를 바탕으로 하는 사회주의 개념이 아니고 종파투쟁의 개념이 거기에 깊이 물들어 있다. 또 세대론. 내가 막 감옥에서 나왔을 때 나에 대한 별명이 쥐라기야 쥐라기. 기분 좋거나 나쁘거나 고려하지 않고, 뭐가 가장 진보적이냐 하면 지금 가장 젊은 사람이 진보적이다 이거야, 그렇다면 근본적으로 엄마 배 속에 있는 애가 가장 진보적인 것 아니냐, 또 죽을 때 다 된 사람은 무조건 보수적이라는 것이 말이 돼? 말이 안 돼. 그럼 그 시간이라는 것은 좁혀지기도 하고 늘여지기도 하는데 그걸 전 역사적으로 확대해봐. 이건 완전히 야만이야, 야만. 이런 식으로 해결할 거면 무슨 문학을 하겠다고 그러냐 이거야. 그러니까 만날 듯하다가 만나지질 않고, 자꾸 그래왔던 것이고 지금까지도 그런 점이 있어요.

홍용희 4·19 문학 세대론에서 『문지』, 『창비』 양대 계열과 함께 제3의 길(중도)이 있었음을 주목하고 그 노선의 변별성과 지향성을 비교론적으로 검토해 주셨습니다. 이들 중도 노선의 관점이 있었기에 4·19 세대의 『문지』, 『창비』 계열도 균형감각을 가지고 성찰해 볼 수 있었습니다. 제3의 길이란 용어가 다소 애매하니까 이것을 중도라는 말로 지칭하는 것이 옳지 않을까 생각됩니다.

       중도란 양극단도 아니고 가운데도 아니고 양극단의 이중통합과 차원변화의 지점이라고 할 때, 선생님의 문학적 삶은 중도의 지점을 견지했다고 생각됩니다. 선생님의 시세계를 저항에서 생명이라고 요약할 때 저항은 생명적 저항이며 생명은 저항적 생명이라고 할 수 있을 것입니다. 초기 시에서도 시적 바탕은 농경사회의 생명공동체였으며 이에 입각하여 사물화, 상품화, 소외화를 초래하는 근대 개발이데올로기의 주도 세력에 대한 비판과 저항이었습니다. 또한 1980년대 이후로는 생명의 세계관을 통한 근대 기계주의적 패러다임에 대한 비판적 대안의 제시란 점에서 저항적 생명의 성격을 지닌다고 생각됩니다. 이뿐만이 아니라 선생님의 시세계는 부정과 화해, 모더니즘과 리얼리즘, 전통과 혁신, 표면과 이면의 회통과 차원변화가 일어나는 특성을 지닌다는 점에서 중도적 특성을 보인다고 생각됩니다.

『문지』의 길, 『창비』의 길

김지하 홍용희씨가 말한 것을 '역동적 중도'라고 할 수 있을 것 같은데요. 이게 불교식으로 이야기 하면 색과 공, 안과 밖, 이것과 저것이 균형을 잡고, 모든 반대되는 것에는 상호보완성이 있다는 것입니다. 주역에서도 마찬가지입니다. 상극과 상생이 같이 균형을 잡아야 하는데, 거기에 하나 플러스가 있어야 해요. 그게 바로 공자의 시중(時中)이야. 중이라는 것이 항상 원칙적으로 이것과 저것 사이에 균형을 잡는 거지만, 그러나 때에 따라서 입장에 따라서 왼쪽으로든 오른쪽으로든 기우뚱한다는 거야. 그 중심이. 항상 변함없는 것이 균형인데, 그때그때 왼쪽이 중심이 될 수도 있고, 오른쪽이 중심이 될 수도 있다 이거지. 이게 어떻게 잘못 보면 기회주의 비슷한데, 움직이면서도 균형을 잡는 거, 이 이야기야. 그게 중도인데, 요즘 말로 역동적 중도라고 표현을 하지요. 그것은 포괄하는 영역이 크지요. 중도이면서도 진보, 중도 진보, 중도 개혁이다. 중도 우파이다. 이런 중도 이야기가 많이 나오는 때가 언제냐 하면 전환기야. 그러니까 1927년 신간회 좌우합작에서와 임정의 삼균주의에서 계속 논의되었던 거지요.

　국내에서는 알다시피 백범, 몽양, 죽산, 4·19직후 통일 운동을 했던 것도, 혁신이라는 것도 주로 중도계열이었는데, 북쪽에는 뭐가 있었느냐, 예를 들면 남쪽에서 백범이나 몽양만 암살당한 것이 아니라, 북쪽에서 현준혁 같은 분이 있었어요. 그는 유명한 공산주의자인데, 해방 이후 고당 조만식하고 좌우가 손을 잡고 민족 통일 정부를 세우자는 합작을 했지요. 이게 김일성 귀에 들어가 암살됐지. 그리고 또 아주 유명한 함흥이라는 데가 개항을 일찍하죠? 여기 함흥에 노동자의 별이라는 오기섭이란 사람이 있었어. 이 양반이 남북통일의 정치 구상 같은 것을 해서 암살당한다고.

　이처럼 남이든 북이든 올바른 중도주의적 입장, 자유주의적 입장은 다 갔어요. 내가 지금 얘기하고 싶은 것은 지금 세계가, 남북한이 엄청나게 변화하는 시대가 왔는데, 이때 여기 대응하는 것이 과거의 근대화 과정에서 빛을 못 보았던 중도적인, 자주적인, 그러면서도 역동적으로, 진보적으로 갈 수 있는 그런 방향이 어떤 새로운 길로서 떠올라야 하지 않겠느냐. 그걸 정치에서 해줘야 할 것인데, 정치는 그걸 못할 것 같아. 그러면 언제나 앞장서는 것이 문학이에요. 사회 변동이라든가, 인간의 의식 변화, 체제의 변화, 삶의 변화에 있어서 가장 앞섰던 것이 문학이라고. 이 문학에서부터 문제의 제기가 이루어져야 하지 않겠는가 하는 거죠.

　그렇게 본다고 할 때, 아까 얘기 좀 했지만은 『창비』와 『문지』, 양쪽이 우리한테 어떤 느낌을 줬냐 하면, 먼저 그 얘기 직전에, 이런 이야기를 해볼 수 있다고. 아까 임화하고 이용악, 신동엽하고 김수영 이랬을 때, 우리 입장에서, 조동일 씨나 내 입장에서는 임화보다는 이용악 또는 오장환, 그리고 김수영 보다는 신동엽 이렇게 중심이 가 있던 것이, 무엇과 관련되어 있느냐 하는 것을 알아야 해요. 일정 때부터도 안재홍, 김규식, 이상재, 이런 분들을 중심으로 한 신간회가 좌우 통합을 목표로 했듯이, 그리고 민족과 보편적 세계와의 관계도 그렇고, 임정의 삼균주의, 남북한 통일 운동, 백범, 몽양 등이 있었듯이 천도교에 주목할 필요가 있어요. 요즘 천도교 아주 우습게 알지요? 해방 전후에 천도교 신자가 300만이 넘어요. 그때 우리나라 인구가 2,000만이 못 됐는데, 그런 상황에서 300만 이상의 신도들한테 소위 미국을 뒤에 가진 자본주의와 소련을 뒤에 가진 사회주의는 옳지 못하다는, 일종의 제3방향을 제시해요. 그러나 사회주의의 이런 부분, 자본주의의 저런 부분은 동양사상 내지 수운의 개벽사상 안에서 배합이 되어야 한다. 이런 것이 계속 주장되었었고, 신간회에서도 천도교 청년회가 실무를 거의 다해서 그 고명하신 명사들이 같이 만났던 거지요. 내가 자꾸 동학을 중요시하는 이유도 그런 역사와 직접 관련이 있어요.

  또 남쪽에서 유명한 이돈화, 김기전, 조기간 같은 간부들이 남쪽의 단독정부 반대 운동은 백범한테 맡기고, 전부 월북해요. 그래서 북한의 단독 정부를 반대하자, 밀고가 들어가서 수천 명이 숙청을 당하지요. 그래서 간부들은 전부 죽고요.

  해방 전후사의 제3방향이라 불리는 자주적 중도파가 과연 그때 어떤 생각을 가졌으며, 어딜 지향했으며 그들의 문화 문제에 대한 미학적 견해는 어떤 것이었는가? 이걸 연구해야 해. 이게 지금 공개적으로 해야 할 때야. 북한의 중앙 신문에, 노동신문에서는 최근에 이렇게 얘기하고 있어. 이제까지 우리가 자력갱생이라고 해왔던 것들은 다 그렇고 그런 소리다. 이제 과학적으로 새로운 시대를 개화해야 한다. 계속 그러고 있어. 베트남을 왜 가는지, 개방정책을 왜 집중적으로 스케치 하려고 하는지, 다 지금 바짝 몸이 달았어. 그러면 홍용희 씨나 나나 『문학의 문학』이나, 이런 것들을. 민족적이면서 보편적이고 주체적이면서 동시에 탈민족적이고, 과거의 전통을 존중하면서 현대를 잇는 쪽으로. 이런 그야말로 중도와 다양한 원만성을 갖고 미래를 향한 방향이 제시가 되어야 하는데, 문학에서는 그걸 어떻게 할 것이야. 이렇게 되는 것이지. 대체로 이럴 때 지난 시기 『문지』나 『창비』가 일정한 공헌이 있음에도 불구하고 이런 문제에서 좀 기울었다, 올바르지 못했다, 이런 것을 이론적인 지적을 통해 잡아야 하고 새 방향을 제시해야 해요.

홍용희 네, 역동적 중도의 연장선에서 이미 선생님께서 여러 차례 지적하신 바 있는 변증법적 지양론 자체에 대한 비판적 시각으로 1970, 80년대 민족민중시를 성찰해 보는 것도 필요하다고 생각됩니다. 프랑크푸르트학파 중에서 특히 아도르노의 경우 문학적 개별성과 자율성을 강조하는 배경에는 헤겔의 합목적적인 변증법에 대한 부정을 바탕으로 합니다. 그는 헤겔의 변증법이란 부르주아적 이상론에 입각한 주관과 객관의 비동일성을 동일화하는 개념화이며 유형의 더미라고 파악합니다. 따라서 헤겔의 변증법은 근본적인 허구성을 안고 있다는 것입니다. 따라서 그는 개념화를 차단하고 개별화를 강조하는 부정의 변증법을 내세웁니다. 변증법적 통합이 강요된 화해를 유도하는 전체주의화의 오류에 가깝다는 것입니다.

선생님의 경우에도 기본적으로 변증법에 대한 성찰을 강조해 왔습니다. 정반합에서 정반의 이중성은 동의하지만 합의 과정은 정반 밑에 숨어 있던 차원의 상승이 아니라 동일 현실의 연장선에서 인위적으로 조직하고 취합한다는 점을 강조해서 지적하고 계십니다.

이렇게 보면 70, 80년대 민족민중문학의 합목적적인 역사관과 전체주의화의 오류에 대한 새로운 성찰적 인식과 점검이 요구됩니다. 특히 박노해나 김남주의 시세계에 대한 선생님의 생산적인 비판은 독자들에게 많은 도움이 될 것 같습니다.

왜 역동적 중도인가

김지하 그 얘기가 제일 핵심적인 이야기 같은데, 그 얘기를 조금 잘못하면 아주 시끄러워. 이런 걸 한번 생각해 봅시다. 집을 옮기면 이사할 때, 고양이를 데리고 가는 경우, 고양이가 가만있지를 않아. 나무가 있으면 꼭대기 올라가서 툭 떨어지고, 2층 베란다에서 툭 떨어져. 왜 떨어질까? 구체적인 가시적 상황에 대한 적응 훈련이지요. 학습, 적응 훈련을 한다고. 사람도 그래. 이사하면 둘러보잖아, 왜 그러냐? 새로운 사태는 이미 예정된 방향으로 가는 게 아니라 숨어 있다고. 마르크스 식으로 이야기하면 진테제, 합명제는 드러나거나 예상되지 않는다고, 숨어 있지. 숨어서 드러난 질서에 대한 작용을 한다고. 드러난 질서는 '예스, 노', '노, 예스'만 드러나. 하지만 간섭을 하다가 이것과 저것이 힘을 못 쓰고 상호 창조력을 잃어버렸을 때 밑에 숨어 있던 것이 올라와. 이게 논리냐? 논리야. 과학적으로도 이미 물리학에서는 합의된 이야기야. 데이비드 봄이라는 사람이 익스플리케이트 오더(explicate order)하고 임플리케이트 오더(implicate order), 숨은 질서하고 드러난 질서를 얘기하고 있지요.

그레고리 베이트슨 같은 사람은 생물학적으로 드러난 차원, 가시적 차원과 숨은 차원, 즉 비가시적 차원 사이의 관계를 말하지요. 그럼 이제 이걸 변증법적으로 옮기면 어떻게 되는가. 체제와 반체제 사이에, 테제와 반테제 사이의 관계는 생성적이고 상호 모순적이기 때문에 이건 맞는 얘기야. 그러나 똑같은 정반합의 똑같은 가시적 요소의 차원에 저쪽에서 기다리고 있던 합명제가 이 둘을 같이 극복하면서 통일한다는 거야. 이것은 첫째, 작위적이야. 예를 들어 말한다면 정반합이 논리적으로 존재한다 치자, 그런데 합이 숨어 있는 것이 아니에요, 변증법에서는, 예상되는 거예요.

그렇게 진행한다고 하면, 예를 들어 봅시다. 1936년경이던가 그 뒤에던가 스탈린 대숙청이 있었지요. 이 과정에서 1937년 우리나라 연해주의 동포들도 수십만 명이 강제 이주를 당하면서 내버려진 거야, 중앙아시아 고려인들.

가서 만나보면 눈물이 절로 나. 그런데 이것이 무슨 논리 밑에 진행됐느냐면, 코민테른이 현 단계의 세계 모순은 끝났다, 이제는 스탈린 동지의 위대한 영도 밑에, 사회주의 공산주의 낙원을 건설하는 것만 남았다, 하면서 숙청이 시작되었다 이거야. 그런데 그 당시에 정말 세계사의 모순이 끝난 때냐? 중국에서는 아무 곳에서나 수없이 총질하고 있을 때야, 무슨 모순이 끝났어? 러시아만 어떻게 된 거지, 딴 동네는 모순이 끝날 리가 없어.

그다음에 그것을 이제 아시아적인 변증법으로 한 것이 모택동인데, 모택동은 뭐라고 해요. 음양 사이의 관계는 상생과 상극이 있는데, 통일성이란 이름의 상생은 있긴 있지만 잠정적이고 투쟁성이라 불리는 상극은 항구적이다. 그러니까 그 사이에 국공합작이 있었지만, 바로 이어서 국민당과의 전쟁이 일어난 거야. 이것을 이렇게 생각해 봅시다. 이것과 저것, 저것과 이것이 상호관계와 작용을 하다가, 그 역사적 힘이 소진되었을 때, 새로운 차원이 올라온다 이거야. 올라오는 것과 과거의 것 사이에 관계도 또한 '아니다, 그렇다'야. 이 세계에 진정으로 있는 것은, 둘 뿐이에요.

새로운 것은 수없이 나와. 그러나 이것이 누적된다 해도 '아니다, 그렇다' 둘뿐이야. 컴퓨터가 이 원리거든. 다니엘 벨 같은 사람이 별건 아니지만 유명한 말을 남겼어. '컴퓨터에는 변증법이 없다.' 아주 유명한 말이야. 그런데 왜 이 말이 중요하냐면, 컴퓨터 원리의 원형이 뇌거든. 뇌 운동의 작동원리를 기계적으로 현실화시킨 게 컴퓨터야. 그러니까 이게 뭘 의미하느냐, 이 세상에 진실은 생각이 아니라 눈에 보이게 전개되는 과정 둘밖에 없다 이겁니다. 계속 올라왔던 것도 결국은 '아니다, 그렇다'야. 컴퓨터가 뇌의 운동을 계속적으로 연구해서 내린 결론이거든. 그러니까 이 원리대로 한다면 러시아에 소비에트의 스탈린주의가 저기 앞에 우뚝 서 가지고 너희들 이리 오너라 하고 다 소집하는 거야. 진테제가, 합명제가 테제와 반테제를 도식적으로 작위적으로 취합한다는 얘기가 돼 버리는 거지요.

그리고 우리나라의 경우엔 결론이 어떻게 났느냐? 현대문학사로 본다면 『문지』 식으로도, 『창비』 식으로도 안 된다. 그럼 그 이전부터 새로운 것을 꿈꾸는, 아직 드러나지 않았으나, 어떤 문학적 집단, 집단적 신념, 집단적 미의식을 그야말로 드러낼 수 있는 그러한 기준은 어떤가. 만약 숨은 채로 있다면 그것이 드러나지 않을 땐 문제가 안 돼. 하지만 드러날 땐 또다시 '아니다, 그렇다'야. 그럼 우리에게 있어서 새로운 시대에 구현될 '아니다, 그렇다'는 무엇일까. 이것을 살펴야 되지요.

홍용희 1970, 80년대 민족민중문학이 지나치게 변증법적 세계관에 치우쳐 있으면서, 어떻게 보면 지층에서 올라오는 힘을 간과해 버리거나 덮어 버렸을 수도 있다는 성찰을 해보게 합니다.

민중문학이 남긴 것들, 김남주와 박노해

김지하 이브 깔베 신부라고 있어요. '프롤레타리아의 일회성'을 제기한 사람인데, 『마르크스에 관한 팡세』라는 책을 쓴 사람이지요. 어떻게 프롤레타리아가 일회적이야. 마르크스·엥겔스가 계속 주장하는 것이 무엇이냐면 지구 전체에 엄청난 혁명이 오는데, 이 혁명의 주체가 되는 것은 도덕적 주체, 현실적인 주체로서의 자격이 있는 집단이 프롤레타리아이다, 왜냐하면, 자본주의적 문명이 전 세계를 바꾸고 있을 정도로 혁신적이라는 점, 그런데 이것을 실질적으로 생산한 사람들은 노동자라는 점, 이렇게 앞으로 오는 대전환의 시대에 주체는 그것을 직접 만든 당사자들이라고 할 수 있는 프롤레타리아이다. 그것이 주체가 된다 이거야. 그러면 프롤레타리아 주체의 당이 바로 공산당이다. 그리고 '그 사상이 공산주의다' 이거지요. 그런데 이 신부의 이야기는 프롤레타리아가 혁명의 도덕성이라든가 주체성을 지닐 수 있는 한계는 엄청난 지구 변혁의 과업을 만들었음에도 불구하고 배고프고, 가난하고, 천대 받는 바로 그 시기에 한한다는 것이야. 현실적으로 그들이 주체가 될 수 있는 것은 노동 노예의 시간 안에 한정된다는 것이야. 노동 노예로서 한정이라는 것은 뭐냐 하면 아직 프롤레타리아가 독재를 획득하지 못했을 때다 이거야. 그러니까 정권이 그리로 안 갔을 때야. 정권이 그리로 갔을 때는 이미 타락한다, 도덕적으로. 그러면 정치문제로, 사실 우상숭배로 타락한 민족으로, 현실적으로 재미가 없으니까 매일 보드카만 마셔. 소련이 그거야.

그럼 어떻게 되느냐, 하느님이 사랑하는 민족은 항상 배고프고 외로운 거야, 불행하고. 인류의 역사가 생긴 이래로 비참한 사람이 없어졌던 때가 없어. 그럼 민중문학은 뭘까 그건 그때그때마다 테마가 달라질 수 있게 대응해 나가야지요.

박노해 시를 읽어봐요, 그럼 그게 항구적인 민중의 사상이나 어떤 감수성인가. 노동 운동의 슬로건 차원이야. 내가 그 시인을 대신할 수는 없지만 그건 아니다 이거지. 아니다 했으면 그럼 거기에 대한 논쟁이 있어야 하는 거 아니냐? 이거야. 그런데 『창비』는 내가 감옥 안에서 보니 모조리 시사평론뿐이야. 미학적인 문제, 예술사적인 문제, 조선 예술사라는 문제의식 한마디도 없다는 거야. 그런데 어떻게 그게 민족문학이며 민중문학이야.

그러면 김현의 『문지』, 뭐 그쪽이야 더 그렇지. 그렇지만 난 인간적으로는 김현을 좋아해. 왜 그러냐면 대학 다닐 때야, 목포에서 둘이 흥건하게 취해 가지고 제주 가는 브릿지에 한밤중에 앉아 있었어. 그때 그 사람이 '나는 죽어도 프롤레타리아는 될 수 없다. 그래도 나는 부르주아로서 성실히 살아가겠다.' 하는 거야. 그때 내가 나한테 보고할 게 뭐 있냐, 그렇게 성실히 살면 되지, 했는데 죽은 다음에 늘 생각이 나. 한 사람의 부르주아로서 성실하게 살다 갔다. 그러면 내가 그야말로 한푼 없는 프롤레타리아라는 것은 잘 알지만 나한테 필요한 것은 무엇일까, 성실함이 아닐까 해. 이제부터 정말로 성실하게 미래를 더듬어야 한다고.

홍용희 박노해와 더불어 김남주의 작품이 나왔을 때, 이들 작품들이 변증법적인 입장에서 사회주의적인 혁명의 당위성에 입각해서 쓰였던 작품들이 주류를 이루는 것이 사실인데, 여기에 대한 당시의 미학적 논쟁이 없었다. 이런 식의 논의를 제기할 수 있겠군요.

김지하 우선 두 가지 얘기를 하지요. 김남주, 애는 썼지, 고생했고. 그렇지만 시를 총알로 생각한 것은 잘못이야. 하나나 둘, 쏙 들어오는 시가 있긴 있어. 내 시도 그런 시 있을 거야.

프랑스의 유명한 공산주의자 루이 아라공의 시 중에「오월에 죽어간 벗들을 위해 나의 언어여 총알이 되라」라는 작품이 있는데, 남주가 이걸 봤는지는 모르겠지만. 루이 아라공의 『엘자 찬가』라는 시집이 있지. 엘자는 그의 아내인데, 어느 한 구절에서도 총알처럼 모나고 쇳소리 나는 것은 없어. 아내의 눈빛, 입술의 그림자, 이마에 비치는 달빛 등등 이게 무슨 저항 문학이야. 전부 식물적 이미지, 여성적 이미지들인데, 그런데 그것을 보고 프랑스 사람들이 그 책을 탁 덮으면서 '나치 이놈들 죽이자' 이러는 거야. 왜? 자기들이 잃어버린 아름다운 세계거든. 누구 때문이야? 나치스 때문이거든. 그럼 어느 게 소위 더 정치성이 있는 것인가?

또 하나는 박노해. 내가 감옥에서 나와서 백낙청 씨하고 『실천문학』에서 대담한 이야기가 있는데, 고리끼의 『나의 대학』이라는 책이 있지요. 그 사람 대학 안 나왔잖아. 그러니까 가난뱅이로 노동하면서 살아 온 게 대학이라 이거지. 그럼 뭘 봤느냐, 볼가강의 새벽 안개가 가득 낀 강가에서 수백의 하역 노동자들이 짐을 하역하는데, 힘찬 노래를 같이 부르는 거야. 그게 뭘까? 그야말로 인간이 호의호식하면서는 안 나오는 공동체적인 건강한 아름다움이야. 이것이 바로 노동자들의 세계관으로 승화되어야 하거든. 누굴 증오하는 그런 게 아니고. 박노해는 그것이 보일 듯, 보일 듯 하다 결국 안 나오거든. 슬로건 차원을 훌쩍 넘어섰더라면! 노조에서 광화문에 와서 우리는 개새끼가 아니다, 하고 주장하는 바와 크게 다를 것 없다고. 그렇다고 내가 칭찬 안 하는 게 아니야, 고생 많이 했고, 그나마도 훌륭하지! 그렇지만 그것이 곧 대안은 아니다 이거야. 그렇다면 『창비』는 그때, 아니면 그 뒤에라도 그것에 대해 미학 논쟁을 했어야지.

홍용희 앞으로 선생님 시의 창작 계획에 대해 여쭙고 싶습니다. 초기부터 지금까지 선생님의 시세계는 어떤 연속성을 가지면서도 변화의 폭이 컸습니다. 지난해에 『새벽강』과 『비단길』을 출간하셨지요. 존재론적인 깊이와 묵시록적 예언의 목소리를 표나게 드러내고 있었습니다. 그런데 이러한 서정시의 양식과 달리 요즘 같은 정치, 문화, 문명의 변화 그리고 지구 온난화를 비롯한 전 지구적인 문제 등이 서로 혼재하는 시대에 후천개벽을 화두로 하는 다성악적인 창작판소리를 창작하는 것은 어떨까? 독자들은 『대설』이나 『오적』같은 유쾌한 부정과 긍정의 출렁거림을 기다리고 있지 않을까? 생각됩니다.

정신주의, 그리고 생명시와 미래시의 지향

김지하 모르는 소리! 나는 늙었어요, 풍자시 쓰긴 너무 힘들고. 판소리 쪽의 풍자시에서는 몇 가지 조건이 있다고. 탁월한 소리꾼이라도 첫째 담력이 있어야 하고, 배짱이 좋아야 해요. 그리고 배짱이 좋으려면 기본적으로 자기가 깨끗해야 해요. 그리고 조금 위선적으로 느낄 수 있겠지만 자기가 깨끗하다는 것을 자기가 스스로 긍정할 수 있어야 해요. 그래야 욕이 나와! 그 다음 입심이 좋아야 한다고. 입심이 안 좋은 사람은 짧아요. 욕을 해도 거짓말 좀 보태서 한 시간 두 시간씩 계속하는 사람이 있잖아, 징그러울 정도, 또는 괴기스러울 정도! 이런 사람이 풍자시를 쓰는 거지. "예이 엿먹어라 퉤" 하고, 그치는 사람은 풍자시 못 써.

그 다음에 거리를 둬야 해, 대상하고. 4·19라든지 뭐 이런 역사적 사건하고도. 그러니까 나처럼 정치 문제로 장기적으로 감옥에 들어가고 이런 식으로 말려들어가 버리면 풍자는 못한다고. 풍자할 틈도 없고 한마디하면 한마디한 대가로 꼭 맞아야 하니까.

현대 풍자시의 보물창고가 판소리야. 이 판소리를 제대로 공부하고 알아가다 보면 어떻게 현대시의 비판감각을 늘릴 수 있느냐 하는 문제점이 생긴다고. 나로서는 도저히 불가능하지. 전라도 장단, 가락을 전라도 말의 재미, 묘한 빈틈이 있는 말에 익숙하지 않은 사람은 풍자시를 쓰기가 힘들다고. 그래 이제 젊고 싱싱한 사람이 나올 때가 됐는데, 안 나오는 거야. (웃음)

『시와 사람』의 김선태 시인이 자꾸 이제 그쪽으로 이야기를 하더라고. 그런데 하여튼 내가 이제 다시 하기에는 그렇고, 가만히 생각해 보니까 때가 이제 그런 시나 이야기가 나올 때인 것 같아.

홍용희 어느 시대나 마찬가지이겠지만 요즘 시단에서도 새로움과 오래된 새로움이 동시적으로 전개되고 있습니다. 이 중에서 새로움은 제3인류형의 언술처럼 낯섭니다. 엽기, 환상, 섹스가 혼재하고 부유하는 환유, 제유, 상징의 이미지가 혼돈을 일으키고 있습니다. 자폐적인 내국 망명자들의 일방적인 발화만이 있지 의사소통의 통로가 부재합니다. 이와 같은 망명자의 속출은 사회 현실의 불온성을 극명하게 선언하는 충격을 던져주기는 하지만 스스로 혁신과 변화의 출구를 직접 마련하기는 어려워 보입니다. 시적 양식이 나르시즘의 성채가 아니라 이타적으로 열린 창조적 대화의 장이어야 하지 않을까 생각됩니다.

김지하 요즈음 젊거나 활동을 많이 하는 시인들의 경향은 크게 세 가지인 것 같아요. 하나는 불교를 비롯해서 고전적인 동양 사상과 관련된 이른바 정신주의, 둘째 생태시 또는 생명시, 그 다음에 소위 미래파라고 불리는, 대 광란인데, 이 세 개가 큰 흐름 같은데, 이 세 가지를 유기적으로 연관지어서 이해해야 한다는 문제가 있고, 그리고 그렇게 이해해야만 이 세 가지가 서로 유기적으로 연관되어서 한 차원을 넘어가는 새로운 길이 열리지 않겠나 싶어요. 그럼 이런 변화가 있은 후에 도대체 또 무슨 큰 변화가 오려고 이렇게 야단해야 하느냐 하는 문제인데, 문명 자체가 바뀔 것 같아요. 또 현실적으로 바뀌고 있고. 아까 한 얘기지만 10년 내지 8년 안에 바이러스로 인한 대병겁이 옵니다. 곧 10년 후에, 갑자기 오는 것이 아니라 서서히 밀려온다고. 이럴 경우에는 소위 의술 문제가 아니고, 의술까지 포함한 서양에서는 많이 가지고 있지 않은 뜸, 침, 부항, 그리고 또 여러 약재들이 있어서 서양 의학이 내다보지 못하는 것까지 보고 있다 이거지. 이런 과학적인 것도 굉장히 문제지만, 그러한 것을 찾아내는 출발점, 생명에 대한 가치관이, 문화관, 문명관 같은 것이 먼저 주어져야 해요. 뭐 생명이 중요하다는 것 모르는 사람이 어디 있느냐 하지만, 우선 미래파라는 것이 반생명적이야. 왜 그러냐 하면 이미지를 한 시에서 너무 과소비하는 것, 그리고 그칠 때 그치고 새로 시작할 때 시작하고 하는 것을 하지 않고 전부 뒤범벅이야. 어디가 앞이고 어디가 끝인지, 뭐가 중간인지. 이런 것이 좀 비관적인 걱정인지도 모르겠지만 이것이 시 독자한테, 수용자한테 첫째 가져오는 정신적 영향이 뭐냐 하면 과소비 감각이야. 풍요의 감각. 거품이지 거품. 누군가의 말투마냥 '거품시대의 문학 원죄'지. 근데 이 과소비 감각이라는 것은 지나친 사치를 가져온다는 것인데, 정신적으로.

한번 읽어봐, 온갖 신화와 관련된 것, 샤머니즘과 관련된 것, 불교와 관련된 것 온갖 것 다 밑에 깔려 있어요. 가만히 들여다봐. 그걸 어떻게 봐야 하느냐, 자발적 발화로 봐야 해. 내 안에서 이미지들과 비유, 상징들이 다 왔다 갔다 하지만 그것을 끌어들이면서 동시에 과소비를 막을 수 있는 것이 새로운 행갈이인데, 그때 필요한 게 모순어법이야, 모순어법. 있으면서 없고, 색이면서 공이고, 음이면서 양이고 양이면서 음이고, 하늘이면서 땅이고, 너이면서 나이고 주체면서 타자고. 이런 것이 모순어법인데, 모순어법은 행갈이를 제대로 하면서도 혼돈을 막는 방식이라고. 산문적으로 다 늘어놔야 무엇인가가 들어오는 것이 아니고, 시행들을 조절을 하고 행갈이를 하면서도 그 안에서 혼돈스럽고 복잡한 내용을 담을 수 있는 것이 모순어법이라고. 그래서 비둘기의 순결과 뱀 같은 슬기를 같이 가져라. 공이 색이고 색이 공이다, 음이 양을 꿈꾸고 양이 음을 보하고 뭐 다 똑같은 세계야.

　　　　　두 번째로 텍스트 안에 공(空)이 들어와야 해. 동아시아의 산수화는 여백이 중요하잖아, 허공이 산수를 결정하는데 그 산수를 구체적으로 어떻게 결정하느냐 하는 문제, 미학 문제인데, 준법으로 결정한다는 거지. 산능선을 결정하는 게 준법이지요. 우리가 잘 듣고 공부해야 하는 것이야. 공이 텍스트에 개입하면 시어와 시어 사이, 행과 행, 연과 연, 처음과 끝, 이면과 표면 등 여러 가지 이중적인 것 사이에 공, 즉 빈터를 만들어야 하는 거야. 시어와 시어 사이에 침묵이 들어가고, 행과 행 사이에 전환이 필요하고, 연과 연 사이에 구분이 되고, 처음 시작과 끝이 다시 드러나는. 옛날 시 행갈이와는 조금 다르면서도 그 나름의 새로운 템포, 새로운 장단이 일어나는 어떤 움직임이 있어야 돼. 그것이 진정한 숭고미를 만드는 쪽으로 가는 예술의 지혜지, 뭔가 조금 틀에 갇혔다고 해서 율격 같은 것을 완전히 깨버리고 이건 뭐 산문도 아니야, 산문도 그런 산문은 읽기가 싫어. 요상하게 늘어놓는 거. 그러니까 그 너절하게 늘어놓는 이유는 인정하겠다 이거야. 기왕에 우아한 아름다움, 격조, 율격 이런 걸로는 못 쓰겠다, 다 부수자. 결국 숭고와 심오 차원의 미학적 견해가 제시되어야 해요. 그렇다고 해서, 지지부진한 긴 문장으로 늘어놓는 것이 시는 아니야. 나는 이런 점들이 피력되면서 이탈리아 르네상스의 기념비적인 조각 '라오콘'의 경우 하늘을 원망하면서도 동시에 하늘에 구원을 요청하는 한 사나이의 이중성, 그리고 그 밑에서 움직이는 허무, 텅 빈 것, 기존의 관념이 전혀 없어져 버리는 거야. 르네상스 같은 과도기, 전환기의 특징이지요. 동아시아와 한국 전통 미학에 관련된 이야기입니다. 이런 쪽에서 세 방향, 생태시, 불교적 정신주의, 미래파, 이 세 개가 같이 서로 상호 융통하고 연관되면서 서로의 장점을 지향하는 새 차원적인 어떤 것이 나왔으면 좋겠어요.

홍용희 오랜 시간 감사합니다. 그러나 마지막으로 이 질문을 드리지 않을 수가 없군요. 오년 만에 돌아온 대선 국면입니다. 동북아 시대와 한반도 문화중심주의가 현실화되고 있는 상황에서 대선은 우리 국민들의 역량을 어떻게 집중시킬 것인가 하는 차원에서도 매우 중요할 것입니다. 대선 국면과 관련해서 우리 정계가 세계정세를 타고 넘어가야 하는 정치적 과제와 철학을 제대로 인식해야 할 것입니다. 이에 대한 말씀을 들으면서 오늘의 대담을 마치기로 하지요.

김지하 나는 정말 정치에 흥미가 없어요. 내가 정치에 대해서 깊은 관심 없이 일반 국민으로서 이야기할 수 있는 것은 무엇일까 했을 때, 결국은 시 이야기할 때와 똑같은 거야. 모순어법이라는 것이 정치적으로는 어떻게 나타나는가 하면 '중도'로 나타나지요. 중도, 그런데 이 중도에 대해서, 또 '중'에 대해서 생각을 많이 해야 해. 누가? 정치하는 사람이. 지금 일반 국민들이 의식이 없는 것 같지만 가만히 보세요. 가만히 보면 자신도 모르는 사이에 중(中)을 더듬고 있는 거야. 너무 과하면 보수로 기울든, 진보로 기울든 별로 안 좋아해. 저거 저답다, 이럴 때는 조금은 보수적이고 조금은 진보적일 때야. 그게 뭘까, 맘에 든다 이거야. 모두 다 마찬가진데, 이렇게 왔다갔다 하는 중도의 융통성을 발휘하면서도 대담하게 성큼성큼 현실 차원을 넘어서 나가는 그걸 못하더라고.

내가 보기에는 중도라는 것이 한 개인에 의해서는 쉽게 발현되지 않는 대신 여러 후보들한테 그걸 가치 기준으로 원하는 것은 아닌가? 예를 들어서 성장과 복지, 경제적 상승과 일자리 창출, 대개 이것과 저것, 저것과 이것을 융합하려고 하는 것, 그걸 요구한다고. 아까 얘기한 대로 아주 역동적이면서도 균형을 잡을 수 있고, 참 생각 많이 했구나 하는 측면이 있으면서도 어떤 경우에는 탁 털어놔야 해. 그게 뭘까, 원래 이 문명권에서 가지고 있던 전통적 가치관이 되살아나는 거야. 왜 이렇게 됐을까, 좌파 다 봤지, 우파 다 봤지. 그럼 어디로 가, 옛날 우리 할아버지 말씀대로 사람이 너무 까불어도 안 되고 너무 점잖떨고 앉아 있어도 안 된다 했잖아. 글쎄 내가 만나서 이야기하는 사람들 보면 대게 이런 게 기본이 된다고.

　　다시 말해, 중(中)을 회복해야 한다는 거지요. 중(中)이 그렇게 간단한 이야기가 아니에요. 현대 생태학에서 미들 웨이라는 게 계속 논의 돼. 미들 웨이가 미들이 아니라는 얘기까지 나와, 정말. 그러니까 불교, 공자, 동학까지도 이런 영향들을 많이 받은 거야. 플라톤이나 아리스토텔레스 철학은 아니야. 그러니까 여기가 문명의 본디 동북아시아가 가지고 있는 그 문명을 현대적으로 선진적인 것을 많이 받아들이면서도 새 차원을 열겠다 하는 것이 '중(中)'이라고 나는 본다 이 말이지요. 그러니까 『문학의 문학』이 이런 점을 문학적 방향에서는 문학적 언표 방식으로 건드려 주면, 많은 사람들의 평가를 얻지 않겠는가 하는 생각이 들어요. 결국 이 '중'이라는 게, 공자의 '시중(時中)'까지 포함해서 새로운 문명전환, 즉 '새로운 르네상스'가 아닐까? 지금의 문학의 혼돈의 앞길이 숭고와 르네상스의 길입니다.

'못난 시'와 '산알 모란꽃'의 사상을 위하여

일시 2010년 1월 11일 **장소** 원주토지문화관 관장실

홍용희 선생님 안녕하십니까? 경신년 새해가 밝았습니다. 새해에 더욱 건강하시길 바랍니다. 또한 올해에도 우리 사회와 후학들에게 많은 질타와 일깨움을 전해 주시길 부탁합니다. 오늘은 선생님께서 2010년 '김영랑 문학상'을 수상하시게 된 것을 축하드리면서 아울러 이를 계기로 수상작인 시집 『못난 시들』과 수상 기념 시집 『산알 모란꽃』을 중심으로 근자의 선생님의 시세계와 시적 관심사의 안팎에 대한 얘기를 청해 듣기 위해 찾아왔습니다.
그동안은 일산에서 뵙다가 오늘 원주에서 뵙게 되니까 감회가 새롭습니다. 선생님께 원주는 고향 목포를 떠난 이후 청소년기를 보낸 곳이면서 선생님의 사상 형성과 민주화 운동의 베이스캠프 같은 곳이기도 했지요. 독자들은 선생님께서 원주 치악산 자락으로 다시 내려오셔서 정착하시게 된 계기나 그 이후의 변화된 근황을 가장 먼저 궁금해할 것 같습니다.

김지하 내가 목포에서 원주로 온 것은 13살 때였어요. 중학교 1학년 겨울이었지요. 아버지가 종전 이후에 원주에 정착했기 때문이지. 아버지는 치열

한 코뮤니스트였어요. 국군 수복기에 월출산에 입산을 한 빨치산이었어. 그런 아버지가 월출산에서 하산합니다. 하산의 직접적인 이유는 고향 사람이 올라와서 국군 수복기에 우익 사람들이 영일(선생의 본명)이를 잡으다가 가마니에 넣어서 목포 앞바다에 집어넣는 것을 보았다고 헛소문을 전한 거야. 그리고 또 하나의 이유는 정치적인 것인데 청산투쟁에 대한 반발이었어요. 해방 직후 남로당이 불법화되니까 간부들은 월북하고 중간 간부들이나 당원들은 보도연맹으로 묶이잖아. 그리고 전쟁이 일어나니까 모두 함선에 실어 바다에 빠트려 죽이잖아. 그때 아버지는 잡혀 갔다가 전기 기술자여서 살았어요. 목포 최고의 기술자였거든.

전쟁 이후 국군 수복과 더불어 목포 부근에 좌익과 연관된 사람들이 월출산에 다 올라오게 되니까, 숫자가 너무 많아지잖아, 어떻게든 수를 줄여야겠거든, 그래서 또 청산문제가 나온 거지. 이때 아버지가 당에 항의를 해요. 해방 직후처럼 지금 또 이렇게 너희들 협조했던 남한 인민들 모두 죽게 하면서 무슨 혁명을 하겠다는 거냐고, 당에 마구 대들었어요. 그러면서 이 양반이 하산을 해요. 하산을 해서 내가 살아 있는 것을 보고는 자수를 했어. 자수 이후에 치열한 코뮤니스트로서의 모욕을 겪으면서 두 번이나 자살을 시도해요. 당시 전향자는 주로 국군에 투입되었는데, 아버지도 전선에 다니다가 종전 이후 군사도시인 원주 군인극장에 정착하게 된 것이지요. 그래서 나를 불러올려 원주로 오게 되었지요.

대학 졸업 직후 아버지가 서울로 직장을 옮겨서 서울에 살게 되었는데, 지학순 주교가 나한테 같이 손잡고 일을 하자고 해서 다시 오게 되었지. 1962~64년 사이에 제 2차 바티칸 공의회가 열릴 때 카톨릭의 정치 참여가 결정되었지요. 그 직후 지학순 주교가 나한테 극좌도 극우도 아니고 중도 진보 쪽의 노선으로 일을 하자고 해서 다시 내려오게 되었지요. 나는 처음부터 몽양계의 중도 진보 노선이었어요. 나는 처음부터 어떤 단체에 소속된 적도 없고 무슨 주의자로 살아본 적이 없었어. 공산주의에 대해서는 아버지를 이해하는 차원에서 책을 읽고는 했지만, 거기에 들어간 적은 단 한 번도 없어. 단체에 들어가지 않는 공산주의자가 어디에 있겠어.

    뒷날 다시 감옥에 다녀온 후 이곳의 민주화 운동이 생명 운동, 생명문화운동으로 전환하게 되면서 다시 함께 일을 했지요. 그러다가 나는 해남으로 이사했어요. 고향으로 돌아가고 싶기도 하고 해서. 그 후 해남에서 다시 서울로 갔지요. 그러다가 근자에 장모님 돌아가시고 원보 엄마가 여기 일(토지문화관)을 관리하게 되고, 나도 나대로 서울도 싫어지고 해서 여기 내려와 그동안의 내가 걸어온 노선도 전면적으로 재점검하면서 동아시아 중심으로 이동하고 있는 문명을 비롯한 근본적인 문제에 대한 글과 책만 쓰면서 지내고 싶어서 내려오게 되었지요.

    홍용희 그렇군요. 선생님. 원주에서 지내시면서 더욱 건강해 보입니다. 그럼, 이제 선생님의 영랑 문학상 수상 시집에 관해 말씀을 나눠 보도록 하겠습니다. 시집이 처음부터 끝까지 「못난 시들」 연작으로 이루어져 있습니다. 요즘, 신자유주의가 만연하면서 무한 경쟁력을 내세우며 '잘나기 경쟁'에 몰입하는 시대에 오히려 "못난 시들", 못난이 경쟁을 내세우고 있습니다. 이것은 우리 시단의 성향으로 보아도 매우 이색적입니다. 근자의 우리 시들 역시 성글고 허름하고 낮은 데로 향하기보다는 난해하고 이지적이고 높은 데로 향하는 경향이 강하기 때문입니다.

    그래서 저는 이러한 시대적 대세에 역진하는 「못난 시들」 연작의 특성을 어떻게 볼 것인가? 이에 대해, 저는 선생님 식의 또 하나의 미래지향적인 문제 제기 방식이 아닌가 하는 생각을 했습니다. 1980년대 딱딱하고 모난 광물성이 난무하는 시대에 「애린」 연작의 둥글고 부드럽고 온유한 식물적 상상력의 노래를 통해 억압적인 대상까지도 순치시켜 포괄하는 근본적인 대안 문화로서 살림 혹은 생명 문화를 누구보다 빨리 제기하신 것과 같이 「못난 시들」의 출현을 우리 시대의 예언자적 지성의 노래로 생각해 볼 수 있지 않을까 하는 것입니다. 이에 대한 선생님의 말씀을 직접 들을 수 있었으면 합니다.

김지하 나는 동학교도라고 할 수 있지요. 증조할아버지, 할아버지가 다 동학을 하다가 돌아가셨어요. 감옥에 있으면서 공부밖에 할 게 없으니까, 참선도 하고 불교도 공부하고, 할아버지들에 대한 기억에 따라 동학 공부에 집중하면서, 나는 나 홀로 동학당이 되었지요. 동학의 요체를 간단히 말하면 밑바닥이 한울님이라는 얘기지요. 천한 백성이 하늘이고 작은 벌레, 물방울까지에도 하늘이 있다는 건데, 이것은 불교에서 중생이 부처님이라는 얘기나 궁극적으로 같은 말이지요.

그런데 재작년에 시청 앞에서 촛불 현상이 일어났어요. 4월 29일에서 6월 9일까지는 촛불이고 6월 10일부터 6월 29일까지는 횃불이고 6월 30일부터 7월 10일까지는 다시 새 촛불이었어요. 그 다음에 7월 10일부터 8월 초까지는 숯불이야. 신좌익, 뉴레프트들이 주동이 된 것이지. 고등학교 여학생들이 이렇게 가르더라고. 그런데 행동양식이 서로 달라. 촛불은 굉장히 평화적이었어. 자기들끼리 폭력을 허용하지 않아.

정치 행동에 가장 중요한 것은 노선, 주체, 행동양식이야. 이게 제일 중요해. 그런데 이들의 노선은 쇠고기 문제로 분출된 생명문제야. 주체는 주로 애들이나 젊은 주부들, 힘없는 비정규직들, 내 식으로 말하면 쓸쓸한 대중들이야. 별로 힘없고 빽 없는 사람들. 이들이 역사의 주체로 등장한 경우는 인류사에서 단 한 번도 없었어. 이들이 전면에 등장한 것은 처음이야. 다음은 조직 양식인데 명령계통이나 조직적 행동이 전혀 없어. 이걸 보고 내가 놀라지 않을 수 없었어.

갈릴리 산상수훈의 대상은 프롤레타리아가 아니라 네피쉬하야(저주 받은 자들)야. 이들이 바로 20대 초반의 부녀자들, 애들이었어. 예수가 이들 보고, 너희들 안에 진짜 하느님이 있다고 했어. 예수가 예루살렘 입성 전야에 밑바닥 제자들의 흙 묻은 발을 씻어주면서 이들을 섬겨, 하늘이 밑바닥을 섬김이 입성이야.

1885년 충청도 연산에서 발표된 김일부의 『정역』에 따르면 기위친정(己位親政)이란 말이 나와요. 기위는 대황락위로서 음맥, 양맥에도 못 끼는 헐벗은 어둠 자리야. 그곳 위상이 친정, 임금 자리에 복귀한다는 것이지. 이것을 현상적으로 보면, 3,000년 전에 서쪽으로 기울어진 지구의 자전축이 복귀한다는 것이야. 2004년에 인도네시아에 쓰나미가 일어났을 때 그 원인을 해양판과 대륙판이 충돌한 것이라고 주류 과학자들이 정리했는데, 젊은 과학자들 사이에서 그럼 이 둘이 충돌한 원인은 무엇인가 하는 질문이 다시 제기돼요. 이것이 지구 자전축의 복귀와 연관된다는 것이야. 이것이 온난화에 대한 간빙기 개입이야.
　　이것을 『정역』은 기위친정이라 했지요. 3,000년 동안 서남북방에 기울었던 지구 자전축이 문득 일어나서 북극 중앙의 태극 자리로 이동, 북귀하는 후천개벽 현상의 첫 번째 조짐을 십일일언(十一一言)이라 했어. 스티븐 호킹도 전 우주에서 그동안 유일하게 물과 생명의 탄생지인 지구 북극이 우주 중심이라고 하지. 이제는 달과 혹성 사이에도 물이 있다니 달라지겠지만. 하여튼 이 십일일언은 수천 년 동안 동서양에서 주변에 밀려나 있던 애들, 여편네들이 정치 중앙으로 등장한다는 것이야. 이것은 하늘의 권력이 직접 통치하는 것이야. 이때에 십오일언(十五一言)이란 기존의 종교인과 정치인, 지식인은 물러나 이를 가르치고 돕고 보완하는 거야. 노자의 아무위(我無爲)—나는 아무 것도 하지 않는다—에 해당하는 자기를 비우는 무위존공(戊位尊空) 행위이지요. 결국 못난이가 주인되는 세상이 된다는 것이지.
　　내가 정지용 문학상을 받을 때, 시와시학사 사무실에서 조동일이 하고 대담을 하는데, 나 보고 못난 시 쓰고 어리숙하게 좀 살았으면 좋겠다고 했어. 인도의 카비르 시인을 얘기하면서. 내가 너무 번쩍번쩍하다고 생각한 것 같고, 또 우리 현대시가 너무 난해하고 귀족적으로 간다고 본 거 같애. 카비르 시인은 본인이 정규 교육을 받지 못한 일자무식이잖아요. 못난이들의 지혜를 그리워하는 시들이 많지요. 내가 똑같이 갈 수는 없지만 조동일 말이 일리는 있어. 생각은 하고 있으나 잘 안 돼요. 못난 척이 아니라 진짜 못난이로 살고 싶은데 그게 잘 안 돼, 윤리적 반성만으로 되는 것이 아니라 어떤 계기가 있어야지, 그게 지난해 촛불이라는 것이지.

그렇다면, 시의 자리도 기위친정이 가능한가? 밑바닥이 임금 자리로 올라가는 것, 그야말로 후천개벽이 가능한가? 중생이 부처가 되는 것이 가능한가? 이런 질문이 막 쏟아지지. 못난이의 못난 감수성, 못난 세계 인식 가운데에서 우주의 진정한 변동을 볼 수는 없는 것인가? 생명 미학에서 가장 중요한 최고의 절정은 숭고와 심오인데, 그럼 못난 시로서 숭고와 심오에 도달하는 것이 가능한가? 이러한 질문이 『못난 시들』의 미학적 초점이야. 소통을 쉽게 한다거나, 못난이도 사람이라거나 하는 초보적 저항이나 주장 차원이 아니라. 숭고는 동양이나 서양 모두 귀족적인 비극적 감성이나 비장을 통해서 이루어지는 일종의 미학적 최고 영역으로만 보잖아요. 그러나, 못난이들의 익살과 같은 희극적 감수성을 통해서도 쾌에 이르고 희극적 쾌를 통해서도 심오와 숭고의 높은 단계에 이를 수 있는가? 이것이 이번 시의 초점입니다.

홍용희 예, 그렇군요. 밑바닥이 하늘로 올라가는 기위친정(己位親政)의 시대에 대한 예감과 그 실체에 대한 노래가 「못난 시」 연작이라고 할 수 있겠군요.

선생님 시 세계의 안으로 한걸음 더 다가가 보겠습니다. 선생님 시집에 "안에/ 허공이 들어와/그 자체로/ 상상력은 모두 모두/모심이 되는//텅빈 허공 모시는"(「못난 시 10000」) 것이라는 구절이 나옵니다. 허공을 모신다는 것, 텅 빈 모심이란 것이 무엇일까? 자기 자신을 비움으로써 철저한 모심('무위존공'(戊位尊空)에 들어가는 것)에 들어가는 것, 그 화엄개벽의 모심을 가리키는 것인가? 여기에 시집 『못난 시들』의 씨눈이 있는 것이 아닌가 생각됩니다. 허공이 주인이라는 인식을 어떻게 해석할 것인가 하는 것입니다.

김지하 종교로 돌아 나올 수밖에 없는데요. 불교에서 부처님을 공(空)

이라고 보잖아. 『화엄경』이 그렇게 요란한 대방광불화엄경(大方廣佛華嚴經) 아니야. 수억 수천 만 털구멍에서 수억 수천 만 부처가 모두 다 다른 문의 해탈문의 광명을 드러내는 것이 『화엄경』인데, 그 가운데를 통괄하는 것이 뭐냐 하면 비로자나불의 침묵이에요. 그런데 이상하게 동학에서는 모심을 말할 때, 시천주(侍天主)라고 하잖아요. 그런데 이것을 설명할 때, 천(天)을 해석하지 않아요. 가장 중요한 한울님의 한울을 말을 안 해. 이유가 뭘까? 가장 중요한 것은 침묵의 모심이지. 바로 그게 공을 모신다는 거야.

    시 쓰기에서는 어떨까? 시에서 공을 모신다는 것은 공의 텍스트 개입이야. 공의 텍스트 개입이 왜 중요한가? 3음보 4음보를 깨는 것은 그 자체로서는 그만한 의미가 있다고도 할 수 있어. 그러나 그다음은 어떻게 할 거야? 그 전통 음보를 깨는 것은 소월도 했고 여러 사람이 시도했어. 그러나 굉장히 조심히 건드렸어요. 민족적 감수성의 체계 전체의 근거를 흔들어버리는 것인데, 어떤 경우 그럴 수는 있어. 그러나 그것은 그 대안이 아주 좋아야 해. 그 대안이 과연 무엇일까. 이것을 흔드는 근거가 도대체 무엇일까? 그것은 공이야. 공의 텍스트 개입이 있을 때, 3음보 4음보의 이음새나 연관 부분에 공이 개입하게 될 때, 여기서 새로운 음악성이 발생하게 돼. 시에서의 음악성은 공에 의해서만 발생해. 비어지지 않은 곳에서 숨소리가 생기냐고. 다시 말하면, 호흡이라는, 날숨 들숨이라는 것은 안이 비어있어야 가능한 거야. 그래서 어떤 시도를 할 때는 시어와 시어, 행과 행, 연과 연 사이에 의도적인 거리가 있어야 한다고. 공의 텍스트 개입은 주인 없는 무주강산 이야기가 아니라, 공이 바로 그 진짜 주인이라는 거야. 얼마 전에 정과리가 쓴 글을 보니까, 전통시의 리듬을 다 때려 부수고 전통의 감옥을 다 탈출해야 한다고 하던데, 이걸 보고 '에이 촌놈'이라는 소리가 입에서 절로 나오데. 무조건 때려 부순다고 전이가 되는 게 아니야. 변형의 참다운 길을 알아야지.

    그 왜, '미래파'라는 그룹이 있지. 이들의 시를 보면, 줄글들이 3음보 4음보를 파괴하는 것으로부터 시작한 것은 알겠는데 그것이 그로테스크 지향이 아니라 플라체 지향이야. 플라체는 악의 차원이고 그로테스크는 추의 차원이야. 악은 윤리적 차원이고 추는 미학적 차원이잖아. 그로테스크 밑에는 공이 움직여. 침묵이 움직이지 않고는 그로테스크가 형성이 안 돼. 왜 그러냐 하면 공은 다른 것이 아니고 삶의 일상성을 옆으로 밀어 놓는 태도야. 그래야 거리를 두고 왜곡이 가능하지. 이때 발생하는 것이 추의 감각이예요. 이때가 그로테스크 소통이지. 그런데 플라체라는 것은 근본에서 절대적으로 소통을 거부하는 거야. 독자와 작가, 시어와 시어, 행과 행, 연과 연 사이의 관계를 부수는 정도가 아니라 소통을 파괴하는 거야. 그러니까 이것은 악이야, 문화가 아니야. 이걸 그로테스크와 전혀 구분을 못하고 있어. 이것은 악이야. 언어와 문학 안에서 일체의 설자리가 없어.

'미래파'에 대해 처음에는, 요것 봐라, 신선한 모험으로 봤는데, 공의 텍스트 개입이 전혀 없고 숨은 차원과 드러난 차원 사이에 '아니다, 그렇다' 하는 상호교차성의 관계가 전혀 없어. 그리고 속소리의 추구조차도 전혀 없는 것, 안에서부터 나오는 의도하지 않은 이미지 발생, 의도하지 않은 불현듯 솟아오르는 생각의 존중, 이게 전혀 없는 거야. 그래서는 전위적인 운동이 될 수 없어.

홍용희 공(空)의 자리가 선생님께서 말씀하시는 복승(複勝)이 일어나는 자리라고 할 수 있겠군요.

김지하 바로, 그렇지요.

홍용희 그렇다면, 공의 텍스트 개입을 인위적으로 추구하기보다는 자연스럽게 복승이 가능하도록 그냥 열어주는, 틈을 열어주는 미적 방법론이 바람직하지 않을까요.

김지하 산알 이야기인데, 복승하는 데 실체는 산알이예요. 시가 아니라 시의 마음에서 불현듯 올라오지요. 그런데, 그냥 열어 놓기만 하면 된다는 말은 말로서는 맞긴 맞지. 그런데 '못난 시'의 그 '못난'이 공이야. 억지로 그리 가려는 마음이 작위적이긴 하지요. 별로 아름답지는 않지. 그렇지만 공이 잘 안 되니까 자신의 마음만이라도 비우려는 노력, 일부러 못난 척하는 것이 추접스러울 때도 있지만 잘난 척하는 것보다는 낫다는 것이지. 그 한계를 인정해야지. 이 시기에는. 다른 시기와는 또 달리.

홍용희 이번에 선생님께서 수상하신 영랑 시문학상과 연관시켜서 선생님의 시와 영랑의 시를 한 자리에 놓고 얘기를 나눠보도록 하겠습니다. 김영랑이 자신을 찾아 온 서정주와 나눈 창(판소리)에 관한 대화 중에 '촉기'라는 말을 강조하는 대목이 있습니다. 그에 따르면 촉기란 "같은 슬픔을 노래 부르면서도 그 슬픔을 딱한 데 떨어뜨리지 않는 싱그러운 音色의 기름지고 生生한 기운을 말하는 것"이라 했습니다. 서정주는 김영랑 시의 미의식을 이 촉기를 갖추고 있는 데서 찾고 있습니다. 저는 이 "촉기"를 선생님께서 강조하시고 또한 스스로 시 창작에서 추구하시는 '흰 그늘'과 친연성이 있다고 생각합니다.

그리고 무엇보다 김영랑과 선생님은 전라도의 정서와 운율을 시적 바탕으로 하고 있다는 점에서 서로 연속성을 지닙니다. 그러나 선생님의 경우는 호남의 깊은 소외와 한의 내력이 시적 추동력으로 굽이치고 있다면 김영랑의 경우는 자신의 개인사와 시대사적 슬픔이 애틋하고 결 고운 마음의 미감 속에 조심스럽게 투영되는 양상을 보입니다. 그래서 김영랑의 초기 시 세계의 우아함은 너무도 애틋하고 불안한 표정을 하고 있어 보입니다. 그래서 중기를 거쳐 후기로 가면 자연발생적인 마음의 미의식이 파탄되면서 시적 양식 역시 파탄되는 양상을 보여줍니다. 그러나 김영랑의 초기 시편에서 보여준 마음의 순연함과 남도의 운율이 어우러지면서 도달한 시적 성취는 분명 해방 이전 시사가 도달한 우아미의 한 절정을 보여줍니다.

그런데 선생님의 이번 수상 시집 『못난 시들』을 보면 김영랑의 시적 성취와 상당히 다르면서도 또한 연속성을 이루는 지점을 볼 수 있습니다.『못난 시들』은 질박하고 허름하고 낮은 곳을 향합니다. 그러나 그 너머로 불러오는 것은 심오와 숭고미입니다. 요약하면, 선생님 시 세계와 김영랑 시세계는 공통적으로 '흰 그늘의 미학'과 친연성을 지닌다는 것, 전라도 정서의 내밀한 미의식과 긴밀히 닿아 있다는 것입니다.

김지하 분명히 말합시다. 내 경우는 전라도는 전라도로되, 쫓겨난 전라도의 서정입니다. 나는 열세 살 때 그 전라도에서 쫓겨난 사람입니다. 그만하고 돌아갑시다. 영랑의「꿈밭에 봄 마음」이라는 시의 세 번째 구절에 '하이얀 그림자' 라는 말이 나와요. 이것은 비유인데, 비유는 비유와 비유 사이의 공명에서 의미를 찾아야 해요. '슬픔의 봄'이 무슨 말이냐. 왜 '슬픔의 봄'이냐? 봄은 슬픔이 아니지요. 만물이 소생하고 약동하는 것인데, 왜 그 봄을 '슬픔의 봄'이라고 했느냐. 그리고 그것을 왜 기다리느냐. 모란꽃이 피어있는 날은 한 닷새 정도밖에 안 돼요. 짧아. 그 슬픔의 봄을 왜 한없이 기다리느냐. 여기에 전라도라는 역사적 상황과 지금 우리가 생각할 수 있는 영랑과 내 시와의 관계, 지금 우리가 생각할 수 있는 지역적인, 그러면서도 시라는 특수적인 미래 관계를 생각해 볼 수 있는 것이 아닐까 생각돼.

그 아름다운 모란의 화려한 빛을 기다리는 슬픔을, 시들어버린 민족문화의 생환, 사라진 그 아름다운 생환에 대한 그리움으로 볼 수는 없을까? 그 화려한 빛을 기다리는 슬픔, 슬픔을 그림자라고 보면, 그 봄, 모란이 피어난 봄을 흰빛으로 볼 수 있지요. 그 '흰 그늘', 흰 그림자, 이것이 자기 시의 핵심이고, 전라도적 감성의 핵심이고, 이것이 그 시대를 기다리는 어두운 고통의 힘이 아니겠느냐? 그 어두운 시대를 전라도적 감성에 의해서, 마치 고려청자의 아름다움 같은, 암시적인 광채 같은 것을 기다리며 견디고자 한 것이 아닐까? 전라도의 한과 전라도의 신명과 전라도의 창조력을, 문화적 광채를 들어 올려 주는 때를 기다리는 것. 그렇게 보면, 내 시와도 연결이 돼요.

내가 『오역화엄경』을 다 썼는데, 여기에 '회향품' 중에 '처소회향'이라는 말이 있어요. '장소 안에도 부처님의 지향이 있다'는 것이지. 내가 처소회향 부분을 현대적으로 해석한다는 차원에서 혼자 목포를 내려간 적이 있어. 전라도, 목포. 한반도 전체로 봐선 그곳이 항문이나 사타구니야. 가장 더러운 곳이야. 거기서 뭔가 빛이 나온다면, 그야말로 흰 그늘이지요. 거기서 살아 생동하는 전통 민족문화의 상징이 모란꽃이라고 한다면, 이것이 살아 돌아오는 때를 기다리는 것이 김영랑의 시 세계라고 할 수 있지 않을까? 전라도, 목포, 무안, 해남, 강진 그 밑바닥에서 꽃이 피어나는 것, 이것이 김영랑의 시 세계와 관련이 있지 않느냐 하는 것이야.

먼저 하당(下糖)을 갔는데, 영산강 따라 올라가면 나와 더러운 웅덩이라고. 웅덩이에 불과해. 유달산(儒達山), 승달산(僧達山), 선달산(仙達山), 유불선을 상징하는 세 산 사이 똑같은 거리 중간 지점에 있어. 그 셋 사이의 시커먼 웅덩이야, 거기가 무슨 의미가 있는지를 밝히려고 간 거야. 하당(下溏)이 아래하(下)자야. 아래 웅덩이가 여자 자궁과 같은 거야. 나도 그렇고 천승세도 그 부근 출신이잖아. 천승세가 '花溏里 순례'라는 소설을 썼어. 하당(下溏)을 화당(花溏)으로 쓴 거야. 의도적으로 그렇게 했겠지. 이것은 무슨 암시냐. 어째서 밑바닥 웅덩이가 꽃 웅덩이가 된다는 건가. 꽃 연못이. 한번 생각해 볼일이지.

그런데 거기가 요새 완전히 새로운 문화의 거리가 되었어. 김우진, 박화성, 김현 문학관(목포문학관)과 허련 4대의 미술관(목포문예역사관)이 들어섰어. 그럼, 이 시대가 어떤 시대야. 동로테르담 허브의 시대-the integrated network-라고 하지. 한반도의 동남해안 서남해안 중국 동쪽해안 일본 현해탄. 새 시대의 동아시아 태평양 시대, 중심성이 배합된 탈중심성의 시대야. 한 6년 전에 동북아시아의 경제통들, 다섯 번의 회담 결과를 전해 들었어. 한 재벌 출신 사업가한테. 그 사람들은 우리가 얘기하기 훨씬 이전부터 물동량의 이동, 이윤의 이동, 자본의 이동들의 지표를 환히 들여다보고 있는 사람들이야. 이들이 대서양문화의 허브가 동로테르담으로 이동한다가 아니라 이미 이동했다야. 여기서 말하는 서남해안이 어디야, 목포 아니야. 복승할 때 그 산알은 우리 시대 우리의 생명 문화 안에서는 바로 문화인데, 여기가 문화의 거리가 되었어. 그래서 천승세가 하당을 화당으로 하는 것 아니냐 이거야. 내가 비약이 장기이긴 하지만,(웃음) 이게 그늘에서 흰빛이 나오는 '흰 그늘'이지.

목포를 다녀와서 며칠 후에 스톡홀름을 갔는데, 부두 앞 에스플라나다 호텔에서 예감이 이상해. 산알이 움직이는 것을 느꼈어. 자연스럽게. 산알이란 용어가 속소리로 나왔어. 자연스럽게. 이 괴질의 시대에. 동아시아 전문 의학 용어들이 속소리로 나왔어. 그래서 쓴 시가 「산알, 모란꽃」이야. 42편이 씌어졌어.

이제는 그 구박 받던 전라도가 뭔가를 세계를 위해 내놓는다면, 그것은 생명 치유의 무엇일 텐데, 나는 그것이 이 시대의 날카로운 신세대와 여성 특유의 신선한 새 문화라고 봐요. 그것이 생명문화 아닐까. 그렇다면 모란꽃도 하나의 치유제로서 산알 같은 것이 아닐까. 이러한 것을 잘 모시는 것이 필요하지. 이리 보면, 김영랑 시와 내 시의 연관성이 있지.

강진은 다산이 풍수학에서 꽃 피는 물, 화수혈(花水穴)이라고 했어. 강진에서 영랑의 모란꽃이 나온 것은 풍수학으로 보면 필연성이 있어. (웃음) 그 모란꽃이 미래와 동아시아 시대 안에서 어떤 촉발제 역할을 할까? 하얗게 예쁜 꽃으로. 김영랑 시는 아주 예쁜 시인데, 예쁜 시를 '못난 시'에다 붙여준 『시와시학』에 감사하고 이것이 또 기위친정이 아니야. (웃음) 개천에서 용 나는 거고 내가 여러 가지 상을 받았지만 이래서 영랑시문학상에 좀 더 별난 감개무량함이 있어요.

홍용희 예, 너무도 멋있고 신명나고 흥미 있는 말씀이었습니다. 영랑과 선생님과의 연관성은 과거나 현재보다 오히려 창대한 미래형 속에서 더욱 깊어지는군요. 그것이 또한 동로테르담 허브라는 문명사적 변동의 필연성 속에서 전개되고 있어 더욱 재미있고 유익합니다. 어느새 시간이 많이 흘렀습니다. 마지막으로 다시 처음에 드렸던 질문과 연관됩니다만, 저는 선생님께서 원주에서 사시는 모습이 너무 잘 어울린다는 생각이 듭니다. 원주는 역사적으로도 참으로 범상치 않은 곳이지요. 해월 최시형이 마지막으로 머물렀던 곳이기도 하고요. 원주에서 선생님의 새로운 삶에 대한 얘기를 청해 듣도록 하겠습니다.

김지하 예, 나는 고향 목포를 그리워하고 잘되길 바라지만 고향은 안 간다고 했어. 초조, 중조라는 말이 있지요. 첫물, 후물인데. 초조는 전라도에서 나왔지만 후물은 중조선이야. 수운 선생의 시 중에 남신성원만북하회(南辰星圓滿北河回)란 구절이 있어요. '남쪽별이 원만을 얻으면 북쪽 은하수가 제자리에 돌아온다'는 뜻이지요. '돌아온다는 것은' 아까 말한 후천개벽, 기위친정과 같은 것이야. 그럼 이 '원만'의 위치가 어디냐 말이야? 그것은 중조선이야. 이 얘기는 수운이 말한 뒤에 남학에서도 있었고, 보천교에서도 있었어. 보천교에서 '화엄개벽의 씨앗은 남조선에서 뿌려지고 열매는 중조선에서 열린다'고 그랬어. 이것은 탄허 스님이 증언자야. 탄허가 보천교 최고 간부의 아들이었어. 보천교 탄압 직후에 탄허가 이곳 오대산 방한암 스님 밑으로 와. 그게 우연일까? 우연이 아니야. 옛날 공부한 사람들은 우연이 없어. 그들 나름대로 다 원력이 있었어. 해월이 동학운동 깨지고 어디로 가느냐 하면, 이천, 여주, 남양주를 거쳐 최후는 여기 원주에 와. 원주 호저에서 금강산 당취 빈삼 화상과 함께 화엄개벽의 수왕회(水王會) 모임을 해. 치악산엔 구룡사, 화엄도량이 있고 화엄 민중승 맹암의 활동이 있었고 영원산성엔 고구려 복본과 미륵회상의 법상종과 수덕만세의 화엄세계를 열고자 했던 궁예의 둔거지, 그 건너엔 조선 말 황사영이 잡혀 죽은 천주교 성지가 있어. 호저 고산리 섬강 가엔 해월 피체지, 문막이라는 강가에는 기철학의 여성 철학자 임윤지당의 여성 개벽론의 자취가 있고 조금만 더 가면 광주의 천주교 성지 '곤지암'과 정약용 · 이벽의 실학 · 북학 · 서학의 마재 고을이야. 또 여주 강천엔 '만국활개 남조선'과 '음개벽'의 주창자 강증산의 대순진리회 본부와 그들의 음개벽 '꼼뮨'이 있어요. 거기서 조금만 더 가면 한국의 중도적 농업사회주의라 할 수 있는 '기전제'의 한백겸 묘소가 있고. 이곳이 아무래도 묘한 곳이야. 거기에다 지학순 주교와 박경리 선생의 자취가 있지요. 내가 중요하다는 게 아니라 살다 보니까 그래. 그렇다면 내가 할 일은 오늘 한 얘기의 연장선인데, 목포를 안 가는 대신 목포에서부터 시작된 '흰 그늘과 모란꽃 사상'을 산알과 연결시키는 일을 해야 될 게 아니냐 하는 것이야. 화엄개벽의 내용이 바로 '개체융합의 원만'이지요. 이것이 내가 앞으로 해야 할 공부 길이지.

홍용희 예, 오랜 시간 감사합니다. 선생님을 뵐 때면, 언제나 지난번과 또 다른 새로운 길을 어느새 저만치 가 계신 모습을 보여주십니다. 언제나 활시위를 떠난 화살처럼 강렬하고 치열하고 팽팽하게 나아가는 예언적 지성과 시적 상상력은 늘 젊은 후학들에게 죽비처럼 서늘하게 다가옵니다. 많은 좋은 말씀, 거듭 감사드리며 새해에 여전히 강건하시길 바랍니다.

늙은 등걸, 하얀 꽃의 노래를 찾아서

일시 2016년 5월 30일 **장소** 치악산 꽃밭머리

　　　　　　　　김지하 선생의 수묵 화첩을 펼쳐본다. 지본수묵 〈매화〉 연작이다. 그 첫 번째 작품에서부터 멈칫 숨결이 멈춘다. 기굴창연(奇崛蒼然)이라 했던가. '동굴처럼 어둡고 구불구불한 가지 위에 은은하게 피어난 고요한 꽃.' 마침, 선생은 매화 옆에 '늙은 등걸 하얀 꽃'이라고 적어 놓고 있다. 그의 이 지본수묵화를 응시하고 있으면, 어느새 선생의 모습이 어둑어둑 겹쳐 나오는 것을 느낀다.
　　　　　　　　실제로 선생의 사상과 시적 삶은 저 그림 속의 매화 등걸처럼 검고 신산한 역정이었다. 황톳길, 타는 목마름, 감옥, 사형, 독방, 참선, 애린 등의 격정이 세월의 풍파 속에 스며들고 삭아서 저 늙은 매화 등걸의 기이하게 굽고 어두운 가지가 되었으리라. 그는 이 땅의 질곡의 현대사를 온몸으로 돌파하면서 누구보다 오랜 수난과 고통을 전면에서 감내해왔다. 그의 지난한 삶의 고행은 전반기에는 불온한 지배 세력에 대한 직접적인 저항에서 점차 불온한 세력까지 순치시켜 포괄하는 살림의 문화, 생명의 문명을 재건하는 방향으로 나아간다. 특히

그는 근자에 들어 21세기 인류사회의 네오르네상스를 향한 문명적 예언의 목소리를 다채롭게 펼쳐내고 있다. 현대사회의 문제점을 직시하고 이를 넘어설 수 있는 신생의 문명적 가치와 비전을 특유의 법고창신(法古創新) 담론으로 다채롭고도 유현하게 개진하고 있다.

　　강원도 원주 검은색 지붕이 고졸한 선생의 자택 마당으로 들어선다. 검은 개량 한복을 입은 선생이 지팡이를 짚고 나오신다. 선생은 반가움을 악수와 함께하는 웃음으로 대신한다. 연로해진 선생의 모습은 꼭 그 기굴창연(奇崛蒼然)의 지본수묵 한 그루 매화이다.

　　선생과 함께 자동차로 치악산 자락에 있는 꽃밭머리 카페를 향한다. 선생과의 대화는 자동차의 출발과 더불어 이미 시작된다. 선생님, 지구적 대변동이 세계사적인 정치, 경제, 사회, 문화 현상은 물론 기상, 지리 등의 자연 현상에서도 심화되고 있습니다. 이상 기후 현상은 물론 세계 도처에서 지진, 쓰나미 등의 지각변동이 일어나면서 비스듬히 누워있던 지구축이 점차 자세를 곧추세워 앉고 있습니다. 새로운 세기, 새로운 지구 환경이 요구하는 삶의 가치, 규범, 문명의 양식이 이제는 구체적으로 떠올라야 할 때이겠지요. 선생님도 여러 차례 강조하셨습니다만 문화의 세기에 일찍이 백범 김구 선생의 말대로 문화력이 가장 중요한 국력이 되는 시대에 우리 민족의 역할은 무엇이며 어떤 비전을 세워나가야 할 것인가 하는 문제가 더욱 절실해져 가고 있습니다.

　　선생의 답변은 거침이 없다. 선생은 말씀을 하시면서 기력과 눈빛이 더욱 총총해진다. 판소리 소리꾼 같은 넌출거리는 힘과 리듬이 느껴진다. 선생의 말은 항상 정치, 경제, 문화, 국제관계 등에 걸친 놀라운 정보와 분석을 바탕으로 한다. 그래서 그의 사상과 논리가 시공간을 거슬러 우주적 원심력으로 뻗어나가도 마침내는 지금, 여기로 환원되는 팽팽한 구심력을 지니기도 한다. 특히 동양과 서양, 논리와 초논리, 직관과 영감, 과학과 종교, 경제학과 미학 등에 걸친 가없는 식견 속에서 굽이치는 문법과 논리는 동굴 속에서 울려오는 메아리처럼 유현하다.

김지하 한반도는 앞으로 3년 안에 남북통일의 가능성이 크게 열릴 것이오. 저 북쪽의 김정은 체제는 결코 오래 갈 수 없어요. 신문을 봐도 미국의 대북 입장은 근자에 들어 일관되게 독살스럽도록 강경해. 김정은 왕조 체제를 제거하고 그 자리에 비교적 합리적인 코뮤니스트를 세우면서 정책 결정을 해나가도록 하는 것을 가정해 볼 수 있겠지. 그때 생산적인 남북 화해 혹은 민족 통합 담론은 물론 이 땅에 잠복되어 있던 온갖 신화, 민예, 문명, 미학, 우주 생명학 그리고 동양과 서양의 사상 융합적 담론 등이 시끄러운 협치, 더럽게 멋진 혼돈의 장이 펼쳐질 것이오. 한 3년 정도. 그리고 이러한 과정에서 로마 말기, 별것 아닌 조그마한 이스라엘이 전 세계에 가지고 있었던 성배민족으로서의 예지적인 제안에 비견되는, 아니 그것보다 훨씬 크고 중요한 메세지 민족으로서 한국의 등장 가능성이 열릴 것이오. 난 그렇게 봐요. 우리 민족은 이렇게 지구적 차원의 메시지 민족으로서 소임을 다해야 하는 것이지요. 메시지 민족으로서.

홍용희 세계사적인 메시지 민족의 소임이 우리 민족에 부여되어 있다는 것입니까? 어째서 그 영광과 고난의 소임이 우리 민족에게 있다는 것입니까? 우리 민족의 어떤 전통적, 잠재적, 역사적 특성과 가능성이 성배민족의 소임을 감당할 수 있다는 것일까요?

김지하 그래요. 우리 민족이 바로 그 메시지 민족으로서 소임이 있어요. 이건 우월적 민족주의와는 달라요. 러시아의 브라바트스키에 이은 유럽 최고의 대신비가인 독일인 루돌프 슈타이너라고 있지요. 유럽 녹색운동과 유기농, 그리고 생명과 영성교육의 창시자이기도 한 그는 작고하기 전에 제자들에게 예언을 남깁니다.

"인류문명의 대전환기에는 새 문명, 새 삶의 원형을 제시하는 성배의 민족이 반드시 나타나는 법이다. 그 민족은 개인적으로나 집단적으로 탁월한 영성을 지녔으나 외세의 침략과 내부의 폭정으로 끊임없이 억압당해오는 과정에서 삶과 세계에 대한 꿈과 이상을 내상(內傷)처럼 안으로만 간직하고 있는 민족이다. 로마제국이 지배하던 지중해 문명시대의 전환기에는 그 성배가 이스라엘 민족에게 있었으나 그때보다 더 근본적 전환기인 현대에는 그 민족이 극동에 있다. 이제 그 민족을 찾아 경배하고 힘을 다하여 그들을 도우라."

루돌프 슈타이너의 일본인 제자인 일본 인지학회(人智學會) 회장 다카하시 이와오(高橋巖) 씨는 일본에 돌아와 문헌과 정보 등을 통해 샅샅이 극동을 살폈어요. 그러다가 우연히 한국사와 동학사(東學史)를 읽던 중 문득 큰 전율과 함께 그 민족이 바로 한민족임을 깨달았노라고 나에게 직접 실토한 바가 있었습니다. 이런 것을 간단히 신비주의로 몰면서 멀리할 것이 아니라 우리 민족의 역사적 삶과 전통 속에서 세계사의 현재 상황에 대한 탁월한 처방과 대답의 가능성을 탐색하는 노력이 필요합니다.

홍용희 그렇다면, 오늘날 메시지 민족의 소임을 실천할 수 있는 구체적인 방법은 무엇일까요? 로마제국의 화려한 영예는 영국을 거쳐 미국으로 옮겨와서 팍스 아메리카나의 위용을 과시하고 있습니다. 미국 중심의 세계 속에서 메시지 민족의 역할은 무엇이며 어떻게 이룰 것인가가 관건이겠군요.

김지하 그렇지요. 오늘날 아메리카가 현대의 로마라고 할 수 있겠지요. 아메리카의 대도시와 공항과 항만들은 세계의 축도요, 인류의 집합장임에 틀림없지. 아메리카의 능력은 그 크기와 능숙함으로 세계를 움직일 만하지요. 다만 그들의 문화, 역사의식, 철학은 병들고 공허해요. 그들을 반대하고 싸워서 물리적으로 물리친다는 소아병적인 병법이 아니라 그들의 주체인 뇌, 즉 정신과 문화와 역사의식과 철학을 바꿀 새 삶의 원형을 제시함으로써 바로 그들을 통해서 세계를 바꾸고 지구 위에 생명과 영성의 새 문명을 세워야 합니다.

이것은 아직 로마 전도 이전의 소아시아 도시들에서의 바울의 사상사적 위상에 상응해. 로마는 게르만족에 의해서가 아니라 기독교 때문에 붕괴됐다는 토인비의 말을 새삼 새겨들을 필요가 있지요.

이러한 정세를 정역으로 풀면 좀 더 분명하게 답을 찾을 수 있어. 1879년부터 1885년 사이에 공표된 충청도 연산(連山), 지금의 논산 땅의 김일부 선생의 새로운 역학인 정역에 '간태합덕(艮兌合德)'의 예언이 꼭 여기에 대응되지요. '간태합덕'이란 무엇일까? '간(艮)'은 산의 뜻인데, 정동(正東), 즉 한반도를 말하고, '태(兌)'는 연못의 뜻인데 정서(正西), 즉 미국을 말하지요. 정역에 의하면 다가오는 새 시대에는 한국과 미국이 '사회적 구조변혁(禮三千)'과 '문화적 창조(義一)'의 상호협조로 서로가 서로를 돕는 '합덕(合德)' 관계가 된다는 것으로 해석돼요.

그럼, 과연 이 양측 사이의 협조 내용인 변혁과 창조는 구체적으로 무엇일까? 주역에서는 '간태' 관계를 '산택통기(山澤通氣)'라 하는데, '산과 못이 기운을 합한다'는 뜻으로 최수운 선생의 시에 있는 '산 위에 물이 있음이여(山上之有水兮)'의 그윽한 비밀과 한가지야. '산 위에 물 또는 못이 있음'은 다름 아닌 '신시'의 비유인데, '거룩함과 장바닥의 합일'인 '호혜시장(互惠市場)' 또는 제사경제의 일종인 '포틀래치'의 상징이야. 고대 아시아의 호혜시장은 반드시 물이 있는 산 위에서 열렸어. 천지(天池)가 있는 백두산이 바로 신시의 터전이야. '호혜시장'으로서 신시. 따라서 한미간에 이 같은 새로운 '호혜와 교환의 세계적 이중시장'의 창조적 구상이나 아이디어가 새로운 관계를 만들어갈 하나의 사례가 되겠지.

정역에 의하면 '간태합덕'과 함께 강조되는 것이 '진손보필(震巽補弼)'인데, 물론 해석의 가능성은 여러 가지이겠지만, '간태합덕'의 '정동-정서의 창조적 결합'을 측면에서 보필하는 역할이 중국과 일본에 주어진다는 것으로 해석된다고.

홍용희 선생님, 다시 처음으로 돌아가면 이른바 통일 대박의 시기에 바로 이러한 간태합덕(艮兌合德)과 진손보필(震巽補弼)을 추동할 수 있는 다채로운 담론이 본격적으로 제기될 것이라고 하겠군요. 그렇다면, 간태합덕과 진손보필을 주도해나갈 수 있는 문사철(文史哲) 혹은 문화적, 미학적 담론으로 어떤 것이 있을까? 이것은 참으로 중요한 문제라고 생각됩니다. 오늘날 21세기 지구사회가 직면한 질병에 대한 치유와 소통의 미학적 이론의 원형과 연관되는 문제라고 하겠지요.

이렇게 보면, 그동안 선생님께서 우리 민족예술의 핵심미학으로 규명한 '흰 그늘'의 의미, 성격, 가치 등이 새삼 소중하게 주목됩니다. '흰 그늘'에 대해 15세기 피렌체와 베네치아 르네상스의 핵심미학이기도 한 브랜드 토오치, 야코브 브룩하르트가 비유한 '어둑어둑한 저녁 강물 속에서 문득 빛나는 희끄무레한 한 물빛'에 상응하는 표상으로 강조해왔지요. 르네상스 문명의 문화적 원형 역시 '흰 그늘'의 형상을 하고 있었다는 것이지요.

김지하 그렇지요. '흰 그늘'은 오늘날 아시아로부터 전 세계에로, 새로운 문화적 발신 요청에 대한 응답의 원형이며 새로운 상상력이라고 말할 수 있을 겁니다.

홍용희 예, '흰 그늘', white-shadow, 반대 일치의 모순형용입니다. 선생님은 '흰 그늘'의 미학이 민족미학의 핵심원리이면서 동시에 보편적인 생명학의 원형이라는 점을 다양한 사례를 통해 해석하고 강조해왔습니다. 그리고 궁극적으로는 지구적 대변동과 문명적 전환기에 창조적으로 대응할 수 있는 문화적 담론의 아키타입이라는 점을 제기해왔습니다.

그래서 '흰 그늘'의 미학에 대해 좀더 내밀하고 구체적으로 정리해 보았으면 합니다. 먼저, '흰 그늘'은 대표적인 우리 민중민예 판소리의 시김새의 다른 표현으로 설명해왔습니다. 시김새는 삭히다의 명사형에 해당하지요. 김치를 삭히다, 젓갈을 삭히다라고 할 때의 삭히다에 해당하는, 잘 삭혀서 나오는 그 오묘한 맛과 멋의 심오함과 연관된다는 것이지요. 판소리 가락을 오랜 수련을 통해서 잘 삭혔을 때 시김새가 붙었다, 시김새가 좋다고 하고 시김새가 좋은 광대의 소리에서 빚어지는 미적인 운취를 '그늘'이라고 하지요.

김지하 그렇지요. '흰 그늘'은 판소리 미학의 핵심인 시김새입니다. 판소리에서는 바로 이 삭힘에서 나오는 소리의 맛을 '그늘'이라 하지요. 전라도 남원이나 전주의 귀명창들이 '저 사람 소리엔 그늘이 없어' 하면 그 소리꾼은 그만 내려와야 합니다. 그렇다면 그늘은 어떻게 하면 생길까요? 그것은 두 가지인데, 우선 신산고초의 삶에 대한 인욕정진에서 나오고, 또 하나는 피나는 수련의 경과에서 나옵니다. 신산고초라는 것은 삶에 투항하고 야합하는 사람에게는 생기지 않습니다. 삶의 장애들을 어떻게든지 이겨내고, 제대로 된 삶을 살아보려고 하는 사람에게는 신산고초가 따르는 것이지요. 수련도 마찬가지입니다. 피투성이로 계속 반복하고 노력하여 장인적인 수련을 거치는 동안에 문득 얻어지는 익숙한 답 혹은 달관의 세계에 이르는 과정이 수련이지요. 공부 없는 사람은 그늘이 생기지 않아요.

그늘은 실제 이미지를 동반합니다. 그것은 악이기도 하고 선이기도 하고 맑기도 하고 탁하기도 하고 온갖 것이 다 복합된 애매모호하고 불확실한 세계입니다. '흰 그늘'은 이러한 그늘이 지극한 경지에 이르렀을 때 도달됩니다. '그늘'에서 초월의 아우라가 상승하는, '그늘'의 지극한 경지를 가리킵니다. 즉, 중력과 초월, 속과 성, 지상과 천상의 통일이 사람을 통해 성립된 경지입니다.

홍용희 '흰 그늘', 즉 혼돈과 초월, 세속과 신성, 지상과 천상, 어둠과 밝음의 역동성은 우리의 전통 민예 중에 판소리뿐만이 아니라 탈춤, 마당극 등에서도 찾아볼 수 있겠지요. 웃음과 눈물, 갈등과 화해, 분노와 해학 등의 구성 원리 자체에서 '흰 그늘'의 미의식을 좀더 분명하게 만날 수 있다는 생각입니다.

김지하 그렇지. 탈춤이나 마당극은 바로 혼돈의 질서이지. 혼돈의 질서가 역동과 균형의 엇걸이로 고리가 만들어지는 빈 마당의 지점에서 웃음과 눈물, 무의식과 의식, 칠식(七識)과 팔식(八識), 할미와 영감, 중과 창녀, 익살과 청승, 저승과 이승, 싸움과 사랑이 서로 부딪히고 어울리는 복잡한 그늘에 굿(제의)과 불림(초혼)이 섞여들면서 초월성, 아우라, 희망, 화해, 상생의 신명들이 흰 빛을 뿜으며 드러나서 제의적인 성스러운 넋풀이가 진행되거든. 혼돈의 질서가 역동과 균형의 엇걸이로 고리를 생성하면서 빈 마당 안에 솟아나는 판으로 '무궁무궁'을 체험할 때, 빈칸의 우주적 확대, 제로의 체험, 제로의 전개 속에서 비로소 리비도, 욕구불만이나 근친상간, 패륜 또는 패배와 회한 같은 중력체험, 귀신의 검은 그림자, 그늘이 탈춤의 마당극과 마당굿을 통해 드러나는 것이지요.

홍용희 예, 선생님과 얘기를 나누면서, 저는 '흰 그늘'에서 우주적인 음양의 리듬을 떠올리게 됩니다. 어둠의 극한이 새벽의 빛을 불러오는 계기로 작용하는, 일음일양지위도(一陰一陽之謂道)의 원리이지요. 따라서 '흰 그늘'의 미학은 전통 민예의 범주를 넘어 예술의 지극한 경지를 일컫는 미학 일반의 이론이며 방법론으로 이해됩니다. 또한 이러한 '흰 그늘'의 미학은 비단 사람뿐만이 아니라 자연물이나 사물까지도 소통하고 공감하고 치유할 수 있는 천지공심(天地公心)이며 접화군생(接化群生)의 우주 보편의 경지로 열려 있다고 생각됩니다.

김지하 그렇지. 1850년 충청도 연산의 연담 이운규는 영동천심월(影動天心月), 즉 '그늘이 우주를 바꾼다'고 했어요. 여기에서 천심월(天心月)은 주역에서 가리키는 우주핵으로서 한울님의 마음을 뜻해. 천심월이 인간의 존재핵, 즉 사람 마음의 최심층과 일치한다면 우주변화의 힘으로서 '그늘'의 미의식을 말할 수 있지요. 『천부경』에 등장하는 '인중천지일'(人中天地一), 즉 사람 안에 하늘과 땅이 하나를 이룬다는 논리나 『삼일신고』에 나오는 강재뇌신(降在腦神), 즉 신은 머리(뇌) 속에 내재한다는 것은 사람 속에 천심월이 내재한다는 표현들이지.

이렇게 보면, "그늘이 우주를 바꾼다"는 것은 그늘로부터 숨은 신령이 드러남을 통해 우주를 변화시킨다는 것인데, 곧 '흰 그늘'을 가리킨다고 할 수 있지요. 따라서 '흰 그늘의 미학'은 궁극적으로 우주변화의 원리까지 닿아 있게 됩니다.

홍용희 '흰 그늘의 미학'은 우주의 존재론과 변화의 미의식이라는 명제를 성립시킬 수 있겠군요. 그렇다면, 이러한 '흰 그늘의 미학'의 원리를 우리의 생명 미학의 심원한 전통에서 찾는 것은 그리 어렵지 않겠군요. 생명의 소통, 공감, 치유는 생명 문화의 핵심 가치이기 때문이지요.

김지하 그렇습니다. 한민족 생명 문화의 원류에 해당하는 풍류도에 바로 이러한 우주적 보편 미학으로서 '흰 그늘'의 미의식이 심층을 이루고 있어. 고조선 단군에서 발원하여 신라의 화랑으로 이어진 한민족의 민족종교이며 사상에 해당하는 풍류도의 최고 문헌적 자취는 『삼국사기』에 나오는 고운(孤雲) 최치원(崔致遠)의 「난랑비서(鸞郎碑序)」입니다. 여기에는 국유 현묘지도 왈 풍류 설교지원 비상선사 실내포함삼교 접화군생 (國有 玄妙之道 曰 風流 設敎之源 備詳仙史 實乃包含三敎 接化群生)이라고 적고 있지요. 나라에 깊고 오묘한 도가 있으니 가로대 풍류라 한다. 그 가르침을 세운 내력은 『선사』에 상세히 실려 있으며, 실로 삼교를 포함한 것으로 접화군생하는 것이다. 여기에서 가장 주목되는 것은 바로 '접화군생(接化群生)'입니다. '군생'은 '뭇 삶' 즉 인격, 비인격, 생명, 무생명을 포괄하는 일체 우주만물을 뜻하고 '가까이 사귄다'는 '접(接)'은 널리 이롭게 하는(弘益) 공공성과 소통을 말해요. 이렇게 보면, '접화군생(接化群生)'이란 인간의 우주만물에 대한 친밀한 관여로서 인간에 대한 사회적 공공성인 천지공심(天地公心)의 실현을 가리키는 것으로 해석되지요.

이와 같은 접화군생을 예술미학에 대응시키면 모든 삼라만상을 사귀어 감화시키는 것을 가리킵니다. 이를 또한 앞에서 언급한 연담 이운규의 영동천심월(影動天心月)과 연관시키면, '흰 그늘'의 미학은 모든 삼라만상의 심층에 내재하는 '천심월'을 감화시켜 우주생명의 질서를 열어가는 차원에 이를 때 완성된다는 것으로 해석되지.

홍용희 그렇군요. 접화군생(接化群生)이란 말 자체가 생명의 존재론적 특성과 원리를 가리키는 것으로 이해됩니다. 생명의 가장 큰 존재론적 특성이 영성, 관계성, 순환성, 다양성이라고 할 때, 접(接)은 관계성, 화(化)는 순환성, 군(群)은 다양성, 생(生)은 영성에 상응하는 것으로 해석되기도 하기 때문이지요. 따라서 '흰 그늘의 미학'은 생명 지속적 발전을 지표로 하는 21세기 네오르네상스의 미학적 담론이 원형으로 자리매김될 수 있을 것 같습니다.

이러한 전제 속에 '흰 그늘'의 미학적 원형이 생명의 존재 원리이기도 하다는 것을 좀더 깊이 천착하고 확인해 보는 것은 의미 있을 것 같습니다. 그것은 '흰 그늘'의 미학적 가치와 의미를 우주 생명학의 원형으로 조망하는 것이기 때문입니다.

한편, '흰 그늘의 미학'은 '흰'과 '그늘'이라는 서로 대립되는 개념이 연속성을 이룬 반대일치의 형용모순을 이룹니다. 그러나 드러난 질서는 상극이지만 보이지 않는 질서는 상호 의존의 관계를 지닙니다. 다시 말해, 드러난 질서는 '아니다'이지만, 그 이면의 보이지 않는 질서는 '그렇다'인 것이지요. '흰 그늘의 미학'은 '아니다 그렇다', '그렇다 아니다'에 해당하는 역설의 생리를 지니고 있습니다. 이것이 생명의 생성 및 진화론의 논리와 동일성을 지닌다는 점에 주목하면 '흰 그늘'은 생명의 존재론의 감각적 표상이라는 것을 좀 더 분명하게 과학적으로 해명하는 것이라고 생각됩니다.

김지하 그렇습니다. '흰 그늘'의 역설은 변증법적인 제3의 지양이 아니라 이진법적 양식입니다. 변증법은 생명의 존재성과는 거리가 멀어요. 정반합

(正反合)에서 정반(正反)의 이중성은 동의하지만 합의 과정은 정반의 숨어 있던 차원이 살아 생동하여 올라오는 것이 아니라 동일 현실의 연장선에서 인위적으로 조직하고 취합하는 데 그치는 것이지요. 변증법은 드러난 질서의 표면에만 주목하는 데 그치면서 숨은 질서의 동력을 봉인하는 과오를 반복하고 있어요.

'흰 그늘'의 역설은 동학의 「불연기연(不然其然)」편의 이중적 교호작용과 연속성에 상응합니다. "불연기연(不然其然)", 즉 '아니다 그렇다'는 변증법적 세계관과 뚜렷하게 차별되지요. 변증법의 전개과정이 테제와 안티테제가 진테제라는 합목적적인 제3의 지양과 통합으로 향하는 삼진법의 구도로 설명되는 것과 달리, "불연기연"은 보이는 차원 밑에 숨어 있던 보이지 않는 차원이 드디어 보이는 차원으로 차원변화하는 이진법적 양식이지요. 다시 말해, "숨은 차원은 드러난 차원을 추동, 발전, 변화, 수정, 개입, 보조하다가 드러난 차원의 해제기에 숨은 차원 스스로 드러난 차원으로" 가시화 되는 것이지요. 이때 드러난 차원은 '아니다'이고 숨은 차원은 '그렇다'입니다. 이러한 이중적 교호작용의 역설적 원리는 생명 생성론의 다양한 국면에 적용되는데, 드러난 질서와 숨겨진 질서 사이의 '아니다 그렇다'의 관계, 드러난 질서 내부의 대립적인 것 사이의 기우뚱한 균형을 이룬 '아니다, 그렇다'의 관계, 근원적 질서가 새로운 현상의 드러난 질서로 생성하기 시작했을 때 그 새 질서를 지배하는 대립과 상호보완성의 역설 등이 모두 해당돼요.

홍용희 선생님의 변증법에 대한 인식은 기본적으로 아도르노의 부정의 변증법과 문맥을 같이하는 것으로 보입니다. 아도르노에게 헤겔의 변증법이란 부르주아적 이상론에 입각한 주관과 객관의 비동일성을 동일화하는 개념화이며 유형의 더미라고 파악하지요. 따라서 그에게 테제와 안티테제가 진테제를 향해 지양, 극복의 과정을 거친다는 것은 허구입니다. 이미 부재하는 진테제를 향해 간다는 것은 합목적적인 형식론에 그칠 뿐이지요. 그는 헤겔의 변증법을 극복하는 방법으로 허구적인 개념화를 차단하고 개별화를 강조하는 부정의 변증법을 내세웠습니다.

이진법적 역설의 원리는 "생명 운동이나 정신운동 심지어 물질운동까지도 그 기본 구조는 이중적"이며 "디지털 같은 것이 뇌의 모방이면서 이진법원리의 집결"이라는 점을 염두해 둘 때 선생님이 제기하신 '흰 그늘'의 미의식이 생명 생성론 및 변화 원리의 감각적 표상이라는 것을 거듭 확인할 수 있겠군요.

한편, 선생님께서는 2000년대 들어와서 붉은 악마들을 통해 표출된 문화현상을 이러한 모순의 통합 논리의 연장선에서 해석하고 있어 이채롭습니다. 붉은 악마의 문화현상의 원형으로 '흰 그늘'을 발견하고 있습니다.

김지하 예. 우리 민족이 1,000번 이상 외침을 당해 흥(興)보다는 한(恨)이 깊어졌지만 상고시대 축제인 영고, 무천, 동맹의 흥은 여전히 살아 있어요. 그 흥과 신바람이 2002년 월드컵 응원 때 집단적으로 터져나온 것이지요.

붉은 악마에서 읽을 수 있는 민족 전체의 고유 문화와 전 세계 인류의 새로운 문화의 기준을 읽어볼 수 있습니다. 붉은 악마는 ① 엇박 ② 태극 ③ 치우천황이 요체이지요. 이박 플러스 삼박의 엇박은 음양의 2수분화론(二數分化論)과 천지인의 3수분화론(三數分化論), 즉 안정과 혼란, 질서와 변화의 이중적 교호작용을 통해 개진되는 새로운 차원의 혼돈의 질서, 역동적 균형에 대응합니다. 천부경의 삼사성환, 동학의 혼원지일기, 태극과 궁궁의 생명 생성 논리가 붉은 악마의 엇박을 통해 고스란히 재현되고 있는 것으로 해석돼요. 또한 태극은 붉은 악마들이 들고 나온 태극기의 태극을 가리킵니다. 태극의 표상은 역학의 음양법으로서 천지음양의 대립과 통일을 가리키지요. 이것은 빛과 그늘, 하늘과 땅, 남성과 여성, 역동과 안정의 통합입니다. '아니다, 그렇다'의 교차적 생명논리와 모순어법이 적용되고 있는 것이지요. 따라서 태극 또한 생명생성 논리의 역설적인 핵심원리를 구현하고 있습니다. 붉은 악마의 로고인 치우천황은 4,500년 전에 살았던 신화 속 배달국의 제 14대 천황입니다. 치우천황이 유명해진 것은 중국 화화족의 황제와 74회의 전쟁을 치러 승리한 전쟁신이란 점이지요. 치우천황과 중국 황제의 긴 전쟁의 주된 배경은 문명적 가치관의 충돌이었습니다. 중국 황제가 남방계 정착문화의 영향에 따라 이를 기반으로 중국의 쇄신을 추구했던 것에 반해 치우는 남방계 농경 정착문명과 북방계 유목이동문명의 병행을 추구했던 것입니다. 동이의 치우천황이 추구한 유목과 농경의 이중적 결합은 이중적 교호작용의 역동성을 표상합니다. 따라서, 2000년대 들어 새로운 문화적 사건으로 드러난 붉은 악마의 일련의 행위가 한민족 생명문화 원형의 현재적 표출로서 해명되는 것이지요. 그리고 이러한 한민족 생명문화의 어법은 '흰 그늘의 미학'과 상응한다는 점을 확인할 수 있습니다.

홍용희 '흰 그늘'의 어법과 내용 가치가 한민족 생명문화의 원형이며 생명의 존재성과 진화원리와 대응된다는 점을 풍류도에서부터 확인할 수 있었습니다. 또한 붉은 악마 현상 같은 오늘날의 집단적 문화현상 역시 '흰 그늘'의 원리가 원형을 이루고 있다는 것을 흥미롭게 지적해 주었습니다.

그렇다면, 이야기를 조금 바꾸어서 오늘날 아시아권을 넘어 아메리카, 유럽을 비롯해 전 세계로 확산된 한류 역시 '흰 그늘'의 미학에서 중요한 원형을 찾아볼 수 있을 것 같습니다. 한류는 지구화 시대에 한국에서 출발한 지구문화론의 구체적 현상으로 생각됩니다. 문제는 앞으로도 한류를 어떻게 지속적으로 더욱 발전시키느냐에 있겠지요. 물론, 한류의 발전은 기존의 서구 중심의 식민주의적 지배 문화에 대응하는 한국 중심의 문화적 패권의 길을 가서는 안 되겠지요. 한류의 바람직한 전개 방향은 아시아 각국의 문화는 물론 서양의 문화부흥까지도 선도하고 추동하는 창조적 보편의 문화 창출로 나아가는 데에 있을 것입니다. 특히 동서양의 이분법을 넘어서서 지구화시대의 지구문화론을 창조하는 주역으로서 한류의 역할을 구현하기 위해서는 대중문화의 범주를 넘어 고급문화까지 확산될 때 가능할 것으로 보입니다. 포스트 한류의 지향성을 생각할 때 그 중심에 서게 될 K-Literature의 미적 가능성은 무엇일까? 여기에 대한 대답으로 '흰 그늘'의 미학을 말할 수 있지 않을까요.

김지하 그렇지요. 세계는 지금 새로운 상상력과 상상력의 혁신, 새로운 문화를 필요로 하고 있고 우리는 이러한 문제에 한류(韓流)미학으로 대답해야 합니다. 그럼 그 한류 미학의 핵심은 무엇이어야 할 것인가? 그것은 이 컴컴한 질병과 죽음의 시대가 요구하는 치유의 예술, 치유의 약손입니다. 대혼돈 속에서 신음하는 인격-비인격, 생명-무생명 일체를 다같이 거룩한 우주공동체로 들어 올리는 모심의 세계문화대혁명, 이를 위한 아시안 네오르네상스의 미학이 요구된다는 것이지요. '흰 그늘'은 바로 이에 대응하는 미학적, 문학적 담론의 원형으로 내세울 수 있다는 것입니다.

홍용희 '한민족 르네상스'로 시작된 한류를 아시아 르네상스로, 전 세계인의 신문명 창조의 틀로 작동케 하는 세계 르네상스로 발전시켜야 한다는 명제는 거듭 강조되어야 할 것입니다. 앞에서 정역의 간태합덕과 진손보필의 방책을 언급했습니다만 한류의 세계화를 위한 실질적인 실현 가능성이 여기에 있다고 생각됩니다. 할리우드의 기술력과 한류 콘텐츠를 결합시키는 작업이라고 할 수 있겠군요. 그리고 이를 포함한 실현 과제, 한류의 숙제를 점검하고 실현하는 과정이 곧 한류의 완성형을 향한 길이라고 할 수 있을 것 같습니다.

김지하 그래요. 바로 그겁니다. 미국과 유럽 등지에서 한류에 대한 언론의 평가는 대단합니다. 미국 공영 라디오(NPR)는 한국 영화의 독창성과 위상을 '누벨바그'와 다름없다고 평가했지요. 1960년대 세계영화 시장을 주도하던 'French New Wave', 프랑스 영화의 신물결이 새로운 흐름으로 세계영화 시장을 주도하던 것과 맞먹는다는 것입니다. 할리우드 아트 디렉터 제인 케이건은 "전 세계 글로벌 엔터테인먼트 산업의 중심이 이제 서양에서 동양으로, 할리우드에서 한국으로 중심이동을 한다."고 지적했어요. 또 프랑스 리옹의 예술 감독

들은 '김매자 창무회'의 심청전 공연, 특히 배경음악으로 사용된 판소리를 하나같이 최고의 예술로 높이 평가했어요.

지속 가능한 한류를 위해 고민해야 할 당면 숙제들이 많지요. 무엇보다 전 세계의 온난화, 기상이변, 생태계 오염 등 대혼돈(Big chaos)을 처방할 과학을 촉매할 수 있는 인문학적 원형(archetype)이 동북아시아에 있다고 기대하는 서양 과학계의 동풍(east-turning)에 대해서 '고급한류'로 대답해야 한다는 것입니다. 다음으로, 생태계 오염, 물 부족, 테러와의 전쟁에 대해 전 세계가 '생명과 평화'를 요구하기 시작했고, 인류의 새로운 정신문화로서 한류가 작용하고 답해야 합니다. 이러한 숙제들을 해결해가는 과정이 네오르네상스에 대답하는 것이고 한류의 고급화, 복합화의 길이 될 것입니다.

홍용희 통일 담론과 '흰 그늘', 그리고 네오르네상스로서의 한류의 가능성을 추적하면서 문득 수운 최제우 선생의 시에 나오는 남신원만북하회(南晨圓滿北河回)란 말이 떠오릅니다. '남쪽 별이 원만을 얻으면 북쪽 은하수가 제자리에 돌아온다'는 뜻이지요. 남이 있고 뒤에 북이 있을 때엔 가운데에 반드시 쓰지 않아도 가운데 중(中)자가 들어간 것으로 해석되지요. 그러면 원만은 중조선의 역할이 됩니다. 선생님 말씀을 들으면서 우리 민족의 메시지 민족으로서의 인류사적 역할과 가능성이 만개하는 천시가 다가오고 있다는 생각입니다. 그런데 원만의 땅을 중조선의 땅으로 해석하는 데 그치지 않고 좀더 적극적으로 해석해볼 여지는 없을까요.

김지하 원만의 땅, 원만은 물론 중조선을 가리키지요. 그런데 이를 거시적으로 보면 중조선은 한반도 전체로 볼 수 있지요. 남북은 방위로서만 남북이 아니라 북쪽은 역사적으로 선진국을 표상하고, 남방은 후진국 계열이지요. 그럼 중은 무엇이냐 수운은 이 나라 전체로 본 것이지요. 한반도의 국운은 통일 담론의 급부상과 함께 비약적인 도약이 가능하다고 할 수 있겠지요. 물론 이것은 세계 메시지 민족으로서의 문화적 역할을 선양해 나갈 때 가능할 것입니다.

홍용희 한반도 정세 변화와 그에 따른 통일담론의 증폭 속에서 전면에 부각되어야 할 네오르네상스를 향한 메시지 민족으로서의 가능성을 전제하면서 '흰 그늘'에 대한 미학적, 문화적 담론의 특성을 집중적으로 논의해 보았습니다. 생명학의 원리와 전통문화의 아키타입에 해당하는 '흰 그늘'의 미학이 네오르네상스 시대가 요구하는 전 지구적 차원의 새로운 상상력과 세계관으로 전면에 떠오를 때 수운 최제우 선생의 시에 나오는 남신원만북하회(南晨圓滿北河回)가 구현될 것이라는 논의였습니다. 매우 낙관적인고 희망찬 설레임의 시간이었습니다.

한편, 남신원만북하회에서 우리 민족이 비약적으로 발전한다고 할 때 그 발전의 방법론과 내용을 살펴보는 것이 과제일 것 같습니다. 그것은 남신원만북하회에서 북하회의 특징적인 내용과 연관될 것 같습니다. 이에 대해 선생님은 김일부의 『정역』에서 언급한 기위친정(己位親政)을 강조하신 바 있습니다. 기위친정이란 밑바닥이 임금 자리로 돌아가는 것을 가리킵니다. 선생님은 이를 오랜 역사 속에서 소외되어 왔던 어린 아이들과 여성이 중심이 되는 사회라고 해석하셨습니다. 그리고 이에 대해 『수왕사』라는 저서를 중심으로 참으로 깊이 있는 논의를 개진해 왔습니다. 역사가 바야흐로 고대 모권제 시대에서, 3,000년에 걸친 부권제 시대를 거쳐 다시 달, 물, 여성, 어린이 중심의 모성 주도의 새 시대로 전환되고 있다고 하셨습니다. 우리나라 대통령뿐만 아니라, 미국 대통령 후보 힐러리, 로마, 파리, 마드리드, 도쿄 시장에 이르기까지 여성 리더쉽이 전면에 부상하는 것도 이와 무관하지 않아 보입니다. 이에 대한 말씀은 다음 기회에 본격적으로 청해 듣기로 하겠습니다. 긴 시간 너무 고맙습니다.

김지하 선생과 나 그리고 송한샘(극작가, 뮤지컬 기획자)은 치악산 꽃밭머리 찻집을 나와 승용차를 원주 신림면 감악산 쪽으로 향한다. 감악산은 그 이름처럼 시커멓다. 어두운 악산이다. 신라 의상 대사는 이곳에 흰 연꽃, 백련사를 지었다. '흰 그늘'의 진경이다. 이곳에서 연개소문과 김유신이 만나 새로운 역사를 만들었다.

  선생은 어느날 감악산 요부골 골자기로 들어섰다. 어두운 계곡물에 흰 새가 한적하게 헤엄치고 있지 않은가. 또한 '흰 그늘'이었다. 그곳에는 독초가 많다. 그래서 약초골로 유명하다. 약초는 독초들이 무성한 곳에 살기 때문이다. 이 또한 '흰 그늘'의 이치가 아닌가.

  선생은 다시 치악산 뒤편으로 이어진 도로를 안내한다. 산자락 마을로 오르는 논길 초입에 작은 소(沼)가 있고 방앗간이 있다. 이곳이 아라리의 연원이라고 한다. 정선 아라리의 기원이 정선이 아니라 이곳 원주 치악산 뒷자락 마을이란다. 멀지 않아 황둔 찐빵 가게가 듬성듬성 눈에 띈다. 배가 고파 불렀던 아라리 가락을 따라 고픈 배를 채워 줄 찐빵이 만들어지고 전파되었던 것이리라. 선생은 다시 말한다. 동편제 명인 송흥록이 말했어. 판소리의 비밀은 시김새다. 그 시김새의 근원은 정선 아리랑이다. 선생은 『아우라지 미학의 길』을 간행한 바 있다. '흰 그늘'의 미학이 강원도의 바람, 산, 물의 작용과 현상 속에서 연원하고 있음을 긴 호흡으로 서술하고 있다. 다음 선생과의 대담은 수왕사와 함께 아우라지 미학으로 들어갈 것이다. 예감에 가득 찬 입고출신(入古出新)의 숲이 펼쳐질 것이다.

촛불, 경건하고 고즈넉한 모심의 개벽

일시 2016년 10월 15일 **장소** 충주 서유숙

2016 겨울 저녁, 광화문 광장이 밤하늘의 별밭처럼 찬연하다. 촛불의 바다이다. 매주 주말마다 모여든 촛불 물결이 전국에 걸쳐 1,000만을 돌파하고 있다. 어둠을 밝히는 광장 민주주의의 장관이다. 위정자들이 촛불의 목소리를 경청하고 배우기 위해 광장으로 내려오고 있다. 청소년, 주부, 노동자, 농민 등의 자발적 의지가 주축이 되어 펼쳐내는 촛불의 상상이 우리 시대의 시대정신이고 미래가치이다.

나는 오늘 김지하 선생을 만나 촛불에 관한 생각을 듣고자 한다. 그는 이미 10여 년 전에 미군 탱크 여중생 사건, 광우병 파동, 한반도 운하 반대 등을 계기로 표출되었던 촛불 행진에서 1968년 5월 프랑스 문화 혁명과는 차원이 다른 지구적 생명, 평화, 영성의 대변동을 촉발하는 문명적 전환의 획기적 가능성을 설파한 적이 있었다. 그러나 내가 2016년 촛불의 상상력에 대해 김지하 선생의 얘기를 듣고 싶은 더 큰 이유는 다른 데에 있었다. 출렁이는 촛불 바다가 본래 그의 문학적 삶과 세계관의 기반이며 원형이고 미적 가치라는 생각이 들었기 때문이다. 그의 문학적 출발의 대표작에 해당하는 담시 「오적」, 「소리

내력」 등에서 권력자들로부터 억압, 수탈, 착취 당하던 주인공 안도, 꾀수 등이 2016년 촛불 광장의 주역으로 나섰다고 생각되었던 것이다. 민중이 지배자에 대한 상대적 개념에서 주체적인 절대적 개념으로 전면에 등장한 것이다.

민중의 삶이란 무엇일까? 이에 대해 1980년대 젊은 김지하는 이미 다음과 같이 명징하게 직시하고 있었다.

"민중의 삶이란 생명의 본디 성품, 즉 본성에 따른 삶입니다. 자유롭고 통일적이며 창조적이고 순환적인 삶이면서 공동체적인, 그리고 처음도 끝도 없는, 무변광대한 우주적인 생명의 경험 전체를 말합니다. (……) 민중의 삶에는 중심적 전체가 있습니다. 중심적 전체라는 것은 삶의 모든 개별적인 가치들을 통일하고 수렴하는 가치의 핵심을 말합니다. 민중적 삶의 중심적 전체는 한마디로 말씀드리면 활동하는 무(無)라고 부를 수 있겠습니다. 즉 활동하는 '자유'올시다. 끊임없이 창조적으로 활동하는 텅 빈 무, 텅 비어 있음으로써 오히려 신선하고 근원적인 창조적 생명을 뜀뛰게 하는 그러한 자유가 바로 민중적 삶의 중심적 전체- 곧 민중적 삶을 통일하고 해방시키며 그 본디 성품을 끊임없이 성취시키는 〈최고선〉입니다."(「민중문학의 형식문제」, 1985. 3. 6.)

일하는 민중의 삶이란 생명의 본디 성품에 가장 가깝다는 것, 민중적 삶의 중심적 전체는 활동하는 무(無)이며 자유라는 점을 설파하고 있다. 민중적 삶을 통일하고 해방하고 성취시키는 전체의 동력이 조직 논리가 아니라 제각기의 창조적인 자유의지라는 것이다.

그렇다면, 오늘날 촛불의 바다가 바로 이러한 생명의 본디 성품의 자유롭고 통일적인 전체가 아닐까? 생명의 본디 성품으로서 민중이 역사의 주체가 되고 지식인과 위정자들이 오히려 뒤에서 이들을 돕고 보완하는 새로운 질서가 열려가고 있는 것은 아닐까? 그렇다면 촛불의 자기 조직화는 김지하가 추구해온 우주 생명의 본디 성품을 전면에 들어 올리는 살림의 문화의 재건과 연관된 것은 아닐까? 이것이야 말로 그가 주창해온 후천개벽 혹은 네오르네상스의 징후가 아닐까? 거듭 제기되는 이러한 질문을 안고 김지하 선생을 만나보기로 했다.

　　　　김지하 선생과 충주시 소태면 덕은로에 고즈넉이 자리잡은 한옥 펜션 '서유숙'으로 갔다. 야트막한 밤나무 산 밑에 붉은 황토로 곱게 단장한 기와집 몇 채가 가지런히 늘어서 있다. '서유숙', 천천히 머물렀다가 가는 곳이라는 당호에 걸맞은 고졸한 멋과 여유가 느껴진다. 이곳에서 선생은 윤명철, 김익두, 김두규 등의 인문학자들과 새로운 21세기 대안문명에 대해 밤늦도록 정기적 토론을 벌이기도 했다.

　　　　정화수를 떠놓고 복을 비는 할머니가 밝히는 촛불이 이런 고즈넉한 한옥의 풍경과 어울린다는 생각이 순간 스쳐갔다. 전통차를 마주하며 자리를 잡자 나는 바로 선생께 2016 촛불에 대해 얘기를 꺼내기 시작한다.

　　홍용희 2000년대 초반부터 등장했던 "촛불"이 다시 밀려와 전국에 걸쳐 파도처럼 범람하고 있습니다. 중국 전국시대 말기의 유학자 순자가 '임금은 배이며, 백성은 물이다. 물은 배를 띄우기도 하지만, 또한 물은 배를 엎어버리기도 한다(君者舟也 庶人者水也 水則載舟 水則覆舟)고 했던 말이 실감나게 떠오릅니다. 어린 청소년, 여성들, 노동자 등 주로 그늘 속에 살아왔던 비주류 민중들이 대의민주주의를 추동하는 광장 민주주의, 직접 민주주의의 주역으로 등장하고 있습니다.

　　김지하 그래요. 촛불 참 대단해요. 2000년대 초반부터 밀려오던 촛불이 거듭 밀려오고 있습니다. 맨 꼬래비로 소외되었던 삶들이 한때 운이 나빠 산이나 물가에 도망가 숨어있던 임금처럼 정치의 중앙 전면에 등장하고 있어. 구한말 김일부의 『정역』에서는 후천개벽의 때가 시작되면 기위친정(己位親政), 즉 기위가 임금처럼 역사의 정치 중앙 전면에 나서는 친정(親政)이 시작된다고 했어요.

　　『정역』은 '기위친정'을 '십일일언(十一一言)'과 '십오일언(十五一言)'으로 나눔니다. 십일일언은 20대 미만의 어린이, 청소년과 여성들이 정치 전면에 나서는 무위정치(無爲政治)의 시작이라는 뜻이고, 십오일언은 이제껏 교양과 문화와 수양과 정치를 담당했던 선각자, 지식인, 종교인, 기성 전문 정치가는 한발 뒤로 물러나 십일일언의 무위정치를 위해 조용히 아무 것도 하지 않는 듯한 겸손한 태도로 그저 소리 없이 돕는 역할을 하는 것입니다. 이 경우 전문 정치인은 십일일언의 중심인 직접민주주의를 보조적으로 배합하는 어른스러운 대의민주주의로 후퇴하는 것이지요.

　　　　이것은 노자의 '무위이화(無爲而化)', 고대 이상 정치의 비밀인 '아무위이민자화(我無爲 而民自化)'. 즉, '성인(聖人)인 나는 아무 것도 하지 않는데 백성이 스스로 정치를 다 한다'는 것에 상응하지요. 촛불 정국이 바로 이런 형국이지요. 나는 2007년부터 켜지고 또 켜지는 촛불에 대해 오늘날 지구 생태계의 대혼돈, 문명사적 전환기에 삶의 새로운 원형을 찾아가는 새로운 문화대혁명의 역동이 뜀뛰고 있음을 보아야 한다고 강조했어요.

　　　　홍용희　그렇군요. 별밭처럼 찬연한 촛불이 기위친정(己位親政)의 후천개벽을 불러오고 들어 올리고 밝히는 징후들이라는 것이군요. 촛불의 상상력에 해당하는 기위친정(己位親政)의 후천개벽 혹은 네오르네상스는 사실 선생님의 문학적 삶의 내적 동력이며 오랜 지향점이었다고 생각됩니다. 선생님의 문학에서 〈담시〉를 넘어 〈대설〉『남』의 경우를 보면, 수직적, 대립적, 남성적 패권적인, 선천개벽의 질서로부터 수평적, 협동적, 여성적, 포용적인 후천개벽을 열어가는 화소가 기본 서사로서 직접 드러납니다. 선생님의 문학은 출발부터 해원상생(解冤相生)의 문화를 추구하고 있었지요. 물론 여기에서 후천개벽의 주체는 기위(己位), 즉 생명의 본성을 지키고 실현하는 비주류의 그늘 깊은 민중들이었습니다.

　　　　이러한 후천개벽은 좌파의 계급혁명이나 우파의 유럽과 미국 자본주의 맹목적 추수와는 그 출발부터 분명하게 다릅니다. 그래서 선생님은 특히 2000년대 들어 좌·우파에 동시적으로 성찰적 충격과 자각을 제기해왔습니다.

이러한 성찰적 충격과 자각의 비판적 기준은 중도의 입지에서 제기하는 후천개벽 혹은 네오르네상스의 비전이었습니다. 특히, 촛불이 후천개벽의 가능성이며 징후의 표상이라면, 촛불의 상상력을 추적하는 것이 선생님의 문학적 삶의 원형과 지향점의 현장을 이해하는 과정이기도 하다고 생각됩니다.

그런데, 2016년 촛불을 점등시킨 계기는 박근혜 대통령의 탄핵이 핵심에 놓입니다. 선생님께서 오랫동안 강조해온 기위친정 후천개벽의 주체가 그늘 진 삶을 살아온 비주류 계층, 어린이, 청소년, 노동자, 농민, 여성 등이라는 점이 부각되면서 2012년 여성 대통령 후보자가 가까이 찾아오게 되었던 것으로 보입니다. 박근혜 후보가 분명 여성이기는 하지만 기위친정이라 할 때, 기위(己位)에 해당하는 소외된 여성성과는 거리가 멀지 않은가 하는 것이 일반적인 생각이었습니다. 그러나 선생님께서는 선생님 자신을 탄압한 지배 권력자의 딸이기도 했지만 부모를 흉탄에 잃은 자식으로서의 오랜 신산고초의 세월을 헤아렸던 것으로 이해됩니다. 하지만 오늘날 음(陰)개벽에 해당하는 후천개벽의 시대에 촛불에 의해 여성 대통령이 탄핵되는 역설을 맞이하고 있는 실정입니다.

김지하 기독교에 '원수 사랑'이란 말도 있지 않소. 선거 유세 중에 박근혜 후보가 나를 찾아온다고 할 때 나한테 오기 전에 부론성지에 있는 지학순 주교 묘지를 반드시 먼저 찾아뵙고 오라고 했어. 신부님을 동반해서. 그리고 거기서 유신체제 같은 길은 절대 가지 않겠다는 말을 신부님 앞에 선언하라고 했어. 일정이 바빠서 어렵다는 말이 들려와. 그럼 내게도 오지 말라고 했지. 결국 내 요구 조건을 다 실행했어. 그래 만났지. 꼭 살림하고 결혼하고 애를 낳지 않아도 여성이라면 생래적으로 모성성이 있다고 하잖아. 21세기 문화적 대변혁시대에 상응하는 문화정책이 중요하다는 것을 당부했어요.

그때 당시에도 신문 칼럼에서 여성이 집권하면 반드시 남성이 주변에서 도와주어야 한다는, 『정역』의 십일일언(十一一言)을 위해 십오일언(十五一言)이 도와주는 것이 필요하다는 기위친정의 방법론을 강조했어요. 일종의 책임총리

제가 필요하다는 것이었지. 여야 협치 같은 그런 게 아니고. 그러나 그게 제대로 되질 않았어. 국무회의는 온통 상호 소통보다는 수직적으로 받아 적기 바쁜 만기친람(萬機親覽)이야. 저 놈의 만기친람 때문에 망한다 생각했고 여러 차례 지적도 했지.

홍용희 저는 선생님의 박근혜 정부 지지가 결과론적으로 우리나라 좌파에 대해 '깡통 빨갱이'라는 네이밍으로 질타하고, 이론적인 비판을 제기하며 공부하는 좌파를 역설했듯이, 우파의 한계를 헤집어 비판하는 계기가 될 것으로 생각했습니다. 우리나라에서 해방 이후 좌우 진영 어느 쪽도 제대로 자기 검열을 해본 경험이 없지 않았습니까?

선생님께서 '촛불 시위를 공권력으로 제압했어야 했다'는 당시 박근혜 측의 김무성 선거 총괄본부장에 대해 '그런 몰지각한 말은 이명박 대통령도 안 했다'며 매섭게 비판한 대목은 그런 믿음과 기대를 갖게 했었지요. 그러나 좌파에 대한 혹독한 성찰과 점검을 제기했던 것처럼 우파에 대한 충격적 성찰과 점검을 제기할 기회는 많지 않았던 것 같습니다.

김지하 기위친정의 전개 방식은 선후천 융합개벽이지요. 후천을 중심으로 하되 선천의 어미가 관대하게 보충하고 협동하는 역할을 하는 것입니다. 부정, 대립, 투쟁을 통한 전복이 아니라 보완적인 융합이지요. 수운 최제우 선생은 '등불이 물 위에 밝으니 의심할 여지가 없고 기둥은 낡았으나 아직도 힘이 남았다(燈明水上無嫌隙 柱似枯形力有餘)' 하지 않았습니까. 낡은 기둥이 선천의 전통을 가리키고 물 위의 등불은 후천의 진리를 가리키지요.

동북아시아에서 일어날 동방르네상스의 중심은 한반도입니다. 그런데 이것은 민족 화해와 분단 문화의 융합이 이루어지면서 가능할 수 있어요. 네오르네상스는 결국 중도에서 가능하다는 것입니다. 일제 때 신간회 활동, 해방 이후 좌우 합작의 몽양 여운형, 남북 통합을 위한 백범 김구의 활동, 그리고 천도교 청우당 좌우 통합의 제3방향을 되살려나가야 해요. 분단과 함께 좌우 편향으로 인해 단절된 중도 노선을 회복해야 한다는 것이지요. 그리고 이러한 중도의 지점에서 호혜적 인간관계와 경제관계를 통한 획기적 재분배도 가능합니다. 물론 극우 파시즘이나 꼴통 보수는 청산되어야지. 시대착오적이고.

나는 여러 차례 밝혔듯이 어느 조직이나 진영에 소속된 적이 없어요. 스물 세 살 때 몽양계 중도 진보로 사상 편성을 마쳤어요. 극좌와는 거리가 멀었지요. 좌익 진영에서 허상을 만든 것이지. 나는 감옥 안에서도 그들이 하는 일을 똑똑히 알고 있었어. 감옥에 간 나를 철두철미한 마르크스-레닌주의자, 불굴의 혁명 투사로 만들어 그 비극적 명성으로 저희들 탈권 기획을 성사시키려 했고, 어떻게 해서든 나를 처형 당하도록 만들어 국제적인 선전전에 이용하려고 했고, 저희 말을 안 듣자 배신자, 변절자로 몰아 모략중상을 상시화했어. 심지어 어떤 선배란 자는 술에 취해서 왈, '지하는 감옥에서 죽어 버렸어야 해!' 이젠 웃음조차도 안 나. 수십 년 세월을 그랬어.

홍용희 근자에도 본의 아니게 뜻하지 않은 험한 일을 겪으신 것으로 압니다. 세월호나 촛불 광장에 대해 누군가가 선생님의 이름으로 지배 정권을 옹호하는 선동적인 글을 써서 인터넷에 떠돌게 하기도 했지요. 출처가 어딘지는 모르겠습니다만 참으로 개탄스러운 일이었습니다.

김지하 나는 인터넷이니 SNS를 할 줄 몰라요. 이론적으로 말은 해도 생활 속에서는 전혀 익숙하지 못해. 물론 보지도 않고. 내 선배들이 난리 났다고 전해줘서 그제서야 알았어요. 별별 유치한 소리가 다 있어. 한심해. 기가 막혀. 내가 이 나이에 뭐라고 반격하고 나서기도 그래. 원주 경찰서에 범인을 잡아달라고 신고를 했어. 대충 진원지가 누구인지 짐작은 돼요. 딱한 일이지.

홍용희 화제를 좀 바꾸어서 촛불에 다시 집중해보기로 하지요. 역동적 중도라고 할 때 그 중도와 촛불 민심이 연관된다고 생각됩니다. 시중지도(時中之道)라는 것은 때에 맞는 진리(이법)의 구현, 때와 진리의 창조적 대화를 가리키지요. 그렇다면, 촛불의 상상력에 대해 깊이 공부해보는 것. 이것이 우리 시대의 시대정신과 문명적 비전을 제대로 찾는 과정이라고 할 수 있을 것 같습니다. 과연, 촛불은 무엇일까요?

김지하 촛불은 무엇인가? 그것은 한마디로 경건하고 고즈넉한 '모심(侍)'입니다. 어둠으로부터 솟아오르는 초월적 중력의 표현입니다. 하늘의 도(天道)는 내리고, 동시에 땅의 도(地道)는 오르는 것이며, 위로는 진리를 구하고 아래로는 중생을 해방하는 것(上求菩提 下化衆生)입니다. 혁명이 아니라 우주를 여는 것, 마음을 여는 개벽입니다. 이러한 전제 속에 그 요체를 살펴보면 크게 세 가지로 정리해 볼 수 있습니다.

첫 번째는 토론, 합의, 문화정치적 표현 등이 꼭 고대 직접민주주의인 화백(和白) 같다는 것. 그래서 아시아적 네오르네상스의 조짐 같다는 것.

두 번째는 『화엄경』의 '인드라망' 같다는 것. 세계그물의 네트워크 속에서 수많은 그물코마다 수많은 보살들이 일어나 저마다 서로 다른 독특한 의견을 시끄럽게 떠들어대는 '월인천강(月印千江)'같다는 것.

마지막으로 세 번째는 후천개벽과 연관된다는 것입니다. 온난화의 더위와 간빙기(間氷期)의 추위가 엇섞여들고 북극의 해빙(解氷)과 적도의 결빙(結氷) 등 우주적 대변동 때에 일어나는 새로운 문화질서라는 것이지요.

홍용희 촛불의 상상력의 요체를 명징하게 짚어 주었습니다. 먼저 세 번째의 후천개벽부터 주목해보기로 하지요. 후천개벽이란 앞에서도 언급했습니다만, 19세기 한반도의 남조선 사상사에 해당하는 동학, 정역, 남학, 증산, 원불교 등이 대전환과 새 세상의 도래를 예언한 변혁사상입니다. 오늘날이 후천개벽의 시기가 도래하는 문명적 전환기라라고 말할 수 있는 주된 배경은 무엇일까요? 우주적, 자연적 현상 속에서 그 전환의 징후를 읽을 수 있는 요소들은 무엇입니까?

김지하 문명권 전체의 대전환의 때가 왔다는 것입니다. 지금이 인류와 지구 또는 우주의 지화점(至化点), 즉 '오메가 포인트'라는 것입니다. 쓰나미, 대지진 등이 연이어 발생하면서 지구 자전축이 이동하고 있고, 북극의 대 빙산들이 녹기 시작하면서 남반구 해수면의 상승과 지구 온난화가 발생하고 있습니다. 기후 현상이 보통 심각한 문제가 아닙니다.

또한, 죽지 않는 생명체가 나타나고 있기도 합니다. 수만년 전에 퇴화되어 진화론자들이 생명종의 변화가 완성되었다고 하는 곤충의 없어졌던 날개가 다시 돋는 경우도 출현하고 있어요. 그것도 30여 종에서. '재진화(re-evolution)'입니다. 한 종 안에서 진화가 시작되면 순식간에 교류가 없는 저쪽에서도 진화가 시작됩니다. 뇌세포의 변화, 생명 자체의 변화가 전개되고 있는 것이지요.

이러한 재진화는 문명사의 중심이 다시 동쪽으로 돌아가는 방향과 연관됩니다. 생명 계통의 인류문명은 모두 아시아로부터 발원했습니다. 아시아로 문명의 중심이 이동하고 있는 것이지요.

지구사는 이러한 종말론적 대혼돈을 맞아 그 혼돈을 활용하여 그 혼돈을 빠져나갈 혼돈 그 나름의 독특한 질서를 기다리고 있다고 할 것입니다. 후천개벽의 남조선 사상사에서 동학에서는 '지극한 기운'은 '혼원지일기'이니, 바로 혼돈적 질서입니다. 혼돈은 태고의 근원적 생명이겠고 일기(一氣)는 곧 태극의 다른 표현이지요.

정역에서는 양을 다스리고 음을 춤추게 하는(調陽律陰)의 '여율'을 강조합니다. 주역의 '음을 누르고 양을 들어 올리는 것(抑陰尊陽)'을 압축한 음악 질서의 전복이지요. 1만 4,000년 전 파미르 고원에 있었다는 우리 민족의 조상인 마고 시대의 우주와 세상의 질서인 팔여사율(八呂四律) 그야말로 태고적인 '혼돈적 질서'의 부활입니다. 증산에서는 '천지공사와 천지굿'으로 원불교에서는 '일원

상법신불과 정신개벽운동'으로 제시되어 있지요.

참다운 생명은 그 자체가 이미 혼돈이며 참다운 평화는 그 자체가 반드시 그 혼돈한 생명의 본성에 입각해야만 비로소 참다운 산 질서가 될 수 있기 때문이지요. 그래서 생명의 평화는 '여율', '혼돈적 질서', '궁궁태극'일 수밖에 없습니다.

홍용희 남조선 사상사의 후천개벽론이 21세기 지구적 혼돈으로부터 생명과 평화의 질서를 찾아가는 사상적 대안으로서 유효성에 대해 명료하게 언급해 주었습니다.

앞에서 촛불에 대해 『화엄경』의 '인드라망' 같다고 했습니다. 세계그물의 네트워크 속에서 수많은 그물코마다 수많은 보살들이 일어나 저마다 서로 다른 독특한 의견을 시끄럽게 떠들어대는 '월인천강(月印千江)'의 형상이라는 것이지요. 천 개의 강마다 떠오르는 달의 형국이라는 것입니다. 지도자나 조직의 통제 없이 자발적으로 다양하게 점차 성장하는 민중의 힘의 존재성이 화엄개벽이라는 말로 들립니다.

또한 이것은 이미 1985년에 「민중문학의 형식문제」라는 강연에서 모든 개별적인 가치들을 통일하고 수렴하는 민중적 삶의 중심적 전체에 대해 "활동하는 무(無)" 혹은 "활동하는 자유"라는 인식과 연속성을 보입니다. 이 자리에서 "끊임없이 창조적으로 활동하는 텅빈 무, 텅 비어 있음으로써 오히려 신선하고 근원적인 창조적 생명을 뜀뛰게 하는 그러한 자유가 바로 민중적 삶의 중심적 전체-곧 민중적 삶을 통일하고 해방시키며 그 본디 성품을 끊임없이 성취시키는 〈최고선〉"임을 강조하신 바 있었지요.

김지하 예. 민중의 삶의 존재성이 그렇지요. 바로 그렇습니다. 촛불의 경우도. 천태만상으로 제 각각임에도 불구하고 모두가 한 가지인 분권적 융합을 보여주지요. '다양한 사람들이 저마다 다양하게 자발적으로 그러면서도 유기적으로'인 것이지요. 집체 중심의 조직화와는 완전 반대입니다. 동학에서는 이것을 '각지불이(各知不移)'라고 하여 '서로 다르면서 그 전체적 융합성을 각자각자 개체 나름나름으로 인식하고 실현함'이라 설명하고 있지요. 수운 선생의 시 '밝고 밝은 이 후천개벽, 대문명사 전환의 운수를 각각 자기 나름나름으로 밝혀라(明明其運 各各明)'에 그대로 연속됩니다.

불교철학으로는 화엄 그 자체이지요. 화엄이란 무엇입니까? 한마디로 인간만 아니라 우주만물, 온 세계가 세계 자신의 감추어진 부처의 본질을 수천 수만 가지 독특한 방식으로 스스로 깨닫고 그 깨달음을 다양하게 현실적으로 실천하는 참으로 굉장한, 거대한 빛과 생명의 세계이지요. 세계는 광활한 그물이며 그 수많은 그물코마다 수없이 많은 깨달은 보살들이 일어나 각각 자기 스타일로 그 깨달은 빛의 세계와 생명의 실상을 법문(法問)하며 그 법문이 장엄하게 서로 공명하는 파천황의 광경으로 가득찬 대선정(大禪定), 대해탈(大解脫), 대자유(大自由)의 세계이지요.

홍용희 촛불에서 화엄의 대자유와 모심을 읽어내는 것은 촛불의 심오와 숭고를 다시 일깨우게 합니다. 촛불이 중생의 삶의 한 복판에서 부처님의 눈부신 광명을 찾는 보리심이라는 것이군요. 이 또한 밑바닥의 소외(疏外)로부터 서서히 해방되어 본디의 임금 자리에 복귀하는 후천개벽, 즉 '기위친정(己位親政)'에 상응하는 것이라고 하겠군요. 선생님의 초기 시편에 해당하는 담시『오적』,『소리내력』, 대설『남』등에서 등장한 안도, 꾀수, 운천 등의 억압과 소외 속 민중들이 광화문 광장에 촛불을 모시는 역사의 주체로 등장한 풍경을 생생하게 바라보는 듯한 시간이었습니다. 촛불은 지속적으로 겸허하게 주시하며 살펴보고 공부해야 할 모심의 개벽이라는 것을 일깨우는 매우 유익한 시간이었습니다. 오랜 시간 감사합니다.

우주생명학 혹은 수왕사의 길

일시 2017년 6월 19일 **장소** 제천 의림지 찻집

　　　　이른 더위와 가뭄이 연일 이어지고 있다. 낮의 대기는 시리도록 눈부시고 밤은 선선한 바람과 함께 성큼성큼 걸어온다. 오늘 저녁에도 하늘의 구름은 알 수 없는 깊이의 무늬결을 그렸다간 지우고 하리라. 예사로운 듯 하면서도 예사롭지 않은 초여름의 날씨이다.

　　　　원주의 김지하 선생 댁을 향한다. 멀찍이서도 드러나는 짙은 잿빛 기와지붕이 선생이 즐겨 입으시는 개량한복의 빛깔과 닮았다는 생각을 한다. 다물(多勿)이라는 전통 찻집을 개조한 흙집이다. 다물이란 무엇이던가? 고구려 건국이념이었던 고토 회복, 즉 고조선의 건국 신화와 영토를 다시 찾는 운동이 아니던가. 입고출신(入古出新)의 미학과 예지를 강조해온 선생의 삶과 기묘한 인연이라고 말한다면 너무 상투적인 견강부회일까. 아무쪼록 분명한 것은 일산이나 원주 아파트보다는 선생과 훨씬 어울린다는 생각이다. 선생은 새벽 닭 울음에 잠을 깬다고 한다. 새 소리가 빗방울처럼 경쾌하게 나뭇가지를 흔든다. 자연의 생기가 야트막한 흙담을 무시로 넘나들고 있다.

　　　　『현대시학』편집위원이기도 한 유정이 시인의 승용차로 제천 의림지

를 향한다. 김지하 선생의 인문지리학이 펼쳐진다. 중조선의 하늘과 땅과 사람의 역사가 판소리 사설처럼 넌출거린다. 후고구려의 시조 궁예가 원주 남방의 영원산성에 진을 치고 있던 양길에게 군사를 얻으러 가던 '가리파' 길을 따라 간다. '문바위'의 흔적을 지나친다. 제천 선비들은 '문바위'를 향해 시를 헌사하기도 했다. 병든 짐승들이 '문바위' 바위부스러기를 먹고 낫는 것을 보고 쓴 송시들이다. 저만치 감악산이 보이는 곳에 '백련사'를 가리키는 이정표가 육중하게 서있다. 신라 의상 대사가 검은 산 위에 하얀 연꽃 절을 지었던 것이다. 백련사에서 연개소문과 김유신이 3번이나 만나 평화협상을 벌이기도 했다. 감악산에는 독초가 많다. 그러나 그 독초는 또한 약초를 불러와 우거지게 한다. 그래서 이곳은 약초 마을로 유명하다. 지금도 외딴 산골짜기에 한방병원이 세 개나 있다. 비끼재를 거쳐 명암로로 들어서면 제천 의림지에 곧 당도하게 된다. 의림지는 물의 마을이다. 선사시대 때부터 주변에 물이 좋기로 유명했다. 깊은 땅 속에서 물이 솟구쳐 올랐다. 이 물을 마시면 아프던 사람들이 병을 고쳤다. 주변이 이른바 약수골이었다. 신라 진흥왕 때 우륵은 여기에 제방을 쌓았다. 의림지가 만들어졌다. 이때부터 제천은 한반도의 대표적인 호수 마을이며 한방 건강의 중심지로 자리잡게 된다.

이상기후와 후천개벽의 몸살

홍용희 선생님, 원주에서 제천으로 오는 길이 곧 치유의 길입니다. 약초골로 유명한 산악 지역인 까닭도 있겠지만 경치 또한 매우 수려합니다. 원만(圓滿)의 땅 중조선 풍수의 진경을 가로질러 온 느낌입니다. 치유와 정화는 오늘날 현대사회의 가장 핵심적인 키워드가 아닌가 생각됩니다. 사람은 물론 전 지구가 피로에 지쳐 있기 때문입니다.

제천 의림지에 막상 들어서니까 먼저 근자의 기후 현상에 관한 생각이 새삼 떠오릅니다. 물은 곧 생명의 근원이고 터전입니다만, 전국의 저수지들이 바닥을 드러내는 곳이 적지 않습니다. 초여름의 더위와 가뭄이 예사롭지 않습니다. 기후변화가 지구촌 최대 이슈로 떠오른 현실을 생활 속에서 체감하게 됩니다. 기후변화는 인류 삶의 시계를 새롭게 만들어가고 있습니다. 기후변화에 대한 원인, 적응 방법, 생존전략 등이 깊은 관심사로 회자되고 있습니다. 그러나 대부분의 논의가 온실가스 농도, 에너지 대체 기술, 친환경 녹색성장, 저탄소 지속 성장 등의 범주에서 맴돌고 있습니다. 중요하긴 하지만 너무 지엽적이고 비본질적인 데 그치고 있다는 생각이 듭니다.

지구촌에 엄습한 이상 기후 현상의 본질적 배경은 무엇일까요? 너무 추상적이고 난해합니다만 이러한 기본적인 문제 제기에 대한 생각부터 하지 않을 수 없을 것 같습니다.

김지하 일단 문제 제기 차원에서만 언급하기로 합시다. 나는 19세기 충청도 연산 사람 김일부의 『정역』에 예언된 4,000년 유리세계가 도래하는 후천개벽을 강조해왔어요. 하지와 동지 중심의 극한(極寒), 극서(極暑)가 아니라 춘분, 추분 중심의 겨울엔 온화하고 여름엔 서늘한 지구의 가을이 온다는 것입니다. 지구와 우주를 완강하게 지배했던 태양력 주기가 달 중심으로 재편되는 것이지요.

김일부는 '천지경위 삼천년설(天地傾危 三千年說)', 다시 말해 주나라 성립 전후부터 지구 자전축이 서남북방으로 3,000년 동안 기울었다가 후천개벽과 함께 본래대로 위치인 북극 태음 쪽으로 복귀 이동한다고 보았어요. 내가 이렇게 말하고 믿으면 너무 순진한 것일까요? 과연 그럴까요?

2004년경까지만 해도 지구 자전축 이동 현상을 믿는 사람은 거의 없었어요. 그러나 이제는 완전히 달라졌어. 2004년 인도네시아 쓰나미의 원인은 대륙판과 해양판의 충돌 때문이었는데, 그 근본적인 원인은 지구 자전축의 북극 방향으로 이동 복귀라는 것이었지요.

영국의 조녀선 텔스위시는 2008년에 『캔터벨리 사이언스 위클리』에서 온난화에 역행하는 지구 냉각, 즉 간빙기 현상은 바로 이 지구 자전축의 북극 이동 때문이고 이 이동은 또한 라이프니츠의 '에너지 버블' 지양 때문이었으며 그 지양은 또 달의 생성력 상승 때문이라고 지적하고 있어요. 이탈리아 과학자 에밀리아노 포플러는 「혹성과 혹성 사이의 물의 존재에 대한 달의 충격력」에서 달은 우주 공간의 물의 존재에 관한한 장본인이라는 것을 강조하고 있지요. 그는 '그린 포플러(green poppler)'라는 지표현상을 1700년대 라이프니츠의 「세 개의 태양에 관한 전문 과학적 상상력」을 끌어들여서 달은 우주 내 물의 작용의 상승을 통해 지구 자전축의 복귀 이동을 추동하였고, 그 추동은 태양 중심의 '에너지 버블', '불이라는 뜨거운 거품'을 '심텀 아우라', 해맑고 밝은 예감 영역의 '빛'의 광휘로 바꾸어 놓는 실질적 충격력이라는 것을 해명하고 있어요.

나는 거듭 묻고 있습니다. 19세기 김일부『정역』은 과학이 아닌 망상에 불과한 것인가? 동아시아의 모든 우주생명학적 패러다임은 그저 미신에 불과한 것이냐고 묻고 있습니다.

지구의 가을 또는 달, 여성, 물의 시대

홍용희 예. 참으로 흥미롭습니다. 오늘날의 기후변화 현상에 대해 김일부 선생이 『정역』에서 예언한 유리세계의 도래 과정을 라이프니츠가 개진한 태양의 '에너지 버블' 지양 현상과 상응시키면서 해명해 주었습니다.

지구적 이슈로 떠오른 기후변화가 후천개벽의 몸살이며 조짐이라는 것으로 이해됩니다. 후천개벽은 선천개벽의 수직적인 지배, 차별, 서열의 질서를 기반으로 하는 양(陽)의 시대에서 수평적인 포용, 수렴, 화해의 음(陰)의 질서를 향한 원시반본(原始反本)의 역사가 도래한다는 것이지요. 특히 이러한 후천개벽은 달의 성정, 즉 물, 그림자, 여성성, 어린이가 들어 올려지는 우주생명학적 대변동으로 해석해볼 수 있겠지요.

김지하 그렇지요. 달은 실제에 있어서 물을, 물은 암컷을, 암컷은 여성성을 그것은 다시 모성을, 그리고 모성은 곧 현람(玄覽), 투명하고 순수한 어린이성(性)을 들어 올립니다. 이것이 노자의 현빈(玄牝)이고 주역 이괘(離卦), 빛 괘 속의 검은 암소를 기름(畜牧牛)입니다. 다시 말하면, 불의 버블이 사라지는 빛의 생성 과정에, 물과 암컷의 어둠이 개입된다는 것이지요. 해월 최시형 선생의 주장인 현실적인 후천개벽의 뚜렷한 신기론, 즉 우주생명학적 대변동 과정에 상응합니다.

우주생명학의 핵심 테마는 여성해방입니다. 현대적 개벽, 후천개벽은 남성가부장제의 선천문명의 감옥에서 우주율 그 자체인 여성을 해방시키는 데서부터 시작된다는 것이에요. 공자는 주역 계사전의 종시(終始) 다음에 이렇게 쓰고 있어요. '막성호간(莫盛乎艮)'. 무슨 뜻입니까? 이 개벽은 간방보다 더 치열한 곳이 없다는 것이지요. 간방이 어디요? 바로 한반도와 동이족이지. 왜 이런 표현이 공자에게서 나타난 것일까요. 명나라 때 강소성 맹주 사람 강호동의 『기만물이서(寄萬物移書)』에 의하면 공자가 '종시의 후천개벽'을 쓴 것은 3,000여 년 전의 고조선의 문서 『천부경』을 보고 나서라고 합니다. 『천부경』에 만왕만래(萬往萬來), 만 가지가 가고 만 가지가 온다는 표현이 있지 않소. 공자의 주역 계사전의 종만물 시만물(終萬物 始萬物)이 여기에서 나왔다는 거지요. 그런데, 만왕만래의 전제가 무엇입니까? 바로 묘연(妙衍)입니다. "묘연"이 무엇입니까? '여성과 어린이의 생명, 생활적 주체 형성'이라는 것입니다. 공자가 간방(艮方)에서 치열할 것이라는 후천개벽의 문을 열고 나오는 것은 바로 다름 아닌 "묘연" 그 자체인 것이지요.

동학 또한 그렇지요. 동학의 인내천(人乃天)이란 모심입니다. 사람이 한울이라는 말은 세상에 대한 여성과 아기들의 애틋한 모심이요, 여성과 아기들에 대한 세상의 극진한 모심인 것이지요. 해월 최시형 선생은 여성과 아기의 모심을 생활 속에서 실천하고 가르쳤어요. '아낙과 아기들을 때리지 말라! 아낙과 아기들은 후천시대의 타고난 도인(道人)이다. 아낙과 아기들을 때리는 것은 한울님을 때리는 것이다.' 했어요. 또 있지요. '나는 날 저물고 길이 어두울 때는 반드시 아낙들이나 아기들에게 길을 묻는다. 이 어두운 시절엔 그들만이 한울의 밝은 길을 잘 알기 때문이다.' 여성, 어린이, 소외 대중이 후천개벽 모심의 주체라는 웅변 같은 가르침이지요.

홍용희 예, 기후변화 현상과 후천개벽의 지향성, 우주생명학의 대변동이 좀 더 분명하게 이해됩니다. 이제 논의를 한 걸음 더 구체화시켜 후천개벽을 향한 우리의 현재적 상황, 역할, 소명, 실천 등에 집중해보기로 하겠습니다. 우주생명학의 대변동기에 지금, 여기에서 마땅히 해야 할 일과 역할은 무엇인가, 우주의 새 길을 향한 민족적 사명은 무엇일까 하는 것입니다. 민족주의 담론이 아니라 우리 민족이 제시할 인류사회를 향한 대변혁의 메시지를 모색하고 찾는 것이 요구된다고 생각됩니다.

메시지 민족의 가능성과 민족통일론

김지하 그렇지요. 그것이 중요해. 우리나라는 애당초부터 강대국이 되기는 어려워요. 인구나 국토 면적이나 국력이 세계적 강대국이 되기에는 역부족이야. 통일이 되고 문예부흥이 된다면 세계 10위에서 5위 정도의 경제와 그리고 문화를 통해서 온 인류에게, 또 중생에게까지 참 우주생명학을 스스로 전파하고 가르쳐 주는 '메시지 민족'이 될 수 있을 거예요.

또 마땅히 그렇게 해야 하고. 이 나라가 절대 만만치 않아요. 신라 말에 자장 율사가 화엄을 공부하러 당나라 오대산에 갔을 때 문수보살이 현몽을 해요. 현몽이란 불교에서의 나름 만남의 방식이지. "화엄은 중국에 없다. 화엄은 당신네 나라 동북쪽 산 많은 곳의 바로 그 명계(冥界)에 문수사리가 태어나면서부터 1만 명 모두 산등성이마다 몸을 도사리고 그곳에 있다." 이때 그곳이 어디 겠어요? 바로 강원도요. 강원도의 거의 대부분이 바로 명계(冥界)야. 자장은 강원도의 오대산, 지금의 월정사 터에 움막을 짓고 수행을 시작하지요.

명(冥)이란 불교 용어지요. 이것부터 공부해야 합니다. 새 우주 대개벽은 바로 "명(冥)"에서 시작됩니다. 화엄경의 핵심은 입법계품(立法界品)에 있고 또 그 핵심은 '서다림(逝多林)'에 있으며 또한 사자당 분신의 주체인 무승당해탈(無勝幢解脫)의 자행동녀(慈行童女) 자신에게 있습니다. 이것을 비켜나가면 화엄은 사라져요. 자행동녀를 언급하는 것은 가르침 없이 스스로 하는 해탈의 중요성을 내세운 것이지요. 자행동녀가 생기하는 구멍이 명(冥)입니다. 명(冥)은 화엄의 비밀이 숨어 있는 어둡고 혼돈스러운 귀신 골짜기요 자궁-우주입니다. 명(冥)의 미학으로 가는 길이 이 시절의 혼돈 속에서 우주의 중심음을 찾는 길이 되는 까닭이 여기에 있습니다.

이 땅, 우리 민족 참으로 간단치 않아요. 로마 말기 이스라엘 민족 같은 메시지 민족으로서의 가능성을 찾아야 해요. 성배민족으로서의 소명의식을 가져야 돼요. 이걸 함부로 민족주의 운운하며 도외시해서는 안 돼요.

홍용희 예, 우리 민족의 메시지 민족으로서의 잠재적 가능성을 언급해 주셨습니다. 이를 전제로 우리 민족의 현재적 실현 과제를 중심 논의로 끌고와 보기로 하지요. '통일이 되고 문예부흥이 된다면 세계 5위 정도로 국격이 높아지면서 우주생명학을 스스로 가르쳐주는 메시지 민족으로서 가능성이 열릴 수 있다'는 말씀을 해 주었습니다. 물론, 여기에서 통일과 문예부흥 그리고 메시지 민족의 역할은 선후의 문제가 아니라 동시적 과정 속의 문제일 것입니다. 한반도에서 민족 통일의 진행 과정 속에는 한반도는 물론 동아시아와 세계사의 문제나 가치에 대한 다양한 논의가 혼돈스럽게 제기될 수 있을 것이기 때문입니다. 이런 문제의식 속에서 먼저 이 땅의 민족 통일의 가능성과 방법론에 대해 가늠해 보는 것이 중요할 것 같습니다.

김지하 그래요. 통일 얘기부터 하지요. 탄허 스님이 이렇게 예언했어요. '월악산 꼭대기 영봉(靈峰) 위에 떠오르는 보름달이 산 밑의 물 위에 비치기 시작하면 그로부터 30년이 지나 나라에 여자 지도자가 나타나고 그로부터 3년이 지난 해 통일이 된다.' 2015년 조선일보 정월 5일자에 조용헌씨도 칼럼에 인용을 했어요. 물이 없던 월악산 밑에 물이 나타난 것은 지금부터 30년 전 충주호 댐 공사 뒤입니다. 지금은 꼭대기 영봉과 그 위에 뜨는 달이 제천 한수면 송계리 앞 강물 위에 화안히 비쳐요.

이런 이야기가 어디에서 나왔을까? 송계리의 '미륵길'로 올라간 월악산 뒤쪽의 덕주사(德周寺)로부터 시작되었어요. 덕주사는 신라 마지막 임금 경순왕이 원주 양안치 너머 미륵산 아래에 와서 눌러 살 때 그의 딸인 덕주 공주가 아버지의 망국사를 슬퍼하면서 절을 짓고 새 세상을 꿈꾸며 불공을 드린 한(恨) 많은 절이야. 여기에서 덕주 공주가 받은 일종의 괘라는 것이야.

이것을 자유당 시절 오대산 월정사 주지였던 탄허 스님이 당시 덕주사 주지 월행 스님과 친했거든. 그래, 자주 만나 얘기를 나누는 과정에 나온 이야기인 거라. 그 주변 사람들은 다 알아요. 물론 어쨌든 통일은 안 되었지만, 한반도에 통일의 기운은 그때 매우 강했어요. 북한 김정은이가 그때 신년사에서 '올해가 통일의 해이다'라고 발표를 했어. 물론 무력 통일을 염두해 두고 한 말이었지. 남한에서는 남한대로 통일 대박을 내세웠지요. 이루어지지는 않았지만 통일의 기운들이 뜨겁게 달아오르고는 있어. 분명. 이런 정세를 바탕으로 민족적 에너지를 세계 속에 들어 올리는 통일론이 요구되는 것이지요.

여성성의 시대와 여성 대통령 지지에 대해

홍용희 예. 좀 논지에서 벗어난 얘기입니다만, 왜 민족통일론의 지도

자로 여성이 언급되었을까요. 이것 또한 우리 민족의 통일론과 후천개벽의 주체로 등장하는 여성성과 깊은 연관이 있어 보입니다. 그야말로 우리의 민족 통일을 비약적인 세계사적 전환의 계기로 끌고가야 한다는 것으로 해석됩니다.

김지하 그래, 그렇지요. 덕주사 벽에는 지금도 바로 그 '여성성'의 중요성에 대한 불교적 해설이 붙어있어요. 민족통일 담론은 단지 이 땅의 문제가 아니라 세계적 차원에서의 문명적 전환기의 새로운 창조적 담론을 구현하고 실현하는 계기가 될 것이라는 것이지요. 민족적 차원을 넘어서서 새로운 세계를 여는 대개벽의 담론의 장으로 승화해 나갈 것이라는 거고. 이때 이 땅에 잠복되어 있던 고대의 지혜가 아주 혼돈스럽게 전면으로 부상한다는 것이지요.

개벽관으로서 여성성은 곧 그 안에 '아동성'을 내포해요. 앞에서 말한 대로 우리 민족의 최고경전인 천부경(天符經)에서는 '여성과 아동의 생명, 생활 중심 가치성'을 뜻하는 묘연(妙衍)이 핵심으로 되어 있잖아요. 불교는 탄허 스님이 몰두했던 바로 그 '화엄경'에서 또한 '여성과 아기들'을 중심으로 세웠고 그들의 대표적 주자가 '자행동녀(悫行童子)'입니다. 동학(東學)의 가르침이 또한 그렇지요. 해월 최시형 선생은 생애 후반에 "후천개벽은 북극태음의 물, 대빙산(大氷山)의 변동으로부터 오고 그 물의 변동은 여성들 몸 속의 월경(月經)의 변동으로부터 시작된다"고 했지요.

그리고 이러한 논지의 깊은 근원은 신시(神市)의 다물(多勿)운동입니다. 1만 4,000년 전 마고시대의 팔려사율(八呂四律), 즉 여성성, 혼동성 여덟에 남성성·균형성 넷 비율의 혼돈적 질서의 신시 시대를 현대에 다시 불러오는 과정이지요. 이게 바로 여율의 미학적 메타포이고 '물의 아포리아'이지요. '시끄러운 어둠 속에서도 화안한 빛이 떠오르' 듯이, 바로 이러한 이 땅의 역사 속에 묻혀 있는 민족문화, 통일문화, 모심의 문화가 민족 평화통일론으로 떠오르고 이것이 또한 대 개벽의 문화론으로 작용해야 한다는 것입니다.

홍용희 새 우주의 길, 후천개벽은 달, 물, 여성성의 시대라는 전제 속에 우리 민족 통일론 역시 묘연(妙衍)의 가치, 즉 여성의 생명, 생활중심 가치가 전면에 들어 올려져야 한다는 인식을 강조하셨습니다. 다소 엉뚱한 질문입니다만 지난 대선에서 박근혜 후보를 지지한 것도 이러한 선생님의 개벽관과 시대사적 인식의 연장선에 놓이는 것으로 이해됩니다. 선생님은 박정희 유신정권에 가장 치열하게 응전한 상징성을 지니고 있기 때문에 박근혜 후보 지지는 많은 사람들을 당황하게 했던 것이 사실입니다.

김지하 내가 지독하게 박정희를 미워했지. 나를 감옥에 가두고 사형선고까지 내렸잖소. 내가 좋아서 욕 안 하는 게 아니야. 공은 공이고 과는 과고 그건 따져야 할 일이지. 당시 박근혜 후보에 대해서는 이런 생각을 했어. 여성이 중요한 시대잖소. 전 세계적으로. 그런데, 자기 어머니하고 아버지가 총을 맞아 죽은 사람의 딸은 다른 사람하고 다를 것이다. 그것도 18년을, 고독 속에서 제 에미 애비 원혼을 품고 살았을 거 아니냐. 그 고난이 어떠했을까? 나 그거 생각 많이 했어.

그런데, 거기에다가 최태민, 최순실이 저 모양으로 저렇게 붙어있는 줄은 상상도 못했지. 이제 나는 다시는 정치 얘기 안 할 거요. 난이나 치고, 그림에만 몰두할 생각이야. 내 어릴 때부터 꿈이었던. 우리 어머니가 환쟁이는 가난하다고 모질게도 말려서 못 했거든.

홍용희 예, 박근혜 전대통령이 여성성의 시대에 부응하는 여성 지도자가 되지 못했던 것이 이래저래 더 안타깝습니다. 다시 통일론으로 돌아가서 얘기를 전개하기로 하지요. 한반도의 분단 상황은 전 지구적 시장화가 일상화된 오늘날 분명 기이한 현상으로 보입니다. 2차 세계대전 이래 미국과 소련을 중심으로 한 이념적 실험과 대결의 냉전 구도는 녹슨 유물이 되었습니다. 한반도의 분단 체제를 지탱하는 규정력이 이미 해체된 것이지요. 그런데도 한반도는 '냉전의 섬'으로 존재하고 있습니다. 사회주의와 자본주의의 이념적 대결 국면이 아니라 전근대적인 김씨 왕조와 자본주의 체제 간의 관성적인 긴장관계로 보입니다.

      70여 년에 이르는 분단의 역사가 침전시킨 이질적 장벽을 무너뜨릴 수 있는 틈새는 무엇이며 어디에 있을까? 이런 질문을 새삼 하게 됩니다. 이것은 북한의 '위로부터의 변화'보다 '아래로부터의 변화' 속에서 계기성을 찾는 것이 유효하리라고 보기 때문입니다. 이러한 문면에서 선생님께서 여러 글에서 주목하고 있는 북한 장마당은 매우 중요한 문제라고 생각됩니다. 북한에서 일어나고 있는 자생적 시장 문화에 대한 문제이지요.

민족통일론 혹은 북한 장마당과 남한 오일장의 만남

      김지하 아주 중요한 얘기입니다. '같은 민족이다' 이래서 통일하는 거 아니야. 장마당은 김정일의 화폐개혁 실패에 대한 반동으로 시작된 북한 여성들 중심의 소비시장 유행 현상이야. 처음에는 북에서도 잡으려고 애를 썼어요. 그러나 소용 없어. 장마당은 사회주의 체제 안에서 사회주의를 변혁하는 힘을 안고 있거든. 이제는 도리어 북한 정권이 그 장마당의 경제적, 사회적 효과에 의지하기 시작했어요. 장마당에는 여러 가지가 겹쳐져 있어, 복합적인 시장구조, 중층구조인데, 한 번에 몇백 명씩 모인다네. 좋은 거 주쇼. 외제가 나온대. 더 좋은 거 내놓으라 하면 남한 거래. 그보다 더 좋은 거 내놓으라면 자기들 거 내놓는 대요. 북한에도 우리가 모르는 새로운 창조적 삶이 있다는 거지.

      북한의 장마당, 유심히 살펴보면, 옛날 산업구조, 토지제도 같은 것을 되풀이하는 방식이 나와요. 정전법과 균전제 같은 양식, 또 하나 둔전의 원리. 주강현 어법으로 '마을에 들어간 미륵사상', 마을에 들어가서 인민들의 삶을 어떻게 변화시키느냐, 그게 둔전의 원리입니다. 미륵신앙의 본거지에 둔전이 발달

했어요. 과거의 우리나라와 동아시아와 중국, 북방 고대에 있었던 복합성을 가진 고대의 경제 구조가 섞여 나오고 있다는 거야. 보통 일이 아니야.

　　　　고대의 경제 구조가 뭘까요? 미국의 금융위기 뒤부터 유럽, 미국, 일본 등지 경제학 관련 지식인들이 낮은 목소리로 시도하는 이야기가 칼 폴라니가 『거대한 전환』에서 제시한 '호혜시장'이 핵심이에요. 호혜시장의 지향점은 호혜, 교환, 획기적 재분배라는 '옛 아시아의 산 위의 물가에서 열렸다는 이상적인 시장', 신시(神市) 시스템의 현대적 부활입니다.

　　　　조안나 안젤리카가 말한 '신의 우물'의 현재화이지요. 조안나 안젤리카는 '인류는 이제야 긴 긴 멀미 나는 항해를 끝내고 참으로 옛 고향에 가까운 정든 포구에 도착했다. 그 작은 포구의 이름이 따뜻한 시장이다.' 라고 쓰고 있어요. 왜, 따뜻한 시장인가? 사람에 따라, 형편에 따라 시장 가격이 정해진다는 거지. 우리 시골 오일장에 가면 이른바 '가격 다양성'과 '협의 가격'이 있잖소. 가난한 자에겐 형편 봐서 좀 싸게, 있는 자에겐 비싸게 책정하고. 이게 다 예부터 내려온 시장원리인 거라.

　　　　나는 원주에 있으면서 정선장에 자주 가요. 대단해. 10만, 16만이 모인대. 그런데 거기 가보면 대형 아울렛 CEO들이 적지 않게 와요. 왜? 뭔가 배울 게 있으니까 오지. 그게 바로 따뜻한 자본주의이고 신의 우물의 특성 아니겠어요. 정선 오일장이 창조경제의 씨앗입니다. 미국 유행을 들여와 더욱 확산되는 이천, 여주, 문막, 원주 등에 생기는 프리미엄 아울렛이 정선 오일장의 부분적 흉내를 시도하고자 한다는 것이지요.

　　　　그렇게 보면, 정선장과 북한의 장마당 그리고 미국 뉴욕 금융사태 직후 더욱 확산되는 대형 프리미엄 아울렛. 이 둘의 창조적 융합, 그로 인한 획기적 재분배의 가능성을 구현해 볼 수는 없을까? 여기에 통일의 가능성과 세계사적 새 문명의 계기성이 잠복되어 있다고 할 수 있지 않을까? 나는 이렇게 묻고 싶은 거요.

홍용희 그렇습니다. 분명 '통일은 민족적 당위성이다'라는 식의 구호로 이루어질 수 있는 것은 아니겠지요. 북한 장마당과 남한 오일장의 전통적인 '따뜻한 자본주의'적 요소가 서로 만나면서 민족 통일의 교두보를 찾을 수 있을 것이라는 흥미로운 말씀을 해주었습니다. 특히 칼 폴라니가 호혜시장에서 강조한 획기적 재분배에서 획기성은 자본주의의 핵심이고 재분배는 공산주의의 핵심 테마라고 할 것입니다. 프리미엄 아울렛은 전자의, 전통 오일장이 후자의 성향에 해당한다는 것이지요. 따라서 이 둘의 융합은 자본주의와 사회주의적 성향의 창조적 융합이라는 차원에서 남북한이 만나서 지향하는 새로운 인간중심의 시장으로 이해됩니다.

이러한 인간중심의 시장이 가속도를 내며 확산될 수 있는 방법은 무엇일까요? 시장의 소비자 정서 또는 소비 패턴과 결부되면서 가능해질 수 있겠지요.

김지하 예, 바로 그것입니다. 신시(神市)의 현대화에서 가장 중요한 것은 획기적 재분배입니다. 특히 여기에서 재분배를 결정하는 중심성이 핵심 사안입니다. 임마뉴엘 월러슈타인과 폴 크루그먼 같은 경제학자들이 "현대 경제의 살길은 생산 시스템의 소비 패턴의 대거 반영이고 그 소비 패턴은 여성 소비 판단력의 우수성에서 기인하여 그 여성 소비 판단력이 경제 대원리를 좌우한다"고 공언하고 있는 현실입니다. 미국의 마트와 몰(mall)에서 여성 소비 판단력의 밑바닥에서부터 이른바 칸트의 판단력 비판의 날카로운 쾌, 불쾌의 취미 판단이 최근 일상화되고 있습니다.

그런데 동아시아 태평양에서 새로운 경제, 새로운 문화, 새로운 문명과 정치가 요구되고 있는 이 시점에서 바로 그 칸트의 판단력 비판이나 이 보다 월등한 판단력 비판인 원효의 판비량론(判批量論)이 명(冥)의 터전, 그 자궁우주의 정선장(오일장)과 연결된다면 이것은 결코 간단치 않지요. 판비량론은 노(勞)와 겸(謙), '배부름과 텅비어 있음', 신명과 한, 그리고 그로부터 이루어지는 마지막 판단, 쾌와 불쾌를 근간으로 합니다.

아무튼 쾌, 불쾌의 날카로운 상품소비 판단이 과연 불성의 깨달음을 통해 성불과 해탈의 길에 이른다면 어찌할 터인가? 거대한 인류 사상사의 대개벽이 이러한 시류, 이러한 미적 트랜드 속에 잠복되어 있다고 할 수는 없겠는가? 이렇게 생각하게 되지요.

홍용희 쾌, 불쾌가 얽혀지는 미학적 삶의 시장에서, 특히 여성 소비 판단력의 쾌, 불쾌 취미 판단의 차원 높은 미학적 승화의 필요성과 가능성을 지적해 주었습니다. 그리고 바로 여기에서 새로운 문명적 전환의 계기들을 찾고 있는 것으로 이해됩니다. 그렇다면, 소비자 중심의 취미 판단이 차원 높게 승화해 나가야 할 궁극적인 미학적 성향 혹은 그 아키타입은 무엇일까요.

김지하 예, 미학이 세상을 새롭게 바꿔야 하는 그런 기이한 시절입니다. 바꿀 뿐만이 아니라 고침, 즉 힐링하는 때가 되어가고 있습니다. 오늘날은 말세라 해도 좋고 가을, 그것도 늦가을이라 불러도 좋은, 대개벽이요 전환에 해당하는 '그늘의 계절'이지요. 연담 이운규는 '영동천심월(影動天心月)'이라 했어요. '그늘이 우주를 바꾼다.' 내 문자로 말한다면 '흰 그늘'이지요. 내가 항상 강조해 온 시김새의 다른 말입니다. 울울한 시커먼 한의 그늘 그 자체로부터 차차 차차 솟아오르기 시작하는 새롭고 힘찬 하아얀 신명의 빛, 그것이 흰 그늘이요, 시김새올시다. 그럼 이 시김새의 근원은 어디인가? 바로 이 명(冥)의 땅, 정선입니다. 판소리 동편제의 명인 송흥록이 '판소리의 가장 어려운 비밀을 시김새라고 지적하고 그 시김새의 비밀의 근원이 다름 아닌 정선아리랑'이라고 했어요.

명의 지역, 정선 아리랑의 시김새는 우리 민족, 우리 민중의 가장 강렬한 생명의 진리요 문화의 전통입니다. 판소리도 탈춤도 시나위도 나아가 시도 그림도 기타 일체의 종교적 그리움의 표현마저도 시김을 떠나서는 그 자체의 예술적 지향 자체가 성립되지 않습니다. 시김은 발효입니다. 심지어 김치도,

비빔밥도, 인격까지도 그렇지요. 그렇다면, 시김새, 흰 그늘은 그 스스로 이미 아우라이고 모든 땅과 삶과 일과 일치의 근원, 대화엄세계의 본원이요 근원인 해인(海印)인 것입니다.

여기서 나는 화엄경의 여성 예고편이라고 해야 할 법화경, 그 법화경 중의 가장 압도적 부분인 종지용출품(從地湧出品)을 우뚝 떠올리게 됩니다. 하늘에서 하강하는 것이 아니라 땅 속에서부터 그리고 물과 바닷 속에서부터 솟아오르는 보살들의 여러 기적과 같은 작태들에 관한 것입니다. 그 땅은 물, 즉 해인을 토대로 합니다. 보살의 거룩한 모습이 땅에서 솟아오르는 것이지요.

그래서 우주생명학의 미학은 종교, 철학, 도덕, 교육, 윤리 따위가 아닌, 위로부터의 가르침과 훈육이 아닌, 아름답게 느끼고, 여성과 아이들(玄牝, 玄覽)이 스스로 아름답게 느끼고 옆에 스스로 전달하고 합의하고 깨달아 가는 우주생명의 깊은, 그리고 새로운, 동서양 공히 공통하는 비밀을 억압 없이, 그래서 노리개 장난감이니 롤리타 따위 왜곡된 개념이 필요없는, 참으로 스스럼없는 그러한 깨달음, 그것이 모심이고 화엄개벽 길의 미학입니다.

아우라지 미학과 시김새

홍용희 법화경의 종지용출품(從地湧出品)이란 바로 우주 자궁의 미학, 이 땅의 근본적이면서도 우주융합적인 힐링의 한 미묘한 중심음이 생기는 명(冥)의 미학에 상응하는 것으로 이해됩니다. 그런데 명의 미학의 요체인 흰 그늘 혹은 시김새의 근원지가 앞에서 말씀하신 명의 지역에 해당하는 정선 아우라지라는 점이 새삼 흥미롭습니다. 앞에서 따뜻한 자본주의, 신의 우물로서 정선장을 얘기했습니다만 바로 그 정선장이 머금고 있는 정선 아우라지 미학이 새 우주의 중심음이라는 점이 흥미롭습니다.

김지하 그렇지요. 명의 미학은 정선 아리랑의 아우라지가 핵심이고 아우라지의 비밀은 그 한자말인 여량(餘糧)입니다. 여량이란 명칭은 고려 중기 몽고 병란과 정부의 강화도 피난 시절 그 황량한 공백기에 강릉 두호촌의 원백 이원호(李圓虎)가 거기에 머물면서 지은 것으로 전합니다. 이름이라기보다는 헌사예요. 여량의 뜻은 남은 곡식, 잉여입니다. 그러나 잉여는 잉여에 그치는 게 아니지요. 기연상서(奇然祥瑞)올시다. 기이성과 상서로움. 잉여, 즉 나머지 여분을 얻고자 하는 것은 돈을 벌기 이전에 신에게 '감사의 제사'를 지내기 위함이고, 약리(藥理), 즉 땅이나 강에 뿌리기 위함이 우선인 거요. 제사나 약을 위한, 다시 말해 제사를 통한 치유효과와 약물적 생명을 추구한다는 것이지요. 바로 여기에 미의 힐링, 예술과 문화와 생명과의 연관을 읽을 수 있지요. 이렇게 보면, 여량은 시김새와 상통합니다. 정선 아우라지 미학이 우주생명학의 미학이라고 할 수 있게 되는 까닭이 여기 있습니다.

홍용희 아우라지 미학이 명(冥)의 미학의 요체로서 치유와 생명의 미학이란 논법이군요. 이렇게 보면, 아우라지 미학은 새 시대 우주생명학의 중심음이라고 하겠군요. 정선 아우라지에 대한 재발견이고 시김새에 대한 재발견입니다.

한편, 선생님께서 앞에서 언급하신 법화경의 종지용출품(從地湧出品), 물과 바닷 속에서부터 솟아오르는 보살이란 누구일까요? 저는 해월 최시형이 '나는 날 저물고 길이 어두울 때는 반드시 아낙들이나 아기들에게 길을 묻는다. 이 어두운 시절엔 그들만이 한울의 밝은 길을 잘 알기 때문이다.'라고 할 때의 아낙과 아기들로 이해됩니다. 여기에 이르면, 오늘 언급한 내용의 핵심 요체에 해당하는 후천개벽 운동의 실질 역사의 연원이며 전범을 동학에서 찾아볼 수 있지 않을까 생각됩니다. 그렇다면, 오늘 선생님과 나눈 대화들은 오늘날의 동학, 신동학 운동이라고도 할 수 있을 것 같습니다.

김지하 예. 바로 그렇습니다. 신동학입니다. 그리고 신동학을 열어나가야 합니다. 동학이야말로 화엄개벽 그대로의 실현이었지요. 누구에 의해서? 수왕회입니다. 수왕회는 동학 후천개벽의 살아있는 역사입니다. 갑오혁명 실패 직후 해월 선생이 경기도 이천군 실성면 수산 1리(앵산동)에서 낮 11시 '동서양 일체 제사의 근본혁명, 이제까지 벽을 향해 지내는 향벽설위(向壁設位)를 내가 한울님, 부처님, 조상님이 실제로 살아계시는 나 자신을 향해 제사 지내는 향아설위(向我設位)로 변혁하는 것이 개벽의 시작이다'라고 선언해요. 그 이튿날 새벽 앵산에서 빈삼(彬杉) 화상 등 8인과 해월 선생 곁에서 유일하게 수발을 들던 28세의 여성 이수인(李水仁)과 함께 화엄개벽을 위한 수왕회를 결성합니다. 이때 수왕회의 대표자, 여성 임금(水王)으로 누가 추대되느냐 하면 바로 허드렛일을 하던 여성 이수인입니다. 한 많은 꼬래비가 임금 자리에 앉는 기위친정(己位親政)의 실천이지. 이수인은 그 이듬해 양평장터에서 강간, 살해당하고 말아요. 이수인의 실질적 수행 양식이었던 무승당 해탈(無勝幢解脫), 즉 스스로 깨달아 보살이 되는 양식은 바로 향아설위와 모심의 화엄적 확산이었어요. 이수인이라는 여성은 그로써 원만(圓滿) 그 자체이고 수왕회와 여성 아기들은 궁궁원만(弓弓圓滿)의 모심체(體)인 것입니다. 오늘 우리가 닦고 나아가야 할 동학의 현대 초현대적인 우주생명학의 첫 번째 수행이자 실천테마의 역사였습니다.

　　　홍용희 예, 선생님, 오늘은 이곳, 제천 의림지에서 물의 세상과 우주에 하염없이 빠져든 시간이었습니다. 선생님의 말씀은 달, 바다, 그늘, 여성, 생명 중심의 시대로 옮겨 가는 새로운 우주의 길, 화엄개벽의 길을 향한 지리학으로 요약됩니다. 이것은 또한 김지하와 함께 하는 수왕사를 향한 여정이며 21세기 신동학을 열어가는 여정이었습니다. 기연상서(奇然祥瑞)라고 하셨던가요. 치유와 생명의 기이함과 상서로움, 그 우주생명학을 샛별처럼 감지하는 시간이었습니다. 감사합니다.

김지하의 시와 사상 해설

'흰 그늘'의 미의식과 생명사상론

1. 서론

　　김지하는 1970년대 이래 우리 시사의 대표적인 시인으로서 활발한 시작 활동과 더불어 문예미학과 생명론에 관한 깊은 문제의식을 지속적으로 개진해왔다. 물론 그의 문예미학과 생명론은 자신의 시 창작의 형식론과 내용가치의 밑그림으로 작용해왔다. 그러나 그의 이러한 이론적, 사상적 문제의식과 저술 활동은 단순히 시 창작의 부가적 차원을 넘어 민족미학과 생명론의 현재적 재창조를 선도해온 위상을 지닌다.

　　그의 문예미학론은 1970년 「풍자냐 자살이냐」를 발표하면서 전통민예의 잠재적 가능성과 의미를 날카롭게 제기한 이래, 「민족의 노래 민중의 노래」(1970), 「민중문학의 형식문제」(1985) 등을 거쳐 『율려란 무엇인가』(1999), 『예감에 가득 찬 숲 그늘』(1999), 『탈춤의 민족미학』(2004), 『흰 그늘을 찾아서』(2005) 등으로 이어지면서 우리 민족민중민예의 생성, 의미, 구성 원리, 미래지향적 가치 등에 대한 천착을 매우 폭넓고 다채롭게 보여주었다.

　　한편, 그의 생명론은 문예미학과의 연속성 속에서 전개된다. 창작판소리 「오적」등에서 보듯 전통 민중민예 양식과 세계관이 그의 초기 문학세계에서부터 기본 바탕을 이루었으나 1970년대 군사정권에 대한 직접적인 저항과 투쟁의 역정이 전면화 되면서 잠복기의 양상을 보이다가 1980년대 이후부터 본격적으로 구체화된다. 1980년대 시집 『애린』(1986) 연작을 마디절로 『별밭을 우러르며』(1989), 『중심의 괴로움』(1994)을 거쳐 『흰그늘의 산알 소식과 산알의 흰그늘 노래』(2010)에 이르기까지 심화, 확장되어온 치유, 소통, 생태적 상상이 이를 선명하게 드러낸다. 이와 같이 그의 시 세계를 통해서도 구체화된 생명사상론은 우리나라의 전통 종교, 철학, 예술, 과학 등에 중심을 두면서 서구의 다양한 학문적 성취를 포괄적으로 아우르는 방법을 통해 지속가능한 생명 발전을 위한 보편적인 생명학의 지평을 열어나간다. 특히 그의 『김지하의 화두』(2003), 『생명과 평화의 길』(2005), 『촛불, 횃불, 숯불』(2010), 『디지털 생태학』(2010) 등은 문명적 전환의 동력을 현재적 삶 속에서 발견하고 평가하고 의미화 하는 양상을 보인다.

  이 논문에서는 김지하의 생명의 세계관에 입각한 문예미학의 핵심적인 내용가치와 구성 원리에 해당하는 '흰 그늘'의 미의식을 중심으로 살펴보고자 한다. 그가 1999년부터 언급하기 시작한 '흰 그늘의 미학'은 그동안 자신이 추구해온 문예미학, 철학, 인생론[1] 등의 성격, 과 가치의 총체적인 표상이다. 다시 말해, 그에게 '흰 그늘'은 스스로의 자전적 인생론과 문예미학론, 사상론에 대한 귀납적인 의미 규정이면서 동시에 인생론, 사상론, 문예미학의 방향을 결정하는 연역적 명제이다. 그는 '흰 그늘'의 반대일치의 역설이 생명의 생성 및 진화론의 원리에 상응한다는 점을 규명하고 여기에서 더 나아가 전통적인 생명문화의 구성원리라는 점을 민족 민중 종교, 사상, 민예 등은 물론 동서양의 과학, 생명학을 넘나들면서 분석적으로 해명하고 있다. 그리고 이를 통해 궁극적으로는 '흰 그늘의 미학'이 민족미학의 핵심원리이면서 동시에 보편적인 생명학의 원형이라는 점을 강조하고 있다. 이렇게 볼 때, 결국 '흰 그늘의 미학'은 생

---

[1] 김지하는 3권으로 간행한 자신의 삶의 회고록의 제목을 『흰 그늘의 길』(학고재, 2001)로 정한다. 이때 '흰 그늘'은 자신의 신산한 삶의 역정을 가리키면서 동시에 지향점을 표상하는 것으로 파악된다.

명 지속적 발전을 지표로 하는 21세기 문명적 가치의 기준이며 원형으로서의 의미를 지닌다.

이 논문은 이러한 문제의식 속에서 김지하의 '흰 그늘의 미학'에 대해 집중적으로 탐구해 보기로 한다. 이러한 작업은 그의 '흰 그늘의 미학'에 대한 이해이면서 동시에 그의 생명론의 요체를 이해하는 데 유효할 것이다.

2. '흰 그늘의 미학'의 내용과 성격

김지하의 문예미학은 물론 인생론과 사상론의 요체는 "흰 그늘"의 모순형용으로 표상화 된다. 그러나 그의 문예미학론에서 '흰 그늘'이라는 용어가 등장하는 것은 1999년부터이다.[2] 그는 이때부터 그동안 꾸준하게 추구해온 자신의 민족민중문예 미학은 물론 어둠의 세력에 대한 직접적인 저항에서 어둠의 세력까지 순치시켜 포괄하는 살림의 세계에 대한 시적 삶의 역정을 "흰 그늘"이라는 감각적 표상으로 규명하고 있는 것이다. 그리고 여기에서 더 나아가 그는 생명의 존재 원리와 전통문화예술이 내재하고 있는 생명의 이치를 "흰 그늘"의 미학 속에서 규명하고 있다. 그에게 "흰 그늘"은 생명시학을 추구해온 자신의 시적 삶에 대한 인식이면서 동시에 생명학의 인식 방법론이며 결과물이기도 하다. 이점은 '저항'에서 '생명'을 끌어낸 자신의 시적 삶과 생명학에 대한 인식론이 연속성을 이루는 면모로 파악된다.

한편, "흰 그늘의 미학"은 1990년대 중반부터 그가 언급해 온 "그늘"

---

2 김지하가 '흰 그늘'이란 용어를 쓰기 시작한 것은 1999년에 들어와서부터이다. 그가 '흰 그늘'이란 용어를 쓰게 된 경위는 다음의 진술에서 드러난다. "고조선 이후에 이 민족이 협종을 황종 자리에서 연주한 이유가 무엇인지 깊이 생각해 볼 일입니다. 우리 민족이 카오스적 사상을 신시시대 때부터 숨겨진 채로 갖고 있다가 미래를 위해서 내놓는 것이 아닌가 하는 신비적인 생각까지 들었습니다. 조금은 이렇게 신비주의적인 생각을 하면서 며칠 고민을 했습니다. 이런 생각을 하다가 며칠 전 잠이 반 깨어 있는 상태에서 이상한 체험을 했습니다. 메시지를 받았다고 할까요? 계속해서 눈 안에 '흰 그늘'이라는 글자가 이상한 형상으로 클로즈업 되는 것이었습니다." 김지하, 「율려운동의 나아갈 길」, 『율려란 무엇인가』, 한문화, 1999.

의 미의식의 연장선에 놓인다. '그늘'의 미의식이 역동적이고 입체적인 감각으로 표상화 된 것이 '흰 그늘'로 파악된다. 따라서 '흰 그늘의 미학'을 이해하기 위해서는 먼저 '그늘'의 미의식에 대한 이해의 선행이 요구된다. '그늘'이란 주로 판소리에서 통용되는 용어로서 그 일반적 내용을 살펴보면 다음과 같다.

> 판소리 용어에 그늘이라는 말이 있다. 판소리 가락을 오랜 수련을 통해서 잘 삭혔을 때 시김새가 붙었다, 시김새가 좋다고 하거니와 시김새가 좋은 광대의 소리에서 빚어지는 미적인 운취를 '그늘'이라고 한다. '그늘'이란 시김새 좋은 판소리에서 빚어지는 웅숭깊은 여운, 여유, 멋을 이르는 말이다. 비유컨대 노래의 씨를 뿌려 싹이 트게하고 비바람을 견디며 자라게 하여 거목을 가꾸는 과정을 광대의 경우에 있어서 시김새를 획득하는 과정이라고 비유한다면 거목으로 자란 나무가 울창하게 가지를 뻗어 온갖 새들을 그 품에 안는 너그러운 여유, 그것이 곧 그늘이라 하겠다. 그런데 그늘이라는 말은 판소리의 경우만이 아니라 사람이 사람답게 성숙해가는 과정에 있어서 윤리적 미덕을 이르는 말이기도 하다. 사람이 세상을 살아가는 동안 그야말로 산전수전을 다 겪으면서 육체적으로나 정신적으로 성숙해간다. 이렇게 성숙한 사람, 여유 있는 사람을 일러 그늘이 있는 사람이라고 한다.[3]

위의 인용문에서 '그늘'의 의미를 요약하면 ① 광대의 잘 삭힌 시김새에서 배어나오는 운취, 멋, 웅숭 깊은 여운 ② 산전수전을 다 겪으면서 도달하는 인간적 성숙함 등으로 정리된다. 여기에서 시김새란 신산고초의 삶의 직접적인 표출이 아니라 인욕정진을 통해 육화된 소리를 가리킨다. 이와 같이 '그늘'이란 판소리는 물론 사람의 내면에서부터 배어나오는 유현하고 그윽한 미감을 가리키는 보편적 용어로 통용된다.

---

3 천이두, 『한의 구조 연구』, 문학과지성사, 1993, 117쪽.

김지하는 이와 같이 비교적 추상적이고 보편적으로 통용되는 '그늘'에 관한 미의식을 좀 더 구체적으로 정리하여 자신의 문예미학으로 끌어온다. 다음과 같은 그의 언급은 시적 언어와 이미지의 내적 근원으로서의 '그늘'의 의미와 가치를 집중적으로 전언하고 있다.

> 그늘이란 몽양(蒙養)이라 했을 때의 '몽(蒙)'즉 태고무법과 같이 얽혀지고 설켜져서 말로는 규정되지 않고, 해명되지 않는, 애매하고 불확실하고 통괄적인 것 같으면서도 뭔가 그 안에 들어 있는 날카로운 어떤 것이지요. (……) 그늘은 어떻게 생기느냐 하면 두 가지인데, 우선 삶의 신산고초에서 나오고 또 하나는 피나는 수련의 경과에서 나옵니다. 신산고초라는 것은 삶에 투항하고 야합하는 사람에게는 생기지 않습니다. 삶의 장애들을 어떻게든지 이겨내고, 제대로 된 삶을 살아보려고 하는 사람에게는 신산고초가 따르는 것이지요. 수련도 마찬가지입니다. 피투성이로 계속 반복하고 노력하여 장인적인 수련을 거치는 동안에 문득 얻어지는 익숙한 답 혹은 달관의 세계에 이르는 과정이 수련이지요. 공부 없는 사람은 그늘이 생기지 않아요.
> 여기서 주의할 것은 그늘지게 하는 것은 뭐냐 하는 건데, 그것은 한(恨)입니다. 한은 그늘로 나타납니다. 그늘은 실제 이미지를 동반합니다. 그것은 악이기도 하고 선이기도 하고 맑기도 하고 탁하기도 하고 온갖 것이 다 복합된 애매모호하고 불확실한 세계입니다. 그런데 이 그늘이 언어에서의 이미지의 모태입니다. 그늘은 밖에서부터 들어온 이미지가 아니라, 자기 삶을 통해서 생성된 이미지이지요.[4]

위의 인용문에서 명시하는 '그늘'의 실체는 ① 애매하고 불확실하게 얽히고 설킨 태고무법(太古無法)의 혼돈한 기운. ② 신산고초의 체험적 삶과 자기 수련의 경과를 통해서 쌓일 수 있는 것. ③ 자기 삶의 내재적 원리를 통해 생성

---

[4] 정현기, 「시와 시인을 찾아서 - 김지하」, 『시와시학』, 1995, 봄호.

된 이미지의 모태 등으로 요약된다.

　　　　이를 다시 좀 더 구체적으로 살펴보면, 먼저 ①의 문면에서 '그늘'이란 아직 작품의 형상으로 실체화되기 이전 단계의 층위에 해당하는 것으로서, 규정될 수 없고, 보이지 않는다는 측면에서 '없음'이면서 동시에 예술 작품의 미적 생성이 가능하도록 작용하는 이면의 중심적인 힘이라는 측면에서 '있음'의 존재, 즉 '없음'의 '있음'에 해당하는 활동하는 무(無)의 범주에 속하는 것으로 풀이된다. ②에서 '그늘'이란 "삶에 투항하고 야합하지 않는" 사람에게 생성된다는 것은 '그늘'의 내용적 성격을 암시해 준다. 즉, '그늘'은 현실적 삶을 진실하게 실현해 나가는 사람에게서 찾을 수 있는 생명의 원상, 본질, 본디 성품을 그 내용적 바탕으로 한다는 것이다. ③은 '그늘'이 예술작품의 형상적 이미지를 형성시키는 내적 토대, 근원적인 씨앗이라고 지적하고 있다. 즉, 그늘은 예술작품을 창작, 생성, 생기시키는 원천으로서 작용한다.[5]

　　　　이상의 내용을 종합해 볼 때, '그늘'이란 예술 작품을 생성시키는 이면의 생성의 기운과 에네르기로 요약해 볼 수 있다. 여기서 생명적 에네르기란 신산고초와 수련을 통해 체득한 개인, 사회, 역사, 더 나아가 우주적 차원의 현묘(玄妙)한 생명적 본질과 근원을 핵심적인 내용으로 한다.

　　　　이렇게 보면, '그늘'의 성격은 칼 융(C. G. Jung)의 심원한 무의식으로서의 '그림자'와 유사한 범주에서 비견된다. 칼 융의 '그림자'는 집단무의식의 '태고 유형'에 해당하는 바, 무의식 속에 버려진 열등한 인격이며 자아의 어두운 면이다. 그에 따르면, 인간의 정신은 의식과 무의식의 상호작용으로 이루어진다. 의식은 사고, 감정, 감각, 직관 등의 심적 기능으로서 개인이 자각적으로 인지할 수 있는 영역이다. 무의식은 개인 무의식과 집단무의식으로 구별되는 데, '그림자'는 집단 무의식의 '태고 유형' 중의 한 요소로서 동물적 본성에 가깝다. 의식이 지나치게 '그림자'를 억압하면, '그림자'는 투사를 통해 왜곡된 인식을 외부에 투영한다. 자기 자신의 결점을 스스로 자각 하지 못하고, 오히려 자신의 결점

---

[5] 김지하, 『김지하문학연구』, 시와시학사, 1999, 258-259쪽 참조.

을 남에게 전가하여 공격하는 양상은 이러한 문맥 속에서 이해된다. 그러나 '그림자'는 이를 대면하는 태도에 따라 병리적인(pathological) 힘이면서 창조적 생명력으로 작용할 수도 있다. 무의식에 버려진 그림자가 적절하게 의식화되면 어떤 일을 추진하고 생산하는 강한 힘으로 작동하기도 한다.[6] 따라서 무의식을 대면하는 태도와 이를 생산적으로 의식화하는 노력이 중요하게 요구된다. 이렇게 볼 때, 칼 융의 집단 무의식론에서 '그림자'는 악이면서 선일 수 있으며 예술적 창조의 에너지로 작동할 수 있다는 점에서 '그늘'과 상통한다. 또한 '그림자'를 어떻게 대면하여 의식화할 것인가 하는 점이 선과 악의 성향을 결정하는 관건이라는 점은 '그늘'을 직접 표출하느냐, 인욕정진을 통해 삭혀(삭힘)내느냐에 따라 미학적 성취 여부가 결정된다는 점과도 연관된다. 그러나 '그림자'가 의식 세계와 상대되는 집단무의식에서 태고 유형에 속하는 원시적 충동에 근간을 두고 있는 점은 '그늘'이 신산고초와 인욕정진의 결과물로서 의식과 무의식이 혼재하는 점이지대에 근간을 두고 있다는 점과 변별된다.

한편, '흰 그늘'에서 '흰'의 의미는 무엇일까? 먼저 이에 대한 김지하의 전언을 직접 들어보면 다음과 같다.

그늘 앞에 '흰'은 왜 붙었을까요? (……) '흰'은 우리말로 '신'도 됩니다. 머리가 흰 할아버지보고 '신할아비'라고 하죠. 우리 전통 사당패 놀이 같은 데 가끔 신할아비가 나옵니다. 머리가 하얗습니다. 붉, 한, 불, 이런 것들이 전부 흰 빛, 성스럽고 거룩한 초월성, 소위 '아우라'올시다. '흰'입니다. 그늘이 어두컴컴하면서도 그 안에 서로 대립되는 것들이 이리저리 얽히는 과정이라면, 그 안에 숨어 있는 성스러운, 거룩한, 일상과는 전혀 다른 새 차원을 '흰'이라고 합시다. 그 차원이 드러난 차원으로 떠올라오는 것을 '흰 그늘'이라고 합니다.[7]

---

6 이부영, 『그림자』, 한길사, 1996, 89-192쪽 참조.
7 김지하, 『흰그늘의 미학을 찾아서』, 실천문학사, 2005, 315쪽.

인용문에서 '흰 그늘'의 '흰'에 대한 개념이 분명하게 드러난다. 이를 요약적으로 이해하면, ① '흰 그늘'의 '흰'은 초월적 아우라로서 어둠의 혼돈과 얽힘의 '그늘'과 대조된다. ② '흰 그늘'의 '흰'의 출처는 그늘이다. 그늘 속에 숨어 있는 성스럽고 거룩한 것의 승화가 '흰 그늘'이다.

이러한 '흰 그늘'의 미의식을 판소리의 실예를 통해 언급한 내용을 살펴보면 다음과 같다.

> 예술적으로 그것은 피를 몇 대접씩 쏟는 독공의 결과로 슬픔과 기쁨, 웃음과 눈물, 청승과 익살, 이승과 저승, 사내와 계집, 나와 너 등 온갖 상대적인 것들을 함께 또는 잇달아 하나로 또는 둘로 능히 표현할 수 있는 성음인 '수리성'을 '그늘'이 깃든 소리라고 한다. (……) 바로 이 같은 '그늘'도 귀신울음소리(鬼哭聲)까지 표현할 정도래야 진정한 예술로서 지극한 예술(至藝)에 이르고 지예만이 참 도(道)에 이르는 것이다.
>
> 귀곡성까지 가려면 '그늘'만으로는 부족하다. 우주를 바꾸려는 신의 마음을 움직이고 감동시켜야 하는 데 그러자면 그늘이 있어야 하고 그 그늘만 아니라 거룩함, 신령함, 귀기(鬼氣)나 신명(神明)이 그늘과 함께 있어야하며 그늘로부터 '배어나와야' 한다.[8]

인용문을 바탕으로 판소리에서 '흰 그늘'을 요약적으로 정리하면 다음과 같다. '그늘'은 신산고초의 삶에 대한 분노나 폭발이 아닌 '삭힘'으로 인욕정진할 때 깃들 수 있다. 이러한 '그늘'에는 서로 상대적인 것이 연속성을 이룬다. '흰 그늘'은 이러한 그늘이 지극한 경지에 이르렀을 때 도달된다. 판소리에서는 '귀곡성'이 이에 해당한다. '귀곡성'은 그늘로부터 신령함, 귀기(鬼氣)나 신명이 배어나올 때 가능하다. 이 경지를 '흰 그늘'의 미학이라고 할 수 있다. 따라서 '흰 그늘'의 미학은 '그늘'에서 초월의 아우라가 상승하는, '그늘'의 지극한 경

---

8 김지하, 앞의 책, 320쪽.

지를 가리킨다. 즉, 중력과 초월, 속과 성, 지상과 천상의 통일이 사람을 통해 성립된 경지이다.

그렇다면, 이와 같은 예술의 지극한 경지를 가리키는 '흰 그늘의 미학'에서 세계변화의 동력을 찾을 수는 없을까? 다시 말해, '흰 그늘의 미학'을 우주변화의 미의식으로 확장시킬 수 있는 계기성은 없을까? 이러한 물음 앞에 1850년 충청도 연산의 연담 이운규가 제시한 영동천심월(影動天心月), 즉 '그늘이 우주를 바꾼다'는 문구가 떠오른다. 영동천심월(影動天心月)에서 천심월(天心月)은 주역에서 가리키는 "우주핵으로서 한울님의 마음"[9]을 뜻한다. 여기에서의 천심월이 인간의 존재핵, 황중월(皇中月) 즉 사람 마음의 최심층과 일치한다면 우주변화의 힘으로서의 '그늘'의 미의식을 말할 수 있게 된다. 그래서 김지하는 천심월이 인간 마음의 가장 심층부에 내재한다는 논리를 적극적으로 규명한다.『천부경』에 등장하는 '인중천지일(人中天地一)', 즉 사람 안에 하늘과 땅이 하나를 이룬다는 논리나 『삼일신고』에 나오는 강재뇌신(降在腦神), 즉 신은 머리(뇌) 속에 내재한다는 논리를 통해 이를 설명한다. 이렇게 보면, "그늘이 우주를 바꾼다"는 것은 그늘로부터 숨은 신령이 드러남을 통해 우주를 변화시킨다는 것인 바, 곧 '흰 그늘'을 가리킨다. 따라서 '흰 그늘의 미학'은 궁극적으로 우주변화의 원리까지 닿아 있게 된다.

그렇다면, 우주변화의 원리를 추동할 수 있는 '흰 그늘의 미학'의 구체적인 예술적 양상은 어떤 것일까? 김지하는 이에 대해 한민족 생명 문화의 원류에 해당하는 풍류도에서 찾아낸다. 고조선 단군에서 발원하여 신라의 화랑으로 이어진 한민족의 심원한 민족종교이며 사상에 해당하는 풍류도의 최고의 문헌적 자취는 『삼국사기』에 나오는 고운(孤雲) 최치원(崔致遠)의 「난랑비서(鸞郎碑序)」이다. 그 일부를 제시하면 다음과 같다.

---

[9] 김지하, 앞의 책, 322쪽.

國有 玄妙之道 曰 風流 設敎之源 備詳仙史 實乃包含三敎 接化群生 [10]

(나라에 깊고 오묘한 도가 있으니 가로대 풍류라 한다. 그 가르침을 세운 내력은 『선사』에 상세히 실려 있으며, 실로 삼교를 포함한 것으로 뭇 백성과 접촉하며 교화하는 것이다.)

김지하가 최치원의 「난랑비서」에서 가장 주목하는 지점은 '접화군생(接化群生)'이다. 그에 따르면, '군생'은 '뭇 삶' 즉 인격, 비인격, 생명, 무생명을 포괄하는 일체우주만물을 뜻하고 '가까이 사귄다'는 '접(接)'은 널리 이롭게 하는(弘益) 공공성과 소통을 말한다. 이렇게 보면, '접화군생(接化群生)'이란 인간의 우주만물에 대한 친밀한 관여로서 인간에 대한 사회적 공공성인 천지공심(天地公心)의 실현을 가리키는 것으로 파악된다.[11] 이와 같은 접화군생을 예술미학에 대응시키면 모든 삼라만상을 사귀어 감화시키는 것을 가리킨다. 이를 또한 연담 이운규가 제시한 영동천심월(影動天心月)과 연관시키면, '흰 그늘의 미학'은 모든 삼라만상의 심층에 내재하는 '천심월'을 감화시켜 우주생명의 질서를 열어가는 차원에 이를 때 완성된다는 것으로 파악된다. 여기에 이르면 '흰 그늘의 미학'의 세계변화의 계기성이 마련된다.

10　國有 玄妙之道 曰 風流 設敎之源 備詳仙史 實乃包含三敎 接化群生. 且如入卽孝於家 出卽忠於國 魯司寇之旨也
處無爲之事 行不言之敎 周柱史之宗也 諸惡莫作 諸善奉行 竺乾太子之化也" 『삼국사기』 권 4 , 고전간행회, 1978.
(나라에 깊고 오묘한 도가 있으니 가로대 풍류라 한다. 그 가르침을 세운 내력은 『선사』에 상세히 실려 있으며, 실로 삼교를 포함한 것으로 뭇 백성과 접촉하며 교화하는 것이다. 이를 테면, 들어와서는 집안에 효도하고 나아가서는 나라에 충성하는 것은 노나라 사구의 으뜸 가르침과 같은 것이요, 함이 없이 일하고 말없이 가르침은 주나라 주사의 으뜸 가르침이며, 악한 일을 하지 않고 선한 일을 받들어 행함은 축건태자의 가르침과도 같은 것이다.)

11　접화군생을 김지하가 생명의 가장 큰 특성으로 꼽는 영성, 관계성, 순환성, 다양성에 대응시키면 다음과 같다. 접(接)은 관계성, 화(化)는 순환성, 군(群)은 다양성, 생(生)은 영성에 상응한다. 주요섭, 「동도동기의 생태담론을 위한 시론」, 모심과살림연구소 엮음, 『모심 侍』, 2005, 192쪽 참조.

3. '흰 그늘'의 모순어법과 생명의 논리

앞에서 살펴본 바대로, '흰 그늘의 미학'은 '흰'과 '그늘'이라는 서로 대립되는 개념이 연속성을 이룬 반대일치의 형용모순으로 이루어진다. 드러난 질서는 상극이지만 보이지 않는 질서는 상호 의존의 관계를 지니고 있다. 다시 말해, 드러난 질서는 '아니다'이지만, 그 이면의 보이지 않는 질서는 '그렇다'이다. 김지하는 '흰 그늘의 미학'이 지닌 이와 같은 '아니다 그렇다', '그렇다 아니다'에 해당하는 역설의 논리가 생명의 생성 및 진화론의 논리와 동일성을 지닌다는 점에 주목한다. 이렇게 되면, '흰 그늘'은 생명의 존재론의 감각적 표상이 될 수 있기 때문이다.

따라서 그는 '흰 그늘'의 역설을 동학의 「불연기연(不然其然)」편의 이중적 교호작용과 연속성 속에서 파악한다. "불연기연(不然其然)", 즉 '아니다 그렇다'는 변증법적 세계관과 뚜렷하게 차별된다. 변증법의 전개과정이 테제와 안티테제가 진테제라는 합목적적인 제3의 지양과 통합으로 향하는 삼진법의 구도로 설명되는 것과 달리, "불연기연"은 보이는 차원 밑에 숨어 있던 보이지 않는 차원이 드디어 보이는 차원으로 차원변화 하는 이진법적 양식이다. 다시 말해, "숨은 차원은 드러난 차원을 추동, 발전, 변화, 수정, 개입, 보조하다가 드러난 차원의 해제기에 숨은 차원 스스로 드러난 차원으로"[12] 가시화 되는 것이다. 이때 드러난 차원은 '아니다'이고 숨은 차원은 '그렇다'이다. 이러한 이중적 교호작용의 역설적 원리는 생명 생성론의 다양한 국면에 적용되는데, 드러난 질서와 숨겨진 질서 사이의 '아니다 그렇다'의 관계, 드러난 질서 내부의 대립적인 것 사이의 기우뚱한 균형을 이룬 '아니다, 그렇다'의 관계, 근원적 질서가 새로운 현상의 드러난 질서로 생성하기 시작했을 때 그 새질서를 지배하는 대립과 상호보완성의 역설 등이 모두 해당된다.

한편, 김지하의 변증법에 대한 인식은 기본적으로 아도르노의 부정의

---

[12] 김지하, 『생명과 평화 선언』, 문학과지성사, 2004, 37쪽.

변증법과 문맥을 같이 한다. 아도르노에게 헤겔의 변증법이란 부르주아적 이상론에 입각한 주관과 객관의 비동일성을 동일화하는 개념화이며 유형의 더미라고 파악한다. 따라서 그에게 테제와 안티테제가 진테제를 향해 지양, 극복의 과정을 거친다는 것은 허구이다. 이미 부재하는 진테제를 향해 간다는 것은 합목적적인 형식론에 그칠 뿐이다. 그는 헤겔의 변증법을 극복하는 방법으로 허구적인 개념화를 차단하고 개별화를 강조하는 부정의 변증법을 내세운다. 김지하의 변증법에 대한 인식 역시 이와 연속성을 지닌다. 그에 따르면, 정반합(正反合)에서 정반(正反)의 이중성은 동의하지만 합의 과정은 정반의 숨어 있던 차원이 살아 생동하여 올라오는 것이 아니라 동일 현실의 연장선에서 인위적으로 조직하고 취합하는 데 그친다는 것이다. 즉, 변증법은 드러난 질서의 표면에만 주목하는 데 그치면서 숨은 질서의 동력을 봉인하는 과오를 반복했다고 본다.[13]

그러나 불연기연의 역설은 드러나고 숨겨지는 중층적인 이중생성, 내면으로부터 솟아나는 새로운 질서의 잠재적 가능성을 포괄해 낼 수 있다. "생명운동이나 정신운동 심지어 물질운동까지도 그 기본 구조는 이중적"이며 "디지털 같은 것이 뇌의 모방이면서 이진법원리의 집결"이다.[14] 이와 같이 '아니다 그렇다', 즉 불연기연(不然其然)의 이진법적 모순 어법이 생명의 생성원리라는 점은 동학에서 제시한 진화론을 통해 볼 때, 더욱 구체적으로 분명해진다.

동학의 진화론은 다윈의 적자생존론을 극복한 것으로 평가되는 테야르 드 샤르댕의 생명의 자기조직화론과 상응하면서 동시에 이를 넘어서고 있다. 김지하의 이 점에 대한 명료한 해석을 요약하면 다음과 같다.

---

13 김지하의 변증법에 대한 비판 논리는 아도르노의 부정의 변증법과 유사하다. 아도르노는 "정반합(正反合)"의 변증법에서 합(合)이란 실재하지 않는다고 보고 "정반(正反)"의 부정(否定)의 변증법을 대안으로 제시한다. 변증법의 테제와 안티테제의 진테제로의 지양, 통합은 드러난 질서만의 생성과 지양을 설명하는 데 그칠 뿐 아니라 합의 진테제가 합목적적인 형식논리에 의해 만들어진 허구라고 파악한다. 아도르노, 홍승용 역, 『미학이론』, 문학과지성사, 1994 참조.
14 김지하, 『흰 그늘의 미학을 찾아서』, 실천문학사, 2005, 454쪽

1) 진화의 내면에 의식의 증대가 있고   inward consciousness
진화의 외면에 복잡화가 있으며   outward complexity
군집은 개별화한다   union differentiates

2) 안으로 신령이 있고   內有神靈
밖으로 기화가 있으며   外有氣化
한세상 사람이 각자각자 사람과 생명이 서로 옮겨 살 수 없는 전체적 우주유출임을 제 나름나름으로 깨달아 다양하게 실현한다
一世之人 各知不移者也

테야르 드 샤르댕의 진화론의 요체를 요약한 1)은 찰스 다윈의 약육강식의 투쟁론과 도태설의 적응론으로 설명한 진화론을 부정하고 생명의 자기조직화와 자기 조절기능을 바탕으로 한 창조적 진화설[15]을 제시한 논의로 평가된다. 테야르 드 샤르댕의 이러한 우주진화의 3대 법칙은 수운 최제우가 1860년 4월 5일 주창한 본주문 2)에 대응된다. 1)의 진화의 내면에 의식의 증대가 있다는 것은 2)의 안으로 거룩한 우주적 신령함이 있다는 것에 대응하고, 1)의 진화의 외면에 복잡화가 있다는 것은 2)의 밖으로 신령한 기(氣)의 외화가 실현되고 있다는 것에 대응된다.[16] 그런데 문제는 1)과 2)의 세 번째 항목의 차이이다. 1)의 군집은 개별화한다고 정리한데 반해 2)는 이 세상의 사람들이 제각기 개별적인지만 그 이면에 전체성을 실현한 개별자라는 점이 강조된다. 우주의 제3진화법칙에 해당하는 김지하의 설명을 직접 전언하면 다음과 같다.

---

15 김지하, 『생명과 자치-생명사상·생명운동이란 무엇인가』, 솔, 1996, 77쪽 참조.
16 김지하는 피에르 테야르드 샤르댕(1881-1955)을 20세기 현대진화론의 창조적 기념비로 평가한다. 그는 『인간현상』(한길사, 1996)에서 무기물, 유기물, 생명 의식, 정신 영성의 전우주진화사를 관통하는 세계의 법칙을 압축적으로 제시한다.

모든 생명 모든 물질, 모든 의식은 먼저 전체 군집에서 발생하며, 그 이후에 서서히 개별성을 찾아 개별화하고 특수화한다는 법칙이다. 이것이 19세기에서 20세기 초까지 생물학의 정설이며 생물발생이론의 통설이었다. 그런데 이것이 최근의 세포 생물학과 생물학의 새로운 입론과 발견에 의해 반대로 뒤집혔다. (……) 근원적인 생명 내면의 자유 활동에 의하여, 바로 그 자유에 의하여 생명개체들은 진화를 선택하며 발생과정에서 먼저 다양성, 다산성 혹은 돌연변이 등의 다양한 기제를 통해 개별화한다. 그리고 이 개별화 과정에서 개별적 생활 형식, 물질 단위 속에 더욱 생동하며 확장하는 깊은 우주적 전체성을 실현함으로써 무질서하면서도 자발적 형태로 자유롭게, 또는 종잡을 수 없이 매우 독특한 형태로 다양하게 결합, 연계해 그물망, 즉 네트워크를 만들어간다.[17]

인용문에서 보듯, 김지하는 진화의 원리란 개별화를 통해 전체적 유출을 실현하고 자유로운 네트워크를 이룸으로써 우주화하는 분권적 융합의 양상을 띤다는 점을 강조하고 있는 것이다. 따라서 수운 최제우의 이론은 서양의 생물학 보다 100여 년 앞선 선견지명을 드러낸 것으로 평가한다.

이상의 논의를 통해 볼 때, 우주 생명학의 기본이 되는 생명 진화론 역시 '흰 그늘'에 상응하는 모순어법으로 이루어져 있음을 알 수 있다. 개체 속의 숨은 차원으로서의 전체성을 자각하고 자신의 양식에 맞는 분권적 융합의 형태로 자기의 생명형식을 조직화한다는 것은 앞에서 강조한 드러난 질서에서의 '아니다'와 숨은 질서에서의 '그렇다'가 서로 연속성을 이루는 반대일치의 양상을 지닌 경우이다. 따라서 '흰 그늘'은 모든 생명의 존재론과 진화론의 감각적 표상으로 정리된다.

---

17   김지하, 『생명과 자치 - 생명사상 · 생명운동이란 무엇인가』, 125-126쪽 참조.

4. '흰 그늘의 미학'과 한민족생명문화의 구성 원리

앞에서 살펴 본 바대로, '흰 그늘의 미학'은 생명예술론이면서 동시에 생명 생성론과 진화론의 논리와 상응한다. 그렇다면, 생명적 삶의 양식론 역시 '흰 그늘의 미학'과 상응한다고 볼 수 있을 것이다. 따라서 김지하가 한민족생명문화의 구성원리를 '흰 그늘의 미학'으로 읽어내는 것은 자연스러운 귀결로 보인다. 그의 생명사상은 '흰 그늘'에 상응하는 한민족 전통문화의 가치를 규명하고 평가하고 의미화하는 작업과 직접 연관된다. 따라서 그가 「흰 그늘의 미학(초)」에서 한민족생명문화의 원류를 다채롭게 추적하고 있는 것은 자연스럽다. 그는 전통문화의 생명적 원형에서 미래문화의 비전을 읽어내고자 한다. 그에게 특히 주목되는 한민족의 생명문화원류의 대표적인 사례를 중심으로 요약적으로 살펴보면 다음과 같다.

먼저, 단군신화의 원리와 '흰 그늘'의 미학과의 상응관계이다. 단군신화에 등장하는 환웅은 영적 존재가 육적인 인간 세상에 내려온다는 점에서 이중적 교호작용, 즉 혼돈적 질서의 산물이다. 또한 굴속에서 쑥과 마늘을 먹고 백일을 견딘 이후 사람이 된 웅녀 또한 육의 영적 전환이라는 역설의 산물이다. 한편, 환웅과 웅녀의 결합 역시 지상으로의 하강과 천상으로의 상승의 만남이라는 모순 통합을 드러낸다. 이렇게 보면 홍익인간 이화세계(弘益人間 理化世界)의 주체가 혼돈적 질서의 자기조직화[18]로서 '흰 그늘'의 모순어법에 상응된다.

다음은 고조선 시대의 『천부경』[19]에 대한 해석이다. 특히 김지하는 『천부경』에서의 삼사성환오칠일(三四成環五七一: 셋과 넷이 고리를 이루어 다섯과 일곱이 하나가 된다)의 원리에서 탈춤, 판소리, 시나위, 민요, 풍물, 굿, 춤사위 등 전통 예술을

---

18 김지하, 『흰 그늘을 찾아서』, 실천문학사, 2005, 456쪽 참조.
19 『천부경』은 환인이 환웅에게 전한 우리나라 최초의 경전으로 알려져 있다. 81자로 이루어진 원문을 옮기면 다음과 같다.
　一始無始一 析三極無 盡本天一一地一二人 一三一積十鉅無匱化 三天二三地二三人二 三大三合六生七八九　　運三四成環五七一妙 衍萬往萬來用變不動 本本心本太陽昂明人 中天地一一終無終一

일관하는 한민족과 동아시아 예술의 미학원리를 읽어내고 있다. 그 핵심 내용을 정리하면 다음과 같다.

① 셋과 넷, 혼돈의 질서, ② 고리를 이루어, 끝과 처음이 확장순환하는 고리의 시간관, ③ 고리 속의 무궁, 고리 속에서 형성되는 '무궁무궁'의 차원 변화, ④ 다섯과 일곱이, ⑤ '한'으로 하나가 된다.

인용문에 대한 김지하의 해석을 요약적으로 정리하면 다음과 같다. ①의 삼사성환(三四成環)에서 셋(三)은 천지인 삼극의 혼돈한 우주관의 표현으로 역동, 변화, 생성의 리듬이다. 사(四)는 둘의 배수로서 균형, 안정, 정착, 질서를 가리킨다. 한국 전통사상, 문화와 한국음악의 구성원리를 보면 '셋'의 삼수분화론, '넷'의 이수분화론이나 사수분화론[20]으로 나누어지는 데, 삼사성환은 이 둘이 서로 교호작용을 하여 고리를 이룬다는 것을 가리킨다. 이것은 혼돈의 질서를 가리키는 것으로서 우리 민족사상사에서 동학의 패러다임인 '혼원지일기(混元之一氣)'[21], '태극 또는 궁궁(太極又形弓弓)'[22]의 원리와 연속성을 이룬다. 이러한 동학의 논리 또한 '흰 그늘'에 상응하는 창조적 역설의 생성론에 해당된다.

그리고 셋과 넷이 어우러져 고리(環)를 만든다는 것은 셋과 넷이 엇걸려서 '공소의 미', 빈터, 무, 공, 허를 이룬다는 것이다. 다음 인용문은 엇걸이의 '고리'에 대한 구체적인 이해에 용이하다.

---

20 우실하에 의해 체계화된 이론으로서 삼수분화론이란 천지인 삼극의 생성과 혼돈의 사상 또는 박자를 가리키고 이수분화론은 음양사상 등 이기의 질서와 균형의 사상 또는 박자를 가리킨다.
우실하, 『전통음악의 구조와 원리』, 소나무, 1998, 참조.
21 『동경대전』의 「논학문」에 나온다. 수운 최제우는 '혼원지일기(混元之一氣)'에 대해 혼원은 혼돈한 근원이요, 일기는 주역의 태극을 가리키는 것으로서 질서, 안정의 표상이다. 따라서 혼원지일기는 '혼돈의 질서'를 가리키는 모순어법으로 이루어진 생명의 생성론이다.
22 이것은 최수운 선생에게 내린 신의 계시 속에서 '질병과 혼돈에 빠진 우주 중생을 모두 구원할 원형이 내게 있으니 그 모양이 태극이고, 또한 그 모양이 궁궁이다'에서 기인한다. 여기에서 太極은 이수분화의 안정, 체계에 해당하고 弓弓은 삼수분화의 역동, 변화에 해당한다.

혼돈의 질서가 역동과 균형의 엇걸이로 고리가 만들어지는 빈 마당의 지점에서 웃음과 눈물, 무의식과 의식, 칠식(七識)과 팔식(八識), 할미와 영감, 중과 창녀, 익살과 청승, 저승과 이승, 싸움과 사랑이 서로 부딪히고 어울리는 복잡한 그늘이 굿(제의), 불림(초혼)이 섞여들면서 초월성, 아우라, 희망, 화해, 상생의 신명들이 드러나 흰 빛을 뿜으며 제의적인 성스러운 넋풀이가 진행된다.[23]

혼돈의 질서가 역동과 균형의 엇걸이로 고리를 생성하면서 빈 마당 안에 솟아나는 판으로 '무궁무궁'을 체험할 때(빈칸의 우주적 확대, 제로의 체험, 제로의 전개) 비로소 리비도 등 무의식의 욕구불만이나 근친상간, 패륜 또는 패배와 회한 같은 중력체험, 귀신의 검은 그림자, 그늘이 탈춤의 마당극과 마당굿을 통해 드러난다.[24]는 것이다.

② 고리의 시간관이란 끝과 시작이 서로 맞물려 있는, 그래서 처음과 끝이 없는 순환론적인 시간관을 특징으로 한다. 이를테면, 「천부경」의 "一始無始一", 즉 한 처음이 처음이 아닌 하나요,에서 시작하고, "一終無終一", '한 끝이 끝이 없는 하나다로 끝난다. 여기에서 더 나아가 김지하는 성환(成環)에 해당하는 고리의 시간관을 장자의 「제물론(齊物論)」편에 나오는 '우주의 핵심은 그 고리 속을 얻음을 시작으로 하여 무궁에 응한다(樞始得其 環中以應無窮)'[25]는 논리에 대응시킨다. 따라서 ③무궁무궁은 고리 속을 통해 얻어지는 우주적 무한을 가리킨다. ④ 다섯과 일곱, 귀신(무의식 속의 불온한 침전물인 그림자 따위의 콤플렉스, 한 등등)과 신명(집단 또는 심층무의식, 거룩한 영성, 신령, 흰 빛으로 표상되는 '아우라'나 초월성)이 ⑤ '한'은 하나를 가리킨다. 작은 것과 큰 것, 큰 것과 작은 것 사이의 관계, 개체성을 잃지 않으면서 전체를 이루는 분권적 융합을 가리킨다.

지금까지 살펴본 「천부경」의 '삼사성환오칠일(三四成環五七一)'에서 '삼

---

23 김지하, 『흰 그늘의 미학을 찾아서』, 실천문학사, 2005, 468쪽.
24 김지하, 앞의 책, 468쪽.
25 장자 「제물론(齊物論)」, 樞始得其 環中以應無窮에서 環中無窮은 대도의 근본인 줄기(樞)가 우주 중앙의 공처(空處)인 그 고리 속을 얻으면 사방팔방의 모체가 되어 피차 상하의 분리가 없다는 의미이다.

사성환(三四成環)'의 음양의 2수분화론(二數分化論)과 천지인의 3수분화론(三數分化論)의 통합 논리는 김지하가 주창해온 '흰 그늘'의 모순어법에 상응하는 것으로서 생명생성론의 기준으로 해석된다. 특히 그는 이천년대 들어와서 붉은 악마들을 통해 표출된 문화현상을 이러한 모순의 통합 논리의 연장선에서 해석하고 있어 이채롭다. 그가 붉은 악마로부터 주목하는 민족 전체의 고유 문화이며 전 세계 인류의 새로운 문화의 기준[26]은 다음 세 가지의 표상으로 요약된다.

① 엇박 ② 태극 ③ 치우천황이다. ① 이박 플러스 삼박의 엇박은 음양의 2수분화론(二數分化論)과 천지인의 3수분화론(三數分化論), 즉 안정과 혼란, 질서와 변화의 이중적 교호작용을 통해 개진되는 새로운 차원의 혼돈의 질서, 역동적 균형에 대응한다. 그가 강조해온 천부경의 삼사성환, 동학의 혼원지일기, 태극과 궁궁의 생명 생성 논리가 붉은 악마의 엇박을 통해 고스란히 재현되고 있는 것으로 해석되기 때문이다. 또한 ② 태극은 붉은 악마들이 들고 나온 태극기의 태극을 가리킨다. 태극의 표상은 역학의 음양법으로서 천지음양의 대립과 통일을 가리킨다. 이것은 빛과 그늘, 하늘과 땅, 남성과 여성, 역동과 안정의 통합이다. '아니다, 그렇다'의 교차적 생명논리와 모순어법이 적용되고 있는 것이다. 따라서 태극 또한 그가 일관되게 견지해온 생명생성 논리의 핵심원리를 구현하고 있다. ③ 붉은 악마의 로고인 치우천황은 4천 5백 년 전에 살았던 신화속의 배달국의 제14대 천황이다. 치우천황이 유명해진 것은 중국 화화족의 황제와 74회의 전쟁을 치러 승리한 전쟁신이란 점이다. 치우천황과 중국 황제의 긴 전쟁의 주된 배경은 문명적 가치관의 충돌이다. 중국황제가 남방계 정착문화의 영향에 따라 이를 기반으로 중국의 쇄신을 추구했던 것에 반해 치우는 남방계 농경정착문명과 북방계 유목이동문명의 병행을 추구했던 것이다. 동이의 치우천황이 추구한 유목과 농경의 이중적 결합은 이중적 교호작용의 역동성을 표상한다. 따라서, 이천년대 들어 새로운 문화적 사건으로 드러난 붉은악마의 일련의 행위가 한민족생명문화원형의 현재적 표출로서 해명되는 것이다. 그리고 이러한 한민

26　김지하, 『김지하의 화두』, 화남, 2003, 25쪽.

족생명문화의 어법은 '흰 그늘의 미학'과 상응한다는 점을 확인할 수 있다.

5. 결론: '흰 그늘의 미학'과 생명가치의 원형

김지하는 우리 시사에서 보기 드물게 시인이면서 동시에 문예이론가와 생명사상가로서 활발한 활동을 지속해왔다. 그의 초기의 문예미학은 주로 문예창작의 보고(寶庫)로서의 민중민예의 잠재적 가능성과 민중문학의 형식론에 집중되었다면, 1980년대 중반 이후부터는 민족민중문화의 전통 속에서 살림의 세계관을 적극적으로 들어 올리고 논리화하는 데 집중한다. '흰 그늘의 미학'은 이러한 그의 사상과 미학적 도정의 감각적 표상이면서 동시에 그가 추구하는 우주생명학의 인식론이며 실천론이기도 하다. 김지하는 '흰 그늘의 미학'의 원리가 생명의 생성 및 진화의 원리이며 생명문화양식의 구성 원리라는 점을 규명한다.

'흰 그늘의 미학'은 모순의 통합이다. '흰'과 '그늘'의 상대적 개념이 연속성을 이룬 것이다. 이것은 표면적으로는 '아니다'이지만 이면적으로는 '그렇다'이다. 이와 같이, '흰'과 '그늘'이 한 몸인 것은 '흰'이 '그늘' 속에서 생성되는 것이기 때문이다. 신산고초를 인욕정진의 자세를 통해 삭혀나갈(시김새) 때 생성되는 '그늘'이 지극한 경지에 이르면 초월적 아우라 혹은 신성성으로서 '흰'을 표출하게 된다. 따라서 '흰 그늘'은 어둠의 중력과 밝은 초월성, 세속과 신성, 지상과 천상의 가치가 통합된 결정이다. 그래서 '흰 그늘'은 세계를 변화시키는 미학적 계기성을 지닐 수 있다. 연담 이운규가 언급한 '그늘이 우주를 바꾼다(影動天心月)'고 할 때 우주의 핵에 해당하는 '천심월'이 인간 내면의식의 핵에 해당하는 황중월(皇中月)과 일치하는 지점, 즉 지상과 천상의 가치의 통일은 곧 '흰 그늘의 미학'에 대응되기 때문이다.

'흰 그늘의 미학'의 '아니다, 그렇다(不然其然)'에 해당하는 반대일치의 역설은 생명의 생성 및 진화론과 연관된다. 생명의 생성 및 진화론은 숨은 질서가 드러난 질서와 서로 추동, 발전, 교감, 수정, 개입 속에서 드러난 차원의 해제기에 숨은 차원이 드러난 차원으로 외화되는 이진법의 양상을 띠기 때문이다. 이점은 동학의 진화론 '내유신령 외유기화 일세지인 각지불이자야'(內有神靈 外有氣化 一世之人 各知不移者也)에서도 구체적으로 확인된다. 또한 '흰 그늘의 미학'은 한민족생명문화 양식의 구성원리이다. 단군신화를 비롯하여 풍류도,『천부경』,『정역』, 그리고 동학을 비롯한 민족 종교는 물론 판소리, 탈춤, 시나위 등의 민중민예의 구성 원리 역시 '흰 그늘'의 역동적 균형의 이진법적 원리가 면면히 내재되어 있다.

　　이와 같이 '흰 그늘의 미학'은 주로 민족문화전통 속에서 규명되고 검증되고 평가되지만 동시에 세계적 보편성과 미래문화의 가치를 지닌다. 그래서 그에게 '흰 그늘의 미학'은 '생명과 평화의 길'의 과정이요 궁극적인 목적의식이[27] 된다. '흰 그늘'로 표상되는 이중적인 교호작용과 반대일치의 역설이 궁극적으로는 지속가능한 생명의 발전이 절실하게 요구되는 21세기 문명적 가치의 원형으로서 의미를 지니기 때문이다. 작게는 인간의 정체성 상실에서부터 크게는 전지구적 생명가치상실의 위기를 맞고 있는 치명적인 현실 속에서 생명과 평화의 길을 열어갈 수 있는 신생의 인식론과 방법론으로 '흰 그늘의 미학'이 자리매김 된다. 따라서 그의 '흰 그늘의 미학'은 민족 미학의 범주를 뛰어넘어 전지구적 차원의 21세기형 네오르네상스의 원형으로서 보편적인 의미를 지니게 된다.

---

[27] 김지하는 자신이 창설한 사단법인 『생명과 평화의 길』의 「생명평화선언」(2004)에서 "생명과 평화의 길이 '흰 그늘'을 목적으로" 한다고 적고 있다.

참고문헌

김지하, 『김지하시전집 1,2』, 솔, 1993
　　　, 『중심의 괴로움』, 동광, 1994
　　　, 『생명과 자치-생명사상·생명운동이란 무엇인가』, 솔, 1996
　　　, 『율려운동의 나아갈 길』, 『율려란 무엇인가』, 한문화, 1999
　　　, 『김지하 문학 연구』, 시와시학사, 1999
　　　, 『예감에 가득찬 숲 그늘』, 실천문학사, 1999
　　　, 『흰 그늘의 길』, 학고재, 2001
　　　, 『김지하전집 3』, 실천문학사, 2003
　　　, 『김지하의 화두』, 화남, 2003
　　　, 『흰 그늘의 미학을 찾아서』, 실천문학사, 2005
　　　, 『생명과 평화의 길』, 문학과지성사, 2005
　　　, 『촛불, 횃불, 숯불』, 이룸, 2010
　　　, 『디지털 생태학』, 이룸, 2010
　　　, 『흰그늘의 산알 소식과 산알의 흰그늘 노래』, 천년의시작, 2010
김부식, 『삼국사기』 권4, 고전간행회, 1978
사단법인 생명과 평화의 길, 「생명평화선언」, 2004
아도르노, 홍승용 역, 『미학이론』, 문학과지성사, 1994
우실하, 『전통음악의 구조와 원리』, 소나무, 1998
이부영, 『그림자』, 한길사, 1996
정현기, 「시와 시인을 찾아서 – 김지하」, 『시와시학』, 시와시학사, 1995
주요섭, 「동도동기의 생태 담론을 위한 시론」, 『모심 侍』, 모심과살림 연구소, 2005
천이두, 『한의 구조 연구』, 문학과지성사, 1993
Teilhard de Chardin, Pierre, 『인간 현상』(양명희 역), 한길사, 1997

농경공동체의 생명의식과 화엄적 상상
– 김지하 시세계의 불교적 세계관을 중심으로

1. 화엄적 상상과 생명 의식

　　김지하의 시적 역정의 가장 큰 특이점에 대해 일반적으로 '저항'에서 '생명'으로의 전환을 지적한다. 1969년 『시인』지로 등단한 이래 『오적』(1970), 『황토』(1970), 『타는 목마름으로』(1982) 등의 시세계가 선명하게 보여준 억압적인 지배세력에 대한 울분, 대립, 저항의 공격적인 언어와 1980년대 중반 『애린』(1986) 이후의 수렴, 성찰, 조화의 포용적인 언어를 통한 내성의 탐구 및 생명적 세계관은 분명 극단적인 변화의 도정으로 이해된다. 특히 1960~70년대 김지하의 시세계는 스스로 오랜 감옥 생활로 점철되는 직접적인 저항 운동의 전위로서 활동한 문학외적 요소와 어우러지면서 더욱 반역과 투쟁의 상징성을 선명하게 지니게 된다.
　　지금까지 김지하의 시세계의 이러한 변화의 양상에 대한 이해는 '직선적·양적 움직임으로부터 곡선적·음적 움직임으로의 전화"[28] 라는 진단과 "불온한 죽임의 세력에 대한 직접적인 저항에서 죽임의 세력까지 순치시켜 포괄하

28　채광석, 「『황토』에서 「애린」까지 1」, (『애린』 첫째 권 해설), 실천문학사, 1986.

는 살림의 문화의 재건"이라는 창조적 심화[29]로 규명하는 논의가 대표적이다. 특히 후자의 지적은 그의 시적 변화의 도정을 '생명론'이라는 일원론적인 연속성 속에서 방어적인 국면으로부터 적극적이고 근원적인 층위로 나아가는 방법적 전환으로 파악하는 면모를 보인다.

그러나 김지하의 시적 변화의 마디절에 대한 논의는 여기에서 더 나아가 드러난 질서와 숨은 질서의 교호작용과 새로운 차원 변화의 내적 계기를 동시적이고 입체적으로 파악할 때 온전하게 이해할 수 있을 것이다. 새로운 차원 변화를 통한 생성이란 숨은 질서가 기왕의 드러난 질서를 추동, 비판, 수정하는 과정을 거치면서 구체화되는 관계론의 산물이다. 이 글은 이러한 문제의식에 바탕하여 김지하의 시적 삶의 변화과정과 양상에 대해 집중적으로 살펴보고자 한다.

그의 시적 삶의 변화는 농경공동체의 생명의식의 작용과 깊은 연관을 지닌다. 그의 시적 삶의 원적을 이루는 농경공동체의 생명의식은 「애린」 연작을 마디절로 숨은 차원의 질서에서 드러난 차원의 질서로 외화되고 더 나아가 화엄적 상상력으로 승화되는 면모를 보인다. 이러한 상황은 「애린」 연작이 불교적 세계관의 집약적 정수에 해당하는 「심우송」와의 병치관계를 통해 도저한 내성과 화엄적 자아의 탐구를 추구하기 때문이다. 그리고 화엄적 자아에 대한 발견과 우주 생명의 존재원리에 대한 인식은 생태적 상상력의 철학적 원리로서 작용한다. 따라서 그의 시세계에서 화엄적 세계관에 입각한 불교적 상상의 시적 인식을 규명하는 것은 지속과 변화의 핵심적인 속성을 규명하고 아울러 1990년대를 넘어 오늘에 이르기까지 심화, 확대되고 있는 생명론의 시적 원형성과 지향성을 이해하는 데 도움이 될 것이다. 이 글은 이러한 문제의식을 바탕으로 김지하 시세계의 시적 전환의 마디절과 특성에 대해 불교적 세계관에 초점을 두고 집중적으로 살펴보기로 한다.

---

29   홍용희, 『김지하문학연구』, 시와시학사, 1998, 9쪽.

2. 죽임의 현실과 대지적 생명력

김지하의 시적 삶은 "뜨거운 해가/땀과 눈물과 메밀밭을 태우는" 죽임의 상황의 "황톳길"(「황톳길」)을 스스로 가로지르면서부터 시작된다. 그래서 그의 시세계는 처음부터 치열하고 비장하고 절박한 정조를 드러낸다. 그는 첫 시집 『황토』의 후기에 직접 다음과 같이 적고 있다. "죽도록 몸부림치지만 그것은 작은 몸짓에 지나지 않고, 필사적으로 아우성치지만 그것은 작은 신음으로 밖에는 발음되지 않는다. 그 작은 신음. 그 작은 몸짓. 제동당한 격동의 필사적인 자기표현으로서의 어떤 짧은 부르짖음. 나는 나의 시가 그러한 것으로 되길 원해 왔다." 그의 시세계는 이처럼 가위눌림으로부터 벗어나고 악몽으로부터 깨어나야 한다는 삶의 절대 절명의 당위적 과제 속에서 생성되고 있다. 죽임의 상황으로부터 살아 있음을 드러내는 증거이며 항변의 언어로서 시적 출발점이 전개되고 있는 것이다. 그의 데뷔작 중의 한편인 「녹두꽃」을 보면 이러한 사정이 분명하게 드러난다.

> 빈손 가득히 움켜쥔
> 햇살에 살아
> 벽에도 쇠창살에도
> 노을로 붉게 살아
> 타네
> 불타네
> 깊은 밤 넋 속의 깊고
> 깊은 상처에 살아
> 모질수록 매질 아래 날이 갈수록
> 흡뜨는 거역의 눈동자에 핏발로 살아
> 열쇠 소리 사라져 버린 밤은 끝없고

> 끝없이 혀는 짤리어 굳고 굳고
>
> 굳은 벽 속의 마지막
>
> 통곡으로 살아
>
> 타네
>
> 불타네
>
> 녹두꽃 타네
>
> 별 푸른 시구문 아래 목 베어 햇불 아래
>
> 햇불이여 그슬러라
>
> 하늘을 온 세상을
>
> 번뜩이는 총검 아래 비웃음 아래
>
> 너희, 나를 육시토록
>
> 끝끝내 살아
>
> -「녹두꽃」전문

　　죽임의 대상과 생의 의지가 강렬하게 충돌하고 있다. 시적 화자는 "쇠창살/매질/열쇠소리/굳은 벽/총검/육시" 등의 이미저리군으로 표상되는 죽임의 세력의 가중되는 압박과 위해 속에 굴하지 않고 살아내겠다는 결의를 절규처럼 다짐한다. 자기 결의를 강조하는 "살아"와 "타네/불타네"의 감탄적 어구의 반복이 생의 의지력을 배가시키는 역할을 하고 있다. 이토록 팽팽한 죽임과 생의 의지의 대결은 어떻게 마무리될까? 그것은 물론 생의 의지의 우위로 나타날 것이다. 화자의 생명력은 "너희, 나를 육시"할지라도 "끝끝내" 죽지 않는 영원성을 기반으로 하기 때문이다. 이처럼 생명은 어떠한 죽임의 세력에 의해서도 결코 굴복되지 않는 불멸성을 속성으로 한다. 다시 말해, 생명은 어느 특정 개인의 실존적 차원을 넘어서는 광대무변한 절대성을 지닌다. 따라서 시적 화자의 강렬한 생의 의지는 생명의 영원성과 절대적 신성성에 대한 신념과 믿음에 다름 아닌 것으로 해석된다.

특히 김지하의 이와 같은 생명의식은 농경 공동체의 대지적 생명력에 기반하고 있음을 알 수 있다. 다음 시편은 대지적 생명력의 현재적 수난과 절대적 영원성이 암시적으로 드러난다.

참혹한 옛 싸움터의 꿈인 듯
햇살은 부르르 떨리고
하얗게 빛바랜 돌무더기 위를
이윽고 몇발의 총소리가 울려간 뒤
바람은 나직이 속살거린다

그것은
늙은 산맥이 찢어지는 소리
그것은 허물어진 옛 성터에
미친 듯이 타오르는 붉은 산딸기와
꽃들의 외침소리
그것은 그리고
시드는 힘과 새로 피어오르는 모든 힘의
기인 싸움을 알리는 쇠나팔소리
내 귓속에서
또 내 가슴 속에서 울리는
피끓는 소리

잔잔하게
저녁 물살처럼 잔잔하게
붓꽃이 타오르는 빈 들녘에 서면
무엇인가 자꾸만 무너지는 소리

> 무엇인가 조금씩 조금씩
>
> 무너져 내리는 소리.
>
> ―「들녘」 일부

시적 화자는 "들녘"에서 "참혹한 옛 싸움터의 꿈인 듯" 펼쳐지는 격전의 풍경을 감지한다. 그 싸움의 구도는 "몇 발의 총소리"와 이에 대항하는 "타오르는 산딸기와/꽃들의 외침소리" 이다. 날카로운 금속성의 죽임과 부드러운 들녘의 생명이 서로 충돌하는 현장이다. 이에 대해 시적 화자는 "시드는 힘과 새로 피어오르는 모든 힘의/기인 싸움을 알리는 쇠나팔 소리"임을 예감한다. "시드는 힘" 이란 "몇 발의 총소리"로 표상되는 죽임의 세력을 가리키고 "새로 피어오르는 모든 힘"이란 "들녘"의 생명의 기운을 가리킨다. 죽임과 생명의 대결 앞에서 시적 화자는 스스로 자신의 내면에서부터 울리는 "피끓는 소리"를 듣는다. 이것은 앞으로 펼쳐질 "긴 싸움" 에 대한 비장한 결의를 가리킨다. 그러나 현재의 상황은 "들녘"의 생명력이 죽임의 세력에 압도당하고 있는 형국이다. 그리하여 "붓꽃이 타오르는 빈 들녘에 서면/무엇인가 자꾸만 무너지는 소리"를 감지한다. "조금씩 조금씩/무너져 내리는 소리"는 시적 화자가 느끼는 절박한 위기감이며 동시에 대지적 생명력을 전투적으로 응집시키는 배경이기도 하다.

한편, "들녘"으로 표상되는 농경 공동체의 살림의 문화와 이를 와해시키는 불온한 세력의 실체는 구체적으로 무엇인가? 그것은 붕괴되어가는 재래적인 삶의 터전과 1960,70년대 도시화, 공업화, 산업화를 지상 과제로 내세운 개발독재 이데올로기에 직접 연관된다. 다음 시편은 이러한 정황을 실감 있게 드러낸다.

> 간다
> 울지 마라 간다
> 흰 고개 검은 고개 목마른 고개 넘어

팍팍한 서울길
몸팔러 간다

언제야 돌아오리란
언제야 웃음으로 화안히
꽃피어 돌아오리란
댕기풀 안쓰러운 약속도 없이
간다
울지 마라 간다
모질고 모진 세상에 살아도
분꽃이 잊힐까 밀 냄새가 잊힐까
사뭇사뭇 못 잊을 것을
꿈꾸다 눈물 젖어 돌아올 것을
밤이면 별빛 따라 돌아올 것을

간다
울지 마라 간다
하늘도 시름겨운 목마른 고개 넘어
팍팍한 서울길
몸팔러 간다
- 「서울길」 전문

시적 화자에게 "서울길"은 "몸팔러" 가는 길이다. "흰 고개 검은 고개 목마른 고개"란 표현은 고향 마을의 불모성과 고단한 인생행로를 예견하는 서울길의 비극성을 동시에 드러낸다. 급격한 농촌 공동체의 와해로 인해 떠밀리듯이 상경한 이농민들에게 "서울"은 인간의 존엄성과 생명가치까지도 쉽게 사물화 시킨다. 그리하여 상경한 이농민들에게 "분꽃"과 "밀냄새"가 그리운 고향으로 "언제야 돌아오리란/언제야 웃음으로 화안히/꽃피어 돌아오리란" 기약은 지키기 어렵다. "붓꽃이 타오르는 빈 들녘"은 이미 "조금씩 조금씩 무너져 내리"(「들녘」)고 있는 실정이기 때문이다. 그래서 고향은 "꿈꾸다 눈물 젖"거나 "밤이면 별빛 따라 돌아올" 절대적 그리움의 대상으로 존재한다. "서울길"이 곧 고향과의 격절을 강요하는 경계선이 된다. 이별과 상실의 정서가 3음보의 전통적인 민요조 율격과 어우러지면서 시적 전반의 비관적인 여운과 절조를 심화시키고 있다.

이러한 시적 배경은 1960·70년대 당시 시대적 상황과 직접 연관된다. 개발독재의 경제 전략은 '경제발전 = 공업화'의 등식에 지나치게 치중됨으로써 선진국형인 농공업 상호의존론이 외면되고 '농업경시론'으로 치닫는 양상을 드러낸다. 점차 농업이 공업자본의 축적을 위한 수탈의 대상이 되면서 한국 전래의 공동체적 살림의 터전은 급속도로 와해되기 시작한다. 또한 이와 더불어 개발독재 이데올로기는 산술적인 경제 성장에 집중하는 '기술로서의 근대'에 치중함으로써 억압과 권위로부터의 자유를 도모하는 '해방으로서의 근대'는 외면되고 만다. 그래서 개인의 인권과 자율을 강조하는 자유민주주의 이념이 배제되고 자본주의의 인간 소외현상과 상품화 논리가 급증하는 반생명적인 현상이 초래된다. 이와 같은 반생명적인 산업화의 진행 속에서 "서울길"을 거슬러 "분꽃"과 "밀 냄새"를 잊지 못하고 "꿈꾸다 눈물 젖어 돌아"오고, "밤이면 별 빛 따라 돌아오"고자 열망하는 것은 대지적 생명의 질서의 재건에 대한 갈망으로 해석된다.

이처럼 "서울길"을 건너오기 이전의 전래의 농경 공동체의 생명의식이 김지하 초기시의 저항과 반역의 작동요소이다. 실제로 그는 누구보다 반생명적인 지배 권력과 대결하는 "시드는 힘과 새로 피어오르는 모든 힘의/기인 싸움을 알리는 쇠나팔 소리"의 전선에서 부정과 반역의 투쟁을 직접 전개한다. 그리하여 특권지배층에 대한 통렬한 폭로, 풍자, 고발을 노래한 담시,『오적』을 비롯하여 시집 『황토』, 『타는 목마름으로』 등의 시세계는 남성적인 공격성과 대결 의지로 표면화 된다.

3. "애린"과 화엄적 자아의 발견

김지하의 시세계는 1980년대 『애린』에 이르면 남성적인 대결과 공격성이 점차 약화되고 여성적 수렴과 포용성으로 선회하는 모습을 드러낸다. 이러한 현상은 억압적인 지배세력에 대한 저항의식의 지층을 이루던 "저녁 물살처럼 잔잔하게/붓꽃이 타오르는 빈 들녘"(「들녘」)이나 잊혀지지 않는 "분꽃"과 "밀 냄새"(「서울길」)로 표상되던 농경공동체의 생명의식과 감성이 외화된 것으로 파악된다. 다시 말해, 억압적인 지배 세력에 항거하는 상대적 관계 속에서 작동했던 농경공동체의 생명의식과 감성이 스스로 절대적이고 독자적인 존재로 전면화 되기 시작한 것이다.

그렇다면, 이와 같이 김지하의 시세계에서 투쟁과 투옥이 반복되던 죽임의 극점에서 역동적으로 생명의 화두가 표면화된 계기는 어디에 있을까? 다음 인용문은 이러한 정황을 상술하고 있다.

그 무렵 철창 아래쪽 콘크리트와 철창 사이 작은 홈 파인 곳에 흙먼지가 쌓이고 거기에 풀씨가 날아와 빗방울을 빨아들여 싹이 돋고 잎이 나는 것을 보았다. (……) 그것을 본 날 감방에 돌아와 얼마나 울었던지. 생명! 이 말 한마디가 왜 그처럼 신선하고 힘 있게 다가왔던지. 무궁 광대한 우주에 가득 찬 하나의 큰 생명, 처음도 끝도 없이 물결치는 한 흐름의 생명, 그것 앞에 담과 벽이 있을 리 없고 죽음과 소멸이 있을 까닭이 없었다. 합리적으로 생각하면 나는 작아지고 좁쌀이 되고 협심증이 되고 분열증에 빠지는 것 같았다. 어떻게 하면 이 생명의 큰 이

치를 마음과 몸에 익힐 수 있을까.[30]

시인은 철창으로 감금된 실존적 위기 속에서 광대무변한 우주적인 자아를 발견하고 있다. 콘크리트와 철창 사이에 피어난 "풀씨"는 "처음도 끝도 없이 물결치는 한 흐름의" 유기적인 생명의 그물의 산물이다. 그래서 "그것 앞에 담과 벽이 있을 리 없고 죽음과 소멸이 있을 까닭이 없"다. 김지하의 초기 시 세계의 밑그림을 이루던 농경공동체의 생명의식의 집약적 인식과 자각이 열리는 순간으로 파악된다. 농경공동체의 생명의식은 '나락 한 알'에도 우주적 협동과 공공성이 배어 있다는 유기적 세계관의 체험적 산물이기 때문이다.

또한, 여기에서 "감방"은 일차적으로는 시인이 감금된 폭압의 현장을 가리키지만, 궁극적으로는 죽임의 세력과 맞서는 투쟁과 저항의 반생명적인 공간, 그 악무한적인 대결 구도의 표상으로 해석된다. 이제, 시인은 상극적인 대결 구도를 벗어나서 "생명의 큰 이치를 마음과 몸에" 체득할 수 있는 길을 떠나고자 한다. 그는 닫힌 자아로부터 우주생명으로 열린 자아를 향해 나아가는 것이다.

이렇게 보면, 싹이 돋아 오른 "풀"은 곧 시인 자신의 자화상으로도 해석된다. "풀"은 시인 자신의 본질을 명징하게 비추고 있는 거울이다. 이제 그의 상상력은 비좁은 감방 안에서 담과 벽이 없는 생명의 바다로 펼쳐지고 있다. 그가 스스로 우주 속의 화엄적 자아로 거듭 태어나는 찰나이다.

실제로 「애린」 연작부터 그의 시세계는 경직된 대항담론에서 탈피하여 억압적인 세력까지 순치시켜 포용해내는 살림의 언어의 화법과 미의식을 추구한다. 대결구도의 날카로움은 "모난 것/딱딱한 것, 녹슨 것/낡고 썩고 삭아지는 것뿐/이곳은 온통 그런 것들뿐/내 마음마저 녹슬고 모가 났어"(「결핍」)라고 호소하듯, 투쟁의 대상은 물론 자기 자신마저도 붕괴시키게 된다. 그래서 그의 시세계는 직선의 파시즘을 넘어 곡선의 포용성[31]을 추구한다. 이것은 상극적인 직

---

30 김지하, 「타는 목마름에서 생명의 바다로」, 『동아일보』, 1990. 10. 21.
31 채광석, 「『황토』에서 「애린」까지 1」, (『애린』 첫째 권 해설), 실천문학사, 1986 참조.

선(양)의 성향이 극단에 이르면서 결핍된 상생적인 곡선(음)의 성향을 불러오고 있는 형국이다. 그래서 그는 자연스럽게 "사과알 자꾸만 만지작거리는 건/아니야/먹고 싶어서가 아니야/돈이 없어서가 아니야/모난 것, 모난 것에만 싸여 살아/둥근 데 허천이 난 내 눈에 그저/둥글기 때문"(「둥글기 때문」)이라고 노래하게 된다. 이러한 시적 정조의 선회는 "이기기 위해/죽어 너를 끝끝내 이기기 위"(「서울」)해 더욱 첨예했던 "천둥, 번개, 폭풍, 피, 햇불"등의 이미져리를 점차 "노을"[32] 등의 역동적인 균정의 이미져리로 전환시킨다. 낮의 밝음(양)과 밤의 어둠(음)이 습합된 "노을" 이미지는 직선을 포용한 곡선의 성향에 상응한다. 이처럼 양을 포용한 음의 세력은[33] 생명을 포태하는 모성성의 근본 생리에 해당한다. 따라서 음양의 포용적 균정의 형질은 「애린」 연작의 "죽고 새롭게 태어남"(「애린」 간행에 붙여)의 세계를 노래하는 토양으로 작용할 수 있게 된다.

   김지하의 시세계가 죽임의 상극으로부터 "풀씨"에서 돋아 오른 "싹"으로 표상되는 생명의 세계를 집중적으로 추구할 때 가장 선행되는 과제는 자기 자신에 대한 존재론적 탐구이다. 자기 자신의 본성과 근원에 대한 이해가 자신을 둘러싼 세계와 우주 생명의 실재에 대한 이해의 출발이며 종착이기 때문이다. 「애린」 연작이 불교의 「심우송」과 병치관계를 이루며 자신의 삶의 본성에 대한 성찰과 탐구를 시도하는 주된 까닭이 여기에 있다. 불법을 알기 쉽게 대중에게 널리 전도하고 선시 발전을 도모한 「심우도」는 열개의 원으로 된 공간 안에 1. 소를 찾아 나서(尋牛), 2. 그 발자국을 보고(見跡), 3. 그 다음에 소 자체를 보게 되고(見牛) 4. 마침내 소를 붙잡아(得牛) 5. 소를 길들이고(牧牛) 6. 잘 길들여진 소를 타고 집으로 돌아간 다음(騎牛歸家) 7. 집에 돌아가자 소의 생각 따위는 다 잊어버리고(到家忘牛) 8. 급기야는 사람도 소도 다함께 생각하지 않게 되는 상태에 이르고(人牛俱忘) 9. 본래의 맑고 깨끗한 무위의 경지에 이르렀다가(反本還源) 10.

---

32 「애린」 연작에는 빛과 어둠이 습합된 "노을"이미지가 빈번하게 등장한다. 「안산」, 「안팎」, 「남한강에서」, 「노을 무렵」 등의 시편들에는 "노을"이 시적 정황의 밑그림을 이룬다.
33 양은 공격적, 확장적, 경쟁적 성격 혹은 그러한 존재를 상징하고 음은 방어적, 통합적, 협동적인 것을 상징한다.

사립문을 열고 시정으로 나와 자유분방하게 속인들을 교화하는(立廛垂手)모습을 그린 것이다. 여기에서 자신의 본래면목을 상징하는 "소"가 「애린」 연작에서 "애린"으로 치환되어 노래되고 있다.

    우거진 풀 헤치며 아득히 찾아가니
    물은 넓고 산은 멀어 갈수록 험하구나
    몸은 고달프고 마음은 지쳐도 찾을 길 없는데
    저문 날 단풍숲에서 매미울음 들려 오네
    - 「열 가지 소노래 첫째」

    네 얼굴이
    애린
    네 목소리가 생각 안 난다
    어디 있느냐 지금 어디
    기인 그림자 끌며 노을진 낯선 도시
    거리거리 찾아 헤맨다
    어디 있느냐 지금 어디
    캄캄한 지하실 시멘트벽에 피로 그린
    네 미소가
    애린
    네 속삭임 소리가 기억 안 난다
    지쳐 엎드린 포장마차 좌판 위에
    타오르는 카바이트 불꽃 홀로
    가녀리게 애잔하게
    가투 나선 젊은이들 노랫소리에 흔들린다.
    - 「소를 찾아 나서다」 전문

「심우송 1」은 소를 찾아 나선 목동의 어려움을 노래한다. 목동이 소를 찾는 것은 자기 자신을 찾는 것이다. 그러나 '나'의 본래면목은 실재하는 자성이면서 동시에 부재하는 무자성이다. '나'는 '나'이면서 '나'가 아닌 것이다. '나'의 자성이 없다는 것은 '나'란 영속하는 고유한 본성이 있는 것이 아니라 법계연기론에 따른 취산(聚散)의 산물이라는 것이다. 그래서 "몸은 고달프고 마음은 지쳐도" 나의 본래면목을 "찾을 길"은 없다. 과연 나의 본성을 표상하는 "소"는 어디에 있으며 어떻게 찾을 수 있을까?

김지하의 「애린」 연작의 '서시'에 해당하는 시편은 확암선사의 「심우송 1」의 "소"가 애린으로 치환되어 전개된다. 「심우송 1」의 넓고 멀고 험한 "산"과 "물"이 "낯선 도시/거리거리"로 대체되고 있다. "몸은 고달프고 마음은 지쳐도" "애린"을 찾을 길은 없다. 시적 화자는 "포장마차 자판 위에" 지쳐 엎드린다. "타오르는 카바이드 불꽃 홀로/가녀리게 애잔하게" 흔들리고 있다. 그 "카바이트 불빛"은 "애린"의 부재를 명시하면서 동시에 현존을 암시한다. 카바이드 불꽃의 "가녀리고 애잔함"은 오랜 감옥 체험에 쇠잔해진 시인 자신의 자화상이면서 동시에 화자가 찾아 헤매는 "애린"의 투사체로 해석되기 때문이다. "애린"의 부재를 통한 현존의 특성은 찾고자 하는 간절함과 어려움을 동시에 배가시킨다. 그러나 자기 자신("애린")을 찾는 데 정작 자신은 비추어보지 않고 밖으로만 향하는 탓에 몸과 마음은 더욱 지치고 고달프게 된다.

김지하의 시집 『애린』 첫째 권의 본문은 크게 네 편으로 구성되는 바 "서대문에서", "원주에 돌아와", "소 발자국 널렸거늘", "어찌 숨길 수 있으랴" 등이다. 여기에서 첫 번째 장은 서대문의 "감방" 등과 같은 치명적인 "결핍"의 현실에서 찾고 부르고 원망하는 "애린"의 노래가 주조를 이룬다. 그리고 나머지 3장은 「심우송 2」에 해당된다. 첫 번째 장과 구분되는 2, 3, 4장의 상징적인 특이점을 다음 시편은 선명하게 드러낸다.

시냇가 수풀 아래 소 발자국 널렸거늘

풀 속을 뒤진들 무엇이 잇으랴

아무리 산이 깊고 또 깊은들

하늘까지 이르른 콧수멍이야

어찌 숨길 수 있으랴

-「열 가지 소노래 둘째」

밤을 지새워

소주를 놓고 나누는 옛 이야기에도

노래에도 노여움에도

없었다 너는

사랑하는 애린아

돌아오는 허망한 길

얼어붙은 실개천 가장귀

손바닥만한 파밭자리

파릇파릇한 애기파, 그 위를 스치는 강바람

바람을 맞아

흐르는 내 눈물 속에 더욱 파릇파릇한 애기파

고개 갸웃거리며

귤빛 목수건 나부끼며

거기서 너는 웃고 있었다

애기파 속에서

애린

머리칼 흩날리며

눈부시게 흰 머리칼 흩날리며

너는 거기서

- 「발자욱을 보다」 일부

「열 가지 소노래 둘째」는 "소 발자국"을 발견한 대목인 바, 소를 찾았다기 보다는 소가 그 모습을 드러내 보였다고 할 수 있다. 소의 발자국을 본 것은 공부길을 찾은 것에 해당된다. 그러나 아직 소를 직접 만나지는 못하고 있다. 하지만 소의 실체는 "하늘까지 이르른 콧구멍처럼" 분명히 있으며 누구도 "숨길 수" 없다.

이에 상응하는 "애린" 역시 문득 그 존재를 드러낸다. "파릇파릇한 애기파" 속에서 "눈부시게 흰 머리칼 흩날리며" 신기루처럼 나타나고 있다. 이제 "애린"의 형상도 점차 구체화 된다. 때로는 "살아있으면 갓 서른"의 젊은이로, "노을진 겨울강 얼음판 위를/천천히" 다가오는 "한 소년"(「남한강에서」)으로, "술병 속에 갇힌" 그러나 "술병"(「간힘」)속에도 없는 모습 등등의 유예되는 실재로 나타난다. 그래서 시적 화자의 "애린"을 찾는 목소리는 한결 구체적이고 실질적이 된다.

특히, "소발자국 널렸거늘" 편에서 시인 자신의 삶의 행적과 일상을 중심 소재로 다루고 있는 것은 "애린"의 존재가 자신의 삶의 일상 속에 흩어져 있음을 암시적으로 드러낸다. 또한 "어찌 숨길 수 있으랴" 편에서 「똥」, 「서리」, 「바람에게」, 「송기원」 등 명사형이 자주 등장하는 것은 "애린의 혼"(「이슬털기」)과 실체의 윤곽이 점차 분명해지고 있음을 가리킨다.

한편 시집 『애린』 둘째 권에 이르면 확암선사의 「심우송」 3-10까지를 순차적으로 원용하고 이에 대한 화답을 단호하게 일갈하고 있다. 그리고 이에 상징적으로 상응하는 「애린」 연작 50편이 "내 마음속 풍경"이나 "내 몸 속 돌아다니는 물건들 목록"(「43」)을 중심으로 수심견성(修心見性)의 계제를 밟아 가는 과정을 체현해 나가는 방식으로 전개된다. 다음의 「애린, 50」은 「애린」 연작을 관류하는 형질의 응축적인 집적태이다.

땅끝에 서서

더는 갈 곳 없는 땅끝에 서서

돌아갈 수 없는 막바지

새 되어서 날거나

고기 되어서 숨거나

바람이거나 구름이거나 귀신이거나간에

변하지 않고는 도리없는 땅끝에

혼자 서서 부르는

불러

내 속에서 차츰 크게 열리어

저 바다만큼

저 하늘만큼 열리다

이내 작은 한 덩이 검은 돌에 빛나는

한 오리 햇빛

애린

나.

-「50」 전문

「그 소, 애린」연작의 마지막에서 시적 화자는 그동안 부단히 찾고 헤매던 "애린"과 대면하는 국면을 노래한다. 그는 "애린"을 찾아 "더는 갈 곳 없는" 그러나 "돌아갈 수 없는 막바지" "땅 끝"까지 이르렀다. "기인 그림자 끌며 노을 진 낯선 도시"에서부터 "거리거리 찾아 헤맨"(「소를 찾아 나서다」)화자가 기어이 더 이상 갈 곳도 없는, 바다와 하늘만이 보이는 땅 끝까지 당도한 것이다. 이제 화자에게 남은 것은 "새, 고기, 바람, 구름, 귀신"으로나 변화는 것이다. "귀신이거나간에"의 "-나간에"라는 어미에는 체념의 탄식이 배어있다. 바로 이 단절의 벼

농경공동체의 생명의식과 화엄적 상상 213

랑 끝에서 화자는 역설적으로 "내 속에서 차츰 크게 열리어/저 바다만큼/저 하늘만큼 열리"는 극적인 반전의 순간을 맞이한다. 우주 생명의 범주로 무한 확대되던 자아는 다시 "이내 작은 한 덩이 검은 돌에 빛나는/한 오리 햇빛"으로 수렴된다. 이 수렴의 극점에서 화자는 "애린"을 발견한다. 우주적인 확산과 수렴, 밖으로 열림과 안으로 닫힘의 이중성의 동시적인 신비 체험이다. 그리고 여기에서 놀라운 극적인 상황이 발생한다. 그 "애린"은 "나"였던 것이다. 화자는 "땅끝"의 절망의 벼랑에서 찾은 "애린"에게서 "나"를 발견한 것이다. 지금까지 "애린"을 찾아 헤매던 지난한 과정은 곧 자신을 찾는 과정이었음을 선명하게 보여주고 있는 것이다. "애린"의 외피 속에 나 자신이 살고 있었으며, 나 자신 속에 "애린"이 살고 있었던 것이다.[34] 다시 말해, "모든 죽어가는 것, 죽어서도 살아 떠도는 것, 살아서도 죽어 고통 받는 것, 그 모든 것"이 그리고 "죽고 새롭게 태어남"(「애린」 간행에 붙여)이 곧 나 자신이었던 것이다. "애린"이 "나"라는 깨우침은 내가 곧 "무궁 광대한 우주에 가득 찬 하나의 큰 생명, 처음도 끝도 없이 물결치는 한 흐름의 생명"[35]의 주체라는 점의 발견을 가리킨다. 이것은 수심견성의 계제를 밟아가는 「심우송」와의 병치관계로 이루어진 「애린」 연작의 시적 과정이 화엄적 자아를 터득하는, 즉 우리의 일상경험이 그대로 비로자나불(우주 자체)의 반사이며 비로자나불 속에 포용된다는 해인삼매(海印三昧)[36]의 역정에 해당한다고 할 것이다. 『화엄경』에 따르면 어떤 존재라도 자기만의 영역에 유폐됨이 없이 끝없는 대삼매 안에 있으며 동시에 대삼매를 반영하고 있다. 이러한 전반적 정황을 다시 정리하면, 「애린」 연작의 전개는 감옥의 콘크리트 창틀에서 돋아난 "새싹"을 통해 불현듯 직시한 "광대무변한 생명"의 이치를 자신의 일상 세계를 통해 반추하고 내면화하는 과정으로 파악된다. 따라서 「애린」 연작은 자신이 우

---

34 홍용희, 『대지의 문법과 시적 상상』, 문학동네, 2007, 77쪽 참조.
35 김지하, 「타는 목마름에서 생명의 바다로」, 『동아일보』, 1990. 10. 21.
36 해인에 대한 화엄종 이론의 대성자인 법장(法藏)의 설을 들면 다음과 같다. "해인이란 진여본각(眞如本覺)이다. 망상이 다하고 마음이 맑아지매 만상이 함께 나타남이니, 대해는 바람에 의해 물결을 일으키되 만약 바람이 자면 물이 맑아져서 현상의 나타나지 않음이 없음과 같다."『妄盡還源觀』

주생명의 주체로서 "생명의 큰 이치를 마음과 몸에 익"히며 살아가고자 하는 화엄삼매[37]의 선정에 들 수 있게 한다. 자신이 곧 우주적 자아라는 화엄적 세계관이 외부 세계의 모든 대상에게 확장되면 연기(緣起)와 자비의 원리에 기반 하는 우주공동체적 세계관을 낳게 된다.

4. 법계연기론과 생태적 상상

김지하의 시세계는 『애린』을 거친 이후 『별밭을 우러르며』, 『중심의 괴로움』, 『화개』 등으로 이어지면서 도저한 내성의 탐구와 더불어 생태적 상상력이 전면에 등장하고 있다. 특히 그의 생태적 상상은 법계연기론에 입각한 불교생태학과 깊은 친연성을 지닌다. 불교생태학의 특성은 생태계 위기의 현상을 자원고갈과 환경파괴 등의 표면적 수준을 넘어서서 서구의 주체중심주의의 이원론적 세계관에 대한 부정과 더불어 무자성(無自性), 공(空), 연기 및 자비를 바탕으로 집착과 분별을 제어한다.[38] 특히 법계연기란 세상의 모든 것이 시간적으로나 공간적으로 종횡무진 밀접하게 관련되어 있어서, 하나의 사물에는 삼라만상이 그물처럼 상호의존적인 관계를 맺고 있음을 가리킨다.[39] 모든 사물의 존재는 상호의존적이므로 불생불멸(不生不滅)하고 부증불감(不增不感)한다. 즉 모든 사물들은 서로 작용하고 순환하고 복잡하게 융섭하는(重重無盡) 과정 속에 생성됨으로 완전히 새로움도 없지만 완전한 소멸도 없다. 즉 모든 사물은 무자성의 공(空)에 해당하는 비실체성이므로 순환성, 상관성, 항상성을 지닌다.[40] 물론, 이와 같은

---

37 해인삼매가 화엄경의 세계관이라면 화엄삼매는 화엄경의 인생관으로서 비로자나불의 세계를 한없이 사회적으로 실천해가는 일을 가리킨다. 다마키 고시로, 이원섭 역, 『화엄경의 세계』, 현암사, 1996, 31쪽 참조.
38 김종욱, 『불교생태철학』, 동국대학교출판부, 2004, 29-30쪽 참조.
39 無盡藏 평역, 『佛敎의 基礎知識』, 弘法院, 1981, 167쪽 참조.
40 "모든 사물의 형상이 공하니 생겨나지도 소멸하지도 않으며, 늘어나거나 줄어들지도 않는다."(是諸法空相 不生不滅 不增不感) 『반야심경주해』

세계의 존재론적 속성의 바탕은 법계연기의 원리이다. 김지하의 생태적 상상은 이와 같은 법계연기에 따른 상호의존의 순환성이 바탕을 이룬다.

> 내 나이
> 몇인가 헤아려보니
>
> 지구에 생명 생긴 뒤 삼십오억살
> 우주가 폭발한 뒤 백오십억살
> 그전 그후 꿰뚫어 무궁살
>
> 아 무궁
>
> 나는 끝없이 죽으며
> 죽지 않는 삶
>
> 두려움 없어라
>
> 오늘 풀 한포기 사랑하리라
> 나를 사랑하리.
> -「새봄 8」 전문

불교에서 연기설은 4법인을 기초로 구성된다. 4법인의 첫 번째인 제행무상(諸行無常)은 현상이 생멸변화 한다는 시간적인 인과관계와 연관된 것으로 '이것이 생기기 때문에 저것이 생기고 이것이 멸하기 때문에 저것이 멸한다'는 연기일반의 구체적인 인과관계에 해당된다. 다음으로 제법무아(諸法無我)는 현상의 시간적 공간적 상관관계를 나타내는 것으로 '이것이 있으므로 저것이 있고, 이것이 없으면 저것도 없다'는 연기일반의 추상적 논리관계에 해당된다. 세 번째로 일체개고(一切皆苦)는 생사윤회로 가치적 연기의 유전연기에 해당하고 네 번째인 열반적정(涅槃寂靜)은 고뇌가 멸한 깨우친 성자의 상태를 가리키는 것으로 가치적 연기의 환멸연기(還滅緣起)에 해당된다. 따라서 법계연기에서 개체생명은 역사적 전승 과정의 한 계기로서 죽어도 완전히 사라지는 것이 아니고(不滅), 태어나도 전혀 새로운 것이 아니며(不生), 영원히 변치 않고 남아 있는 것은 없다.(不常) 그래서 연기설에서 생명 현상은 일즉일절(一卽一切) 일절즉일(一切則一)의 속성을 지닌다.

이와 같은 법계연기론에 입각해 보면, "내 나이"가 "지구에 생명 생긴 뒤"는 물론이고 "우주가 폭발"하기 이전까지 거슬러 올라가 "무궁살"에 이른다. "나는 끊임없이 죽으며/죽지 않는 삶"을 살고 있는 것이다. 4법인의 연기론의 중심을 관통하고 있는 시적 상상이다. 이러한 법계연기설의 인식 속에서 시적 화자는 "잊었는가 /잎새가 나를 먹이고/물방울이 나를 키우고/새들이 나를 기르는 것"(「나 한때」)이라고 전언하고 더 나아가 "내 마음 열리어 /삼라만상을 끌어안"(「一山詩帖 4」)고 내 몸의 "뼛속에서 / 풀잎 자라고 / 해와 달 뜨"(「一山詩帖 5」)는 우주의 풍경을 보기도 한다. 한 티끌 작은 속에 세계를 머금었고(一微塵中含十方) 낱낱의 티끌마다 우주가 들어 있다(一切塵中亦如是)[41]는 화엄의 일깨움을 환기시킨다. 이러한 연기론적 인식 속에서는 "풀 한포기 사랑하"는 것과 "나를 사랑하"는 것은 근원 동일성을 지닌다.

다음 시편은 이점을 분명하게 드러낸다.

    겨우내
    외로웠지요
    새봄이 와
    풀과 말하고

---

41 의상대사의 「法性偈」에서 제시한 화엄적 세계관이다.

새순과 얘기하며

외로움이란 없다고

그래

흙도 물도 공기도 바람도

모두 다 형제라고

형제보다 더 높은

어른이라고

그리 생각하게 되었지요

마음 편해졌어요

축복처럼

새가 머리 위에서 노래합니다.

-「새봄 3」전문

    법계연기론에서 우주는 상호 의존과 순환을 바탕으로 하는 생명 공동체이다. 따라서 집착이나 자타의 이기적 분별이란 있을 수 없으며 오직 상호 존중하는 자비가 있을 따름이다. 이를 정리하면, '연기-공(무자성)-자비'로서 '상호의존성-비실체성-상호 존중성'[42]이 된다. 그래서 법계연기론은 비실체성을 매개로 상호 의존성이 상호 존중성(자비)으로 승화되는 윤리성을 확보하게 된다.
    따라서 시적 화자가 "흙도 물도 공기도 바람도/모두 형제라고/형제보다 더 높은/어른이라고"생각하는 것은 법계연기론의 상호 의존성의 원리와 상호 존중성(자비)의 윤리가 바탕을 이루는 것이다. 이와 같이 우주의 존재원리를 체득하면서부터 "머리 위에서 노래하는" 새가 "축복처럼" 느껴진다. 자신만의 선정이나 자비가 아니라 화엄적 대선정과 자비에서 오는 축복이다. 깨달음의 즐거움이란 우리의 현실을 떠난 초월적 경지에서 가능한 것이 아니라 우주생명

---

42 김종욱, 위의 책, 90쪽 참조.

의 실상에 대한 이해라는 것을 환기시킨다.

한편, 이와 같은 법계연기론의 세계인식은 김지하의 시적 삶의 원적에 해당하는 농경공동체의 생명의식과 친연성을 지닌다. 농경공동체사회에서 자연은 조화와 순응의 대상이다. 만물의 생육은 해와 달의 순환주기와 대지의 자기조직화 원리에 공명하고 참여하는 과정을 통해 완수될 수 있다. '나락 한 알' 속에 우주가 들어 있음을 시범적으로 보여주는 것이 농경공동체의 생활문화인 것이다. 따라서 김지하가 『애린』 연작을 마디절로 하여 1990년대 이후 불교의 법계연기론의 원리에 입각한 생태주의적 상상력을 집중적으로 노래하는 것은 그의 시적 삶의 근원에 해당하는 "저녁 물살처럼 잔잔하게/붓꽃이 타오르는 빈 들녘"(「들녘」)이나 잊혀지지 않는 "분꽃"과 "밀 냄새"(「서울길」)로 표상되던 농경공동체의 생명의식과 감각의 창조적 고양으로 정리된다. 이렇게 보면, 김지하의 시세계에서 농경공동체의 생명의식은 1960·70년대에는 억압적인 지배 세력에 대한 부정의 동력으로, 1980년대 중반 이후부터는 생태적 상상력의 원형성으로 작용하고 있는 것으로 파악된다.

5. 결론

김지하의 시세계는 전통적인 생명공동체를 급속하게 와해시키는 불온한 지배세력에 대한 직접적인 저항에서 불온한 지배세력까지 순치시켜 포괄하는 생명의 문화 재건으로 나아간다. 그의 이와 같은 생명 지키기에서 생명의 문화 건설을 위한 창조적 전환의 이면에는 일관되게 농경공동체의 생명의식과 감성이 작동하고 있었던 것으로 파악된다. 다만 전반부에는 대결과 반역의 경직된 직선(양적)의 시세계의 이면적 질서로 존재했다면, 후반부에는 외화 되면서 곡선적(음적)인 원환의 시세계를 통한 포용과 조화의 역동적인 균정의 세계를 열어나간 것으로 보인다. 특히 그의 농경공동체의 생명의식은 「심우송」와 병치관계를 통해 전개되는 「애린」 연작을 거치면서 화엄적 자아의 발견과 우주생명의 순환성, 무자성, 존중(자비)의 윤리를 직시하는 생명의 세계관에 이르게 된다. 그의 이러한 법계연기론에 입각한 전일적인 생명의 세계관은 생태적 상상력의 철학적 원리로서 중요한 의미를 지닌다. 오늘날 많은 생태주의 시편들이 생태계 위기의 현실에 대한 고발, 비탄, 풍자의 소재주의적 차원에 머물고 있는 상황에서 그의 화엄적 우주관은 근원적인 철학적 대안과 인식론을 제시하고 있는 것이다.

한편, 그의 이러한 생명적 세계관은 이천년대 간행된 『새벽강』(2006), 『비단길』(2006), 『시김새』(2012), 『흰그늘』(2018) 등에서 제시되는 생명과 평화의 길을 구현하는 대안 문명의 원형으로 작용하고 있음을 볼 수 있다. 이것은 농경 공동체의 생명의식과 화엄적 상상력이 김지하 시세계의 원형요소라는 점의 확인과 더불어 21세기 문명적 지표를 제시하는 '오래된 미래'로서의 소중한 가능성이 있음을 시사해준다.

김지하 마지막 대담

2023년 3월 22일 초판 1쇄 발행
2024년 9월 12일 초판 2쇄 발행

지은이 | 홍용희
펴낸이 | 孫貞順
펴낸곳 | 도서출판 작가
　　　 (03756) 서울 서대문구 북아현로6길 50
　　　 전화 | 02)365-8111~2　팩스 | 02)365-8110
　　　 이메일 | cultura@cultura.co.kr
　　　 홈페이지 | www.cultura.co.kr
　　　 등록번호 | 제13-630호(2000. 2. 9.)

편집 | 손희 설재원
디자인 | 오경은 박근영
영업 | 박영민
관리 | 이용승

ISBN 979-11-90566-53-7(03810)

잘못된 책은 구입하신 서점에서 바꾸어 드립니다.

값 16,000원